차별과 우리사회

차별과 우리 사회

한국사회이론학회 · 김 철

푸른사상

머리말

I

한국사회의 거시적인 "이론적 이해"[1]를 위해 우리사회의 역사적 전통과 현실적 삶에 대한 이론적 주제를 뽑아 장기적이면서도 집중적으로 연구 해온[2] 한국사회이론학회는 우리사회와 이어진 문제이기에 특수한 개별성을 지니고 있으며, 이론적 논리를 추구하기에 보편적 일반성의 문제에 부딪쳐 왔다.[3] 이 둘 사이의 변증적 긴장관계 때문에 논쟁은 늘 활기를 띠어 왔다.[4]

사회현상에 대한 문제해결까지도 "이론"의 귀결로서 추구하는 본회의 노력은, 1984년 「평등문제와 우리사회」[5]에서, 평등의 문제는 우리사회를 그 근본에서 흔들어 놓고 있는 개념[6]으로 파악했다. 1984년의 발표주제는

· 불평등과 차별적 사회문제(양 장삼)

---

1) 특집, 「우리사회의 이론적 이해」, 한국사회이론학회 엮음, (1984년)
2) 박영신, 머리말, 윗책.
3) 윗사람, 윗글.
4) 윗사람, 윗글.
5) 「평등문제와 우리사회」, 한국사회이론학회 엮음, 1989.
6) 최대권, 머리말, 윗책.

- 정치안정과 평등정책(이 화수)
- 교육에서의 평등 긍정적 차별화(강 희천)
- 평등―그 실현의 도덕적 및 사회적 기초(최 대권)
- 한국사회의 구조와 불평등의 제도화(박 영신)
- 평등의 외재화와 불평등의 내면화의 심리적 구조(오 세철)
- 불평등·불공평 인식과 한국 언론변동활동(김 학수)

에서 한국사회의 기본적 평등문제를 접근하였다. 다시 1955년에 「갈등과 우리사회」[7])에서 평등문제와 관계된 갈등문제를 다루었다.

평등문제와 그것이 야기하는 갈등이 가져오는 한국사회의 사회심리학을 2001년 「정신분석과 우리사회」[8])에서 사회과학자와 정신의학자, 심리학자, 문학비평가, 상담심리학자를 포함하여 전개하였다.

이 공동노력에서 한국인의 심층심리학에 존재하는 "사회적 차별"[9])의 문제가 다시 제기되었다.

사회적 차별의 느낌과 상대적 박탈감이 가장 현저한 분야가 어디인가라는 물음에 대해서, 「교육과 우리사회」[10])에서 13사람의 발표자와 학제(Interdisciplinary)적 연구를 간행하였다.

II

이제 1984년의 「평등문제」, 1989년의 「갈등문제」, 2001년의 「한국인의 심층심리의 문제」, 2002년의 「교육문제」의 연속선 상에서

---

7) 「갈등과 우리사회」, 한국사회이론학회, 1995년 봄, 현상과 인식.
8) 「정신분석과 우리사회」, 한국사회이론학회, 2001년 가을/겨울 통권 제20호, 아침나라.
9) 김철, "사회적 차별의 심층심리학적 접근", 윗책, 64~111.
10) 「교육과 우리사회」, 한국사회이론학회, 통권 제21호, 2002년 봄/여름호, (주)아침나라.

「차별과 우리 사회」를 내놓는다.

차별(discrimination)은 보편적 이론에 의하면 차별의 이유나 근거가 어디 있느냐에 따라 지역, 종족, 국적 또는 종교에 근거한 것, 성(Gender)에 근거한 것 빈부차이에 근거한 것 등으로 나누어 왔다.[11]

8인의 연구자가 보편적인 차별이론과 한국사회에서의 문제를 논하고 있다. 사회적 차별이 제도적으로 해결되는 문제 해결의 방식이 입헌주의와 법치주의에서 바람직하나, 한국인의 사회적 차별의 문제는 현재까지 노출된 문제가, 그에 대한 제도적 대응은 이제 시작이라고 볼만큼 뿌리가 깊다고 보여진다. 법학자·사회학자·여성학자들의 시점과 함께 사회통합을 관점으로 한 경영학자와, 국제경영학의 입장에서 한국인의 문화적 가치에 내재한 차별[12]을 투명하게 논한 발표논문을 게재한다.

III

이 연구지는 이번부터 특별기고를 싣기로 한다. 특집의 주제와 그 취지가 다르지 않다고 생각되는 문학평론가 한 분과 아직 기성인이 아닌 학생이 쓴, 본 주제와 넓게 관계 있는 철학 에세이 한 편을 싣는다.

그리고 출판을 맡아준 푸른사상사의 한봉숙 사장님과 김윤경, 안덕희 씨를 비롯 편집부원들에게 고맙다고 거듭 인사한다.

2003년 11월
사회이론학회 회장 김 철

---

11) Black's Law Dictionary Fifth Edition, West Publishing co. (St. Paul Minn, 1979)
12) 집단주의의 문제는 2001년 「정신분석학과 우리사회」에서도 중요한 이슈의 하나였다. 김철, "사회적 차별의 심층 심리학적 접근", 같은 책.

• 차례   차별과 우리 사회

머리말

I. 지역, 종족성, 국적에 근거한 차별과 한국사회

이철우 국적과 종족성에 의한 집단적 자아와 타자의 구별 • 13
    I. 들어가는 말 13
    II. 국민과 외국인: 어떻게 구별되는가 15
    III. 국적과 종족성의 사이에서: 재외동포의 취급 19
    IV. 외국인의 법적 지위와 처우 27
    V. 정주외국인에 대한 처우: 화교를 중심으로 32
    VI. 차별받는 국민들: 혼혈인과 북한이탈주민 36

이국운 차별극복으로서의 지방분권 • 47
    I. 2003년의 대한민국에서 '지방에 산다는 것' 47
    II. 차별받는 지방민들 50
    III. 지방분권의 헌법적 기초 – 법공동체의 삼중구조화 ... 55
    IV. 지방에 결정권을, 지방에 세원을, 지방에 인재를! 58
    V. 판을 새로 짜기 – 행정구역개편 65

II. 성에 근거한 차별과 한국사회

양창삼 차별 당하는 성과 통합의 사회경영 • 73
   I. 들어가면서 73
   II. 차별적 성 인식과 사회문제 74
   III. 차별적 성 인식을 초래한 근거들 81
   IV. 성의 통합적 사회경영을 위한 제안 93
   V. 총체적 노력을 기대하며 100

천선영 '성'을 매개로 한 차별과 부정적 배제 • 105
   I. 여는 글 105
   II. 단순 차별과 부정적 배제의 온존 108
   III. 차별과 배제의 새로운 면모들 111
   IV. 닫는 글 123

남인숙 여성흡연에 대한 성차별적 사회 담론 • 129
   I. 머리말 129
   II. 담배의 역사와 문화 136
   III. 여성과 흡연 150
   IV. 맺음말 165

• 차례   차별과 우리 사회

III. 정보사회, 바이오테크 사회에 있어서의 빈부 문제와 차별

박창호 디지털 디바이드, 정보차별인가 정보자유인가? • 175
   I. 문제적 시각 – 디지털 디바이드 175
   II. 디지털 디바이드의 논의와 쟁점 179
   III. 우리사회의 디지털 디바이드와 현실 186
   IV. 마무리 – 디지털 디바이드와 정보자유를 위하여 198

이경희 생명공학기술에 있어서 '차별'과 윤리적 쟁점 • 209
   I. 들어가는 말 209
   II. 생명공학산업의 세계화와 불평등 문제 212
   III. 생명공학기술에서의 '유전자 차별' 216
   IV. 생명공학기술에 있어서 윤리적 쟁점 223
   V. 나오는 말 232

IV. 한국인의 사회적 성격과 차별

한세희 한국인의 문화적 가치지향성에 내재된 차별 • 241
   I. 머리글 241
   II. 에드워드 홀(Edward T. Hall)의 관점 244
   III. 폰스 트롬퍼나르스(Fons Trompenaars)의 관점 245
   IV. 헤르트 홉스테드(Geert Hofstede)의 관점 248
   V. 맺는 글 259

• 차례   차별과 우리 사회

기고 논문

이 경 문화이데올로기와 소설읽기 • 255
— 김 인숙, 김 영하, 정 미경 소설을 대상으로
  Ⅰ. 들어가기 265
  Ⅱ. 문화연구와 문학비평 267
  Ⅲ. 김 인숙, 「바다와 나비」 272
  Ⅳ. 김 영하, 「너의 의미」 277
  Ⅴ. 정 미경, 「호텔 유로, 1203」 280
  Ⅵ. 결론 285

Tae-Yong Kim A Phenomenological Analysis of Nostalgia • 289

◆영문초록 • 311

차별과 우리사회

한국사회이론학회 · 김 철

Ⅰ. 지역, 종족성, 국적에 근거한 차별과 한국사회

국적과 종족성에 의한 집단적 자아와 타자의 구별

이 철 우
•
성균관대학교 법사회학

I. 들어가는 말

사람은 여러 기준에 따라 구별되지만 오늘날의 법체계에서 가장 뚜렷한 기준에 입각한 구별은 국적에 따른 구별이다.[1] 각국은 국민과 외국인을 구별하여 차별적으로 대우한다. 대한민국 헌법은 "국민"의 지위에 관해 많은 조항을 가지고 있다. "대한민국의 주권은 국민에게 있고, 모든 권력은 국민으로부터 나온다"(제2조 제2항), "공무원은 국민 전체에 대한 봉사자이며, 국민에 대하여 책임을 진다"(제7조 제1항), "모든 국민은 인간으로서의 존엄과 가치를 가지며, 행복을 추구할 권리를 가진다"(제10조), "모든 국민은 법 앞에 평등하다"(제11조), "모든 국민은 신체의 자유를 가진다" (제12조), "모든 국민은 법률이 정하는 바에 의하여 선거권을 가진다"(제24조), "모든 국민은 법률이 정하는 바에 의하

---

[1] 정 인섭, "법적 기준에서 본 한국인의 범위," 임원택교수 정년기념 「사회과학의 제문제」 (서울: 법문사, 1988), 647쪽.

여 국방의 의무를 진다"(제39조 제1항)라는 조항 외에도 국민의 권리와 의무에 관한 규정은 많이 있다. 한편 "외국인은 국제법과 조약이 정하는 바에 의하여 그 지위가 보장된다"고 규정하고 있다 (제6조 제2항). 국제인권법은 외국인도 인간으로서 누려야 할 보편적인 권리를 보장받아야 함을 선언하고 있고, 국경과 내외국인의 경계를 넘어서는 새로운 권리관념과 정체성은 시민권(citizenship)이 더 이상 국민국가를 단위로 해서 향유되는 것이 아니라는 주장을 불러일으키지만, 국민국가에의 소속은 여전히 사회 속의 인간의 지위를 규정하는 중요한 요인이다.2)

인간을 구별하는 중요한 기준 중의 하나는 종족성(ethnicity)이다. 종족성의 관념은 많건 적건 국민국가를 구성하는 과정에서 자극되고 동원되지만, 그리고 국민국가를 단위로 한 정체성과 중첩되는 경우가 적지 않지만, 국적과는 정반대로 그 기준이 매우 모호하다. 그러나 그것은 국적 못지 않게, 때로는 국적보다 더 뚜렷한 구별짓기의 소재로 활용된다. 특히 한국인에게 종족성은 자명한 것으로 받아들여져 왔다.

이 글에서는 국적과 종족성이 어떻게 보완과 길항의 상호관계를 맺으면서 한국사회에서 인간을 구별하는 기준으로 작용하고 있는지를 살펴보고 그것을 통해 만들어지는 구별의 차원들을 개관하고자 한다. 여기에서는 특히 구별이 어떻게 한편으로는 법에 의해 구성되고 다른 한편으로는 법에 반영되어 있는가를 살펴본다. 그러한 고찰을 위해 활용하는 소재는 국민과 외국인을 구분하는 법적 기준, 재외동포의 취급, 외국인의 법적 지위와 처우, 정주자에 대한 관념, 차별받는 국민인 혼혈인과 북한이탈주민에 대한 취급으로서, 이 글에서는 이러한 쟁점들과

---

2) 탈국민국가화를 지향하는 방향으로 시민권의 개념을 재정립하려는 시도로서 Linda Bosniak, "Denationalizing Citizenship," in T. Alexander Aleinikoff and Douglas Klusmeyer, eds., *Citizenship Today: Global Perspectives and Practices* (Washington, DC: Carnegie Endowment for International Peace, 2001) 참조.

관련된 집단들의 실태를 개관하고자 한다.

Ⅱ. 국민과 외국인: 어떻게 구별되는가

"국민"과 "외국인"은 어떠한 기준으로 구별되는가? 헌법은 국민의 요건을 정하는 것을 법률에 위임하였고 (제2조 제1항), 이에 따라 국적법이 이를 정하고 있다. 그에 따르면 다음과 같은 사람들이 대한민국 국민이 된다. 첫째는 출생과 더불어 대한민국 국민이 되는 자로서, 출생시 부모 중 1인이 대한민국 국민인 자, 출생시 부(父)가 사망한 경우 그 부가 사망할 당시 대한민국 국민이었던 자, 부모의 국적이 불분명하거나 무국적인 자로서 대한민국에서 출생한 자가 이에 해당한다 (국적법 제2조 제1항). 다음은 후천적으로 대한민국 국민이 되는 자로서, 대한민국 국민인 부 또는 모에 의해 인지된 자 (제3조), 귀화에 의해 대한민국 국적을 취득한 자 (제4-7조), 귀화에 의해 대한민국 국적을 취득한 자의 미성년 자녀 (제8조), 한때 대한민국의 국민이었으나 국적을 상실하였다가 다시 회복한 자 (제9조)가 그들이다. 국적법은 대한민국 국민이 "자진하여" 외국의 국적을 취득하는 경우 대한민국 국적이 상실된다고 하여 의도적인 이중국적을 방지하고 있다 (제15조 제1항).

위에서 보듯이 현행 국적법은 출생에 의한 국적 취득의 가장 중요한 경로로서 부 또는 모가 대한민국 국민이라면 그 자녀에게 대한민국 국적을 인정하는 부모양계혈통주의를 취하고 있다. 이 원칙은 1997년 11월 국적법의 대폭적인 개정의 산물이다. 1948년 12월 국적법이 제정된 때로부터 97년의 개정이 있기 전까지는 국적은 부계를 통해 대물림된다는 부계혈통주의를 취하고 있었다. 따라서 대한민국 국민인 모와 외국인인 부 사이에서 태어난 자녀는 대한민국 국민이 아니었다. 자세히 언급하면, 출생과 더불어 대한민국 국민이기 위하여는 "출생한 당시에 부가 대한민국 국민인 자," "출생하기 전에 부가 사망한 때에는 사망한 당시에 대한민국 국민이던 자," 그리고 "부가 분명하지 아니한 때 또는 국적이 없는 때"에 한하여 "모가 대한민국 국민인 자," "부모가 모두 분명하지 아니한 때 또는 국적이 없는 때에는 대한민국에서 출생한 자"이어야 했다 (개정전 국적법 제2조 제1항).

많은 사람들은 선천적 국적취득의 요건을 정하는 법조문을 보면서 중대한 의문을 가지게 될 것이다. 대한민국 헌법은 1948년 7월 17일에 제정되었고, 대한민국 정부는 같은 해 8월 15일에 수립되었는데 그 전에, 예를 들어 일제시대에 태어난 사람들, 그리고 그들의 부모는 어떻게 대한민국 국민이 되었는가 하는 의문이다. 국적법은 1948년 제정 당시에도 최초의 대한민국 국민이 누구인지에 대해 아무런 언급을 하고 있지 않았다. 국적법이 제정되기 전에 국적을 정하는 법령으로는 남조선과도정부가 1948년 5월에 제정한 '국적에 관한 임시조례'가 존재하고 있었다. 여기에서는 출생 당시 부가 "조선인"인 자 또는 부가 분명치 않거나 무국적자인 경우 모가 조선인인 자에게 "조선" 국적을 부여하였다 (국적에 관한 임시조례 제2조). 그렇다면 "조선인"으로 인정되려면 어떤 요건을 갖추어야 했는가? 또 '국적에 관한 임시조례'에서 말하는 조선인과 국적법이 말하는 대한민국 국민의 관계는 무엇인가?

대법원은 일제시대에 조선인을 부로 하여 태어난 자는 '국적에 관한 임시조례'에 의해 조선 국적을 취득하였다가 1948년 7월 17일 제헌헌법의 공포와 동시에 대한민국 국적을 취득한 것으로 해석함으로써 조선과 대한민국, 그리고 조선인과 대한민국 국민의 연속성을 인정하였다.[3]

---

3) 대법원 1996. 11. 12 선고 96누1221.

그러나 국적법안을 마련한 인사들은 그러한 고려를 하지 않았다. 국적법 제정 당시 국회의 심의를 통해 엿볼 수 있는 그들의 입법 의도는 "대한민국"이라는 용어의 적용 대상이 1948년에 수립된 대한민국에 한하지 않고 그 이전부터 존재해온, 그리고 일제의 침략에도 불구하고 단절되지 않은 한민족의 국가임을 말하고자 하는 것이었다.4) 국적법이 최초의 대한민국 국민을 정의하는 규정을 두고 있지 않은 것은 입법의 불비나 실수 때문이 아니라 이러한 의도에 기인하는 것이었다. 1997년 법무부는 국적법 개정안을 작성하는 과정에서 정부수립전 출생자를 위한 경과규정을 둘 것을 검토한 바 있다. 즉 "대한민국 정부가 수립되기 전에 출생한 자로서 조선과도입법의원이 1948년 5월 11일에 제정한 '국적에 관한 임시조례'에 의하여 조선의 국적을 가지는 자는 대한민국 정부가 수립됨과 동시에 대한민국 국민이 된 것으로 간주한다"는 조항을 삽입하고자 했다. 이는 위에서 언급한 대법원의 판결과도 일치하는 것이었다. 그러나 결국 이를 실행에 옮기지 않았다. 대한민국 정부의 법통과 역사적 연속성에 관한 논쟁이 야기될 우려가 있다는 것이 하나의 이유였다.5)

"대한민국"이 무엇을 뜻하는지에 대한 명시적 정의가 있다 하더라도 그에 속하는 사람의 범위가 어디까지인가라는 문제는 여전히 남는다. 즉 국적법이 말하는 "대한민국 국민," '국적에 관한 임시조례'가 말하는 "조선인"이 과연 누구인가라는 의문이다. 일제하에서는 일본인과 한국인이 모두 일본법상으로 일본 국적을 가지고 있었다.6) 그럼에도 불구

---

4) 자세한 내용은 정 인섭, "우리 국적법상 최초 국민 확정기준에 관한 검토," 「국제법학회논총」, 43권 2호 (1998), 236~37쪽 참조.
5) 심 현정, "법령해석 및 심의경과: 국적법," <http://www.moleg.go.kr/mlawinfo/> (1998) 참조.
6) 일본인에게는 일본 국적법을 적용한 반면 조선인은 관습과 조리에 의해 일본

하고 두 집단간에는 현저한 지위의 차이가 있었는데 그 구별 기준은 일본과 조선 중 어느 곳의 호적에 등재되어 있느냐는 것이었다. 일제가 패망한 후 미군정은 한반도에 거주하는 일본인과 한국인을 구별하여야 할 필요가 있었는데 사안에 따라 호적 등재를 기준으로 구별한 경우도 있었지만 호적과 무관하게 실질적인 혈통을 기준으로 한 경우도 있었다.[7] 그러나 '국적에 관한 임시조례'에서는 일본의 호적을 취득한 자가 그로부터 이탈한 경우 1945년 8월 9일에 조선의 국적을 회복한 것으로 간주한다고 규정하여 조선호적에의 등재가 중요한 기준임을 시사하였으며 정부수립후의 대한민국 법원도 그 기준을 고수하였다.[8]

일제하 조선호적에 등재된 사람들은 어떤 사람들이었는가? 1923년부터 실시된 조선호적령은 1909년의 민적법을 대체하였다. 민적법이 제정되기 전에는 갑오개혁의 연장으로 호구조사를 통한 거주지 중심의 인구파악이 시도되었다. 민적법에 의한 민적의 작성은 통감부의 주도하에 더 철저한 조사를 토대로 한 것으로서 대한제국의 마지막 단계에 국가의 통치력에 복속되어 있던 신민이 파악되었다고 할 수 있다.[9] 민적에의 등재는 혈통을 중심으로 한 것이었을 뿐만 아니라 당시에 한반도에 거주하고 있던 외국인이 소수였음을 감안하면 그에 등재된 사람들은 한반도에 형성되어 있던 한민족 정치공동체의 성원과 상당한 정도로 일치한다고 할 수 있다. 그 민적이 조선호적으로 바뀌었고, 그것이 해

국적을 갖는다는 것이 일본 당국의 해석이었다. 이는 조선인의 국적이탈을 허용하지 않기 위함이었다. 江川英文·山田鐐一·早田芳朗,「國籍法」(東京: 有斐閣, 1989), 191~92쪽; 정 인섭, "법적 기준에서 본 한국인의 범위," 654쪽.
7) 이에 관한 깊이 있는 논의는 정 인섭, "법적 기준에서 본 한국인의 범위," 663~70쪽에서 찾아볼 수 있다.
8) 윗글, 671쪽.
9) 윗글, 648~60쪽 참조.

방 후에도 계승되어 대한민국 국민이 되는 사람들을 확정하는 중요한 자료로 사용된 것이다.

대한민국 국민은 이렇게 확정되었다. 한국인이 단군을 공통의 조상으로 하는 혈통적 단일민족이라는 것은 신화이다. 그러나 집단적 명칭, 공통의 역사, 타 집단과 구별되는 공통의 문화, 특정 영토와의 연관성에 대한 인식, 연대의식, 그리고 혈통을 공유한다는 의식을 바탕으로 형성된 집단을 '종족적 민족'(ethnie)이라 정의한다면 대한민국을 구성하는 '국민적 민족'(nation)은 상당히 뚜렷한 종족적 기원(ethnic origin)을 갖는다는 점을 부정할 수 없다.10) 이는 적어도 19세기말에 이르기까지 수세기 동안 상대적으로 다른 지역과의 인구 교류가 적었고, 조선시대 국가의 통치력에 복속된 인구집단과 일제의 통치에 복속한 인구집단, 해방후의 한반도 거주 집단 사이에 강한 연속성이 있었으며, 일제에 대한 저항의 과정에서 종족적 민족주의(ethnic nationalism)가 고양되었다는 사실을 배경으로 한다. 많은 경우 '국민적 민족'은 시민적-영토적(civic-territorial) 경로와 종족적-족보적(ethnic-genealogical) 경로의 복합적인 상호작용에 의해 구성되는바 한국의 경험은 후자, 즉 '종족적 민족'의 정체성을 준거점으로 하는 '국민적 민족'의 구성 계기가 강하게 나타난 것으로 특징지을 수 있다.11)

---

10) '종족적 민족'(ethnie)의 개념 정의는 Anthony D. Smith, *The Ethnic Origins of Nations* (Oxford: Blackwell, 1986) 참조.
11) 오늘날 민족을 연구함에 있어 민족에 대한 자연주의적 접근이 아닌 현상학적 접근을 취하는 것은 일반적인 경향이다. 민족집단이 "상상의 공동체"(imagined communities)라는 사실을 부정하는 사람은 별로 없다. 그러나 이러한 인식은 문제의 시작이지 종착점이 아니다. "상상"의 소재와 방식, 강도는 집단마다 상이하며, 그러한 차이들이 인식되고 탐구되어야 하는 것이다.

Ⅲ. 국적과 종족성의 사이에서: 재외동포의 취급

한국에서 '국민적 민족'을 구성하는 과정이 종족적–족보적 계기를 두드러지게 포함하였다는 사실은 사회문화적 의식과 법제도, 정치적 현실 사이에 복잡한 관계를 야기했다. 그것은 20세기초부터 진행된 대규모의 디아스포라(diaspora), 이에 더해 냉전으로 인해 많은 이주민들이 출신지역과 단절되었다는 역사적 경험, 그리고 남북한의 분단이라는 현실을 배경으로 한다.

현재 "한민족의 혈통"을 가지고 있다고 믿어지는 해외 거주 인구, 즉 "재외동포"는 2001년 기준으로 약 560만에 달한다. 이 중에서 190만 재중국동포와 52만 구소련지역 거주 동포, 그리고 64만 재일동포의 대부분은 대한민국 정부수립 전에 이주한 사람들과 그 자손이다. 반면 210만 재미동포와 기타 미주지역 및 구주지역 동포의 대다수는 대한민국 정부수립 이후, 특히 1960년대 이후에 이주한 사람들이다.[12] 이들은 상이한 관심과 이해관계를 가지고 있으며, 대한민국으로부터 받는 취급 역시 다르다.

재미동포 중 귀화에 의해 미국 시민권을 취득한 자는 대한민국 국적을 상실하고 외국인으로 취급된다. 재중동포와 구소련지역 동포는 중국과 러시아, 카자흐스탄과 우즈베키스탄 등의 국적을 가지고 있지만 그들이 대한민국 국적을 상실하였는지에 대해서는 의문이 있을 수 있다. 그들이 "자진하여" 외국 국적을 취득하였다고 보지 않을 수도 있기 때

---

12) 이상의 수치는 재외동포재단 등 정부기구가 제시하고 있는 것인데 지역마다 채택된 기준에 차이가 있다. 재미동포의 경우에는 미국 시민권자와 영주를 목적으로 거주하고 있는 대한민국 국민이 모두 포함되어 있지만 재일교포의 경우에는 귀화한 한국계 일본인을 제외하고 있다.

문이다.13) 어쨌든 그들도 외국인으로 취급되고 있다. 반면 위에서 언급한 재일동포의 다수는 대한민국 국민이다.14) 10여만에 이르는 "조선적" 동포를 무국적자로 보는 사람도 있지만 대한민국 헌법상 이들은 의연히 대한민국 국민이다.

한국의 종족적 민족주의는 "재외동포"를 그들의 국적과 관계없이 "한민족"이라는 단일의 카테고리로 포섭할 것을 요구한다. 재외동포들은 해외에 영구적으로 이주하였음에도 불구하고 한국과의 유대를 쉽게 끊지 못한다. 미국과 일본의 한국계 주민들은 한국의 민주화운동에도 도움을 주었고, 한국 국내정치에 지속적인 관심을 보여 왔다. 일본 거주 한인들의 다수는 대한민국 국민으로서 모국과의 관계를 지속하나, 재미한인 중 상당수는 미국 시민권을 취득한 후에도 한국과의 관계를 지속적으로 재생산한다. 그들의 기대는 때로 "재외동포의 복리에 관심이 없는" 정부를 질타하는 목소리로 표출된다. 1992년 로스엔젤레스 폭동을 겪자 재미한인의 불만은 국내의 민족주의적 정서와 결합하여 정부의 교포정책 부재에 대한 맹렬한 공격으로 발전했다. 대통령선거를 앞둔 국내 정치상황은 정치인들로 하여금 앞다투어 교민청 신설과 같은 공약을 남발하게 했으며, 대선에서 승리한 김영삼 대통령은 신교포정책이라는 이름하에 재미교포들의 요구에 부응하고자 했다. 미국 국적을 취득한 재미한인들은 이러한 상황을 십분 활용하여 이중국적의 허

---

13) 정 인섭, "우리 국적법상 최초 국민 확정기준에 관한 검토," 243~46쪽; 노 영돈, "사할린 한인에 관한 법적 제문제,"「국제법학회논총」, 37권 2호 (1992), 123~30쪽; "우리나라 국적법의 몇 가지 문제에 관한 고찰,"「국제법학회논총」, 41권 2호 (1997), 59~61쪽; "재중한인의 국적에 관한 연구,"「국제법학회논총」, 44권 2호 (1999), 87~88쪽 참조.
14) 보통 재외동포의 통계에 포함되는 재일동포는 귀화한 동포를 포함하지 않는다. 귀화한 동포는 한국인의 정체성을 강하게 주장하지 않으며, 재외동포정책의 대상이 되고자 하지도 않는다.

용을 요구했다.

이중국적 허용 요구에 대한 여론은 한국 민족주의의 복잡한 담론구조를 드러낸다. 이중국적을 허용하자는 여론은 이스라엘의 혈통주의적 민족주의, 그리고 미국에 거주하는 자국 이민들을 적극적으로 활용하려는 일부 중남미와 남미 국가들의 공세적 교포정책을 예로 들면서 한민족의 역량 강화를 주장한다. 이는 국민국가와 해외 이민의 연결을 매개로 국민국가의 권력을 영토 외에로 확장하려는 탈영토화된 국민국가(deterritorialised nation−state) 또는 초국가적 국민국가(transnational nation−state)의 움직임으로서 지구화(globalisation)에 수반된 민족주의의 한 현상이다.15) 그러나 그러한 주장은 국민국가에의 충성심을 강조하는 또 다른 민족주의 정서와 충돌했다. 후자의 정서는 못사는 조국을 버리고 떠난, 그리고 국민으로서의 의무를 회피하면서 두 마리의 토끼를 잡으려는 해외 이민들에 대한 부정적 시각에서 드러났다. 결국 부정적 여론에 밀린 김영삼 정부는 1996년에 이르러 이중국적을 허용하는 방안을 기각했다.16)

김영삼 정부와 정치권은 재외동포들의 출입국과 한국 내에서의 경제활동을 편리하게 하고 재외동포들과의 문화적 유대를 강화하는 정책을 마련하는 방향으로 선회했다. 그 결과 재외동포재단이 설치되었고, 재외동포정책을 적극 추진하고 재외동포의 법적 지위를 별도로 정하고자 하는 법안들이 준비되었다.17) 후자는 김대중 정부에 계승되었고, 법무

---

15) 그러한 현상에 관하여는 Linda Basch, Nina Glick Schiller and Cristina Szanton Blanc, *Nations Unbound: Transnational Projects, Postcolonial Predicaments and Deterritorialized Nation-States* (London: Routledge, 1994); Nina Glick Schiller, "Citizens in Transnational Nation-States," in Kris Olds et al. eds., *Globalisation and the Asia-Pacific: Contested Territories* (London: Routledge, 1999) 참조.
16) 김영삼 정부의 교포정책에 관하여는 김 병천, "김영삼 정부의 재외동포정책," 「재외한인연구」 8호 (1999), 317~58쪽 참조.

부는 해외로 이주한 재외국민의 편의를 도모하는 한편 "한민족의 혈통"을 가진 외국인을 일반 외국인과 달리 취급하는 내용의 '재외동포의 법적 지위에 관한 특례법안'을 마련했다. 원안에는 외국 국적의 한국인에게 공직취임을 허용케 하는 조항도 있었는데 정부는 이를 삭제하는 등 수정을 거쳐 '재외동포의 출입국과 법적 지위에 관한 특례법'이라는 이름으로 입법 예고했다. 그런데 이 법안은 중국 공민인 조선족을 특별 취급하여 중국의 민족정책을 교란한다는 중국 정부의 강력한 항의에 직면했고, 국내적으로도 지나친 혈통주의에 입각하고 있다는 비판을 받게 되었다. 그리하여 정부는 특례법안을 재수정하여 '재외동포의 출입국과 법적 지위에 관한 법률안'을 확정, 국회에 제출했다. 이 법률안 제2조 제2호에서는 재외동포 중 외국국적동포의 정의를 "한민족의 혈통을 지닌 자로서 외국국적을 취득한 자 중 대통령령이 정하는 자"에서 현재의 "대한민국의 국적을 보유하였던 자 또는 그 직계비속으로서 외국국적을 취득한 자 중 대통령령이 정하는 자"로 수정하였다. 이 법안에는 일정 기간 국내에 체류하는 재외국민의 선거권 행사를 허용하는 조항이 있었는데 국회는 이것을 삭제하는 수정을 거쳐 1999년 8월 재외동포법을 통과시켰다.18)

'재외동포의 출입국과 법적 지위에 관한 법률'〔이하에서는 재외동포법이라 함〕은 외국국적동포에게 상한을 2년으로 하되 연장이 가능한 재외동포체류자격(F-4)을 부여한다 (제3조, 제10조 제1·2항). "재외동

---

17) 김영삼 정부 말기의 그러한 입법방안에 대한 분석으로는 이 종훈, "재외동포정책의 과제와 재외동포기본법의 제정 문제," 「입법조사연구」 249호 (1998), 146~72쪽.
18) 재외동포법의 제정 경위와 과정, 동법의 의의를 둘러싼 논쟁에 대하여는 이 철우, "재외동포법을 둘러싼 논쟁의 비판적 검토," 최대권 교수 정년기념 「헌법과 사회」(서울: 철학과현실사, 2003).

포체류자격을 부여받은 외국국적동포의 취업 기타 경제활동은 사회질서 또는 경제안정을 해하지 아니하는 범위 안에서 자유롭게 허용된다" (제10조 제5항). 단 단순노무행위, 그리고 공공의 이익이나 국내 취업질서 등의 유지를 위하여 제한할 필요가 있다고 인정되는 활동은 할 수 없다 (재외동포법시행령 제23조 제3항). 외국국적동포는 군사시설보호구역을 제외한 국내 토지의 취득·보유·이용·처분에 있어서 국민과 동등한 권리를 가지며 (재외동포법 제11조 제1항), 외국환거래법 제18조의 자본거래 제한조치를 제외하면 예금, 적금, 이율, 입출금 등 국내 금융기관 이용에 있어서 대한민국 국민과 동등한 권리를 갖는다 (제12조). 또 90일 이상 국내에 체류하는 재외국민과 외국국적동포는 건강보험의 적용을 받을 수 있고 (제14조), 외국국적동포는 국적 상실에도 불구하고 연금과 국가·독립유공자 및 유족의 보상금도 받을 수 있다 (제15·16조).

재외동포법은 국적을 기준으로 하는 국민과 외국인의 일도양단적인 구별에 더해 종족성을 기준으로 하는 외국인 사이의 구별을 추가한 것이라 할 수 있다. 즉 외국인 가운데에도 한국계와 비한국계가 구별되어 전자는 출입국과 국내 경제활동에 있어 우대를 받게 된 것이다. 그런데 문제는 모든 한국계 외국인이 동일하게 취급된 것은 아니라는 사실이다. 중국과 구소련지역 거주 동포는 외국국적동포의 범주로부터 배제되었다. 이는 재외동포특례법안에 대한 중국정부의 항의에 따른 것이었다. 동포들 사이에서 이러한 차별을 가하는 것 때문에 재외동포법은 제정 당시부터 비난의 십자포화를 맞아야 했다. 그리고 3인의 중국동포가 제기한 헌법소원심판청구에 응해 판단에 나선 헌법재판소에 의해 2001년 11월 헌법에 합치되지 않는다는 판정을 받고야 말았다.[19]

---

19) 헌재 2001. 11.29. 99헌마494. 이 결정에 대한 해설은 이 철우, "재외동포법의

혹자는 재외동포특례법안에서 "한민족의 혈통을 지닌 자"라고 한 것을 최종안에서 "대한민국의 국적을 보유하였던 자"로 수정함으로써, 즉 혈통주의에서 과거국적주의로 전환함으로써 중국 및 구소련동포들이 배제되었다고 말한다.20) 조선족과 고려인이 대한민국 국적을 보유한 적이 없다면 그러한 지적이 옳다. 그러나 국적법의 입법 의도에서처럼 "대한민국"이 1948년에 수립된 것이 아니라 그 이전부터 존재해온 한민족 정치공동체를 뜻하는 것이라면 조선족과 고려인도 대한민국 국적을 가졌었다고 할 수 있다. 조선족이 언제 중국 국적을 취득하였는지도 애매하다.21) 그렇기 때문에 법무부의 행정처리 가이드라인은 중화인민공화국이 수립된 1949년 10월 1일을 중국 국적 취득 일로 본다. 다시 말하자면, 단지 외국국적동포의 자격을 과거 대한민국 국적을 가졌던 자에 한정한다고 해서 재중동포와 구소련동포가 배제되는 것은 아니라는 것이다. 이 점은 헌법재판소도 인정하였다. 헌법재판소가 선언하였듯이, 중국 및 구소련동포의 배제는 재외동포법 자체가 아니라 재외동포법 시행령 제3조 제2호에서 대한민국 정부수립 이전에 국외로 이주한 경우에는 "외국국적 취득 이전에 대한민국의 국적을 명시적으로 확인" 받았을 것을 요구하였기 때문에 빚어진 것이었다.

헌법적 평가: 헌법재판소의 결정을 중심으로," 「법과 사회」 22호 (2002), 253~78쪽 참조.
20) 국회에서의 심의와 심지어는 법무부장관의 언급 중에도 그러한 해석을 발견할 수 있다. 윗글, 262쪽.
21) 1945년에서 48년 사이 재만한인에 대한 중국공산당의 취급과 조선족과 조교(朝僑)의 구별을 상세히 분석한 Jeanyoung Lee, China's Policy Towards the Korean Minority in China 1945~1995, Unpublished Ph.D. dissertation, London School of Economics and Political Science (1999) 참조. 어느 재외동포정책 토론회에 참석한 한 중국동포 언론인은 1949년에 일방적으로 중국 국적을 부여받았다고 회고했다. 해외교포문제연구소, 「국내외 해외동포문제 전문가 대토론회 정책보고서」 (1999), 26쪽.

재외동포법 해당 조항은 헌법재판소의 결정에 의해 2003년 12월 31일까지만 효력을 가질 수 있게 되었다. 이에 대응하여 2003년 9월 법무부는 재외동포법의 헌법불합치 상태를 극복하기 위한 방안을 마련하여 발표했다. 법무부는 외국국적동포를 "대한민국의 국적을 보유하였던 자 또는 그 직계비속으로서 외국국적을 취득한 자 중 대통령령이 정하는 자"로 정의한 재외동포법 제2조 제2호는 그 자체로서 정부수립 이전에 해외로 이주한 동포들을 차별하는 효과를 낳는 것이 아니라고 보고, 정부수립 이전에 이주한 동포와 이후에 이주한 동포를 구별하는 재외동포법 시행령 제3조를 고쳐 외국국적동포를 "대한민국의 국적을 보유하였던 자로서 외국국적을 취득한 자"와 "부모의 일방 또는 조부모의 일방이 대한민국의 국적을 보유하였던 자로서 외국국적을 취득한 자"로 정의하는 재외동포법시행령 개정안을 입법예고 했다. 동시에 법무부장관의 고시로써 불법체류 다발국가 20개국을 지정하여 그 국적을 가지는 동포들의 사증발급 기준을 엄격히 하겠다는 뜻을 비쳤다. 이에 대해 재외동포법의 혜택을 중국 및 구소련 동포들에게까지 확대할 것을 주창해온 인사들은 법무부의 방안이 오히려 재외동포의 범위를 축소하는 것이라는 비난을 가하고 있다.

재외동포법의 적용을 확대하여 동포들 사이의 차별을 없애자고 주장하는 입장에서는 디아스포라가 일어난 배경에 대한 역사적 인식이 필요함을 강조한다. 즉 일제 지배를 피해 또는 그에 저항하기 위해 해외로 이주한 동포들을 우대하지는 못할망정 차별하는 것은 잘못이며, 재외동포법의 확대적용은 일제 지배의 피해를 원상 회복하는 의미를 갖는다는 것이다. 또 이 입장에서는 중국 및 구소련 동포들이 대한민국 국적을 상실하지 않았다고 보는 것조차 가능한 마당에 국적에 미치지 않는 체류자격을 부여하는 것이 부당하다 할 수 없다고 말한다.[22] 이에 대해 재외동포법을 제정하는 발상 자체에 반대하는 의견이 있다. 그에 따르면 외국인들 가운데 한국계 혈통을 가진 사람들만 우대하는 것은 '시민적·정치적 권리에 관한 국제규약'(International Covenant on Civil and Political Rights)과 인종차별철폐협약(International Convention on the Elimination of All Forms of Racial Discrimination) 등 국제인권법이 금지하는 종족적(ethnic), 국민적(national) 출신에 의한 차별에 해당하는 것인 만큼 외국국적동포의 특별취급 자체를 없애야 한다는 것이다.23)

IV. 외국인의 법적 지위와 처우

한국에 90일 이상 체류하는 장기체류외국인은 등록을 하도록 되어 있다. '출입국관리통계년보'에 의하면 2002년도에 등록한 외국인 총수는 252,400여명이었다. 그 중 207,000여명이 아시아 출신이고, 28,000명이 북미 출신이었다. 출신 국가별로는 중국이 84,000명으로 가장 많았는데 그 중 48,000명이 한국계 중국인이었다. 미국 출신은 23,000명으로 중국 다음으로 많았다.24) 그밖에도 장기간 또는 단기간 불법으로 체류하고 있는 외국인이 있다. 2002년 법무부는 이들의 숫자를 29만명으로 파악하였다.25)

등록외국인의 체류자격으로는 문화예술(D-1), 유학(D-2), 일반연수

---

22) 이를 대표하는 글로는 이 종훈, "재외동포법 개정론과 폐지론의 합리성 검토," 정 인섭 편, 「재외동포법」(서울: 사람생각, 2002).
23) 이 입장을 대표하는 글로는 정 인섭, "재외동포법의 문제점과 향후 대처방안," 윗책. 두 입장의 내용을 분석하고 문제점을 지적한 글로서 이 철우, "재외동포법을 둘러싼 논쟁의 비판적 검토" 참조.
24) 법무부, 「출입국관리통계년보」(2002), 272~87쪽.
25) 윗책, 468쪽.

(D-4), 취재(D-5), 종교(D-6), 주재(D-7), 기업투자(D-8), 무역경영(D-9), 교수(E-1), 회화지도(E-2), 연구(E-3), 기술지도(E-4), 전문직업(E-5), 예술흥행(E-6), 특정활동(E-7), 방문동거(F-1), 거주(F-2), 동반(F-3), 영주(F-5), 기타(G-1), 관광취업(H-1), 산업연수(D-3)와 연수취업(E-8)이 있다. 재외동포체류자격(F-4)을 보유한 외국국적동포도 장기체류외국인이나 이들은 거소신고로써 외국인등록에 갈음할 수 있다.

장기체류외국인들은 국내에서 어떠한 권리를 갖는가? 첫째, 그들은 6개월에서 영주에 이르기까지 다양한 체류기간을 허여받아 국내에 체류할 수 있다. 대부분의 체류자격은 연장이 가능하다. 둘째, 그들은 체류자격별로 허용된 활동을 할 수 있다. 교수(E-1)에서 연수취업(E-8)에 이르는 E형의 체류자격을 가진 자, 관광취업체류자격(H-1) 소지자, 방문동거체류자격(F-1)을 보유한 자 중 허가를 얻은 자, 거주자격(F-2)에 해당하는 자 중 본인 또는 가족의 생계유지를 위하여 취업활동이 필요하다고 인정되는 자, 재외동포(F-4), 영주자격(F-5) 보유자는 취업을 할 수 있다 (출입국관리법시행령 제23조).[26] 셋째, 외국인도 일정한 제한하에 부동산을 비롯한 재산을 소유하고 재산권을 행사할 수 있다. 1961년 외국인토지법은 외국인의 부동산 소유를 일체 금지하였다가 1968년 개정에 의해 소유는 허용하되 상한을 두었다. 1997년 개정으로

---

[26] 외국인이 토지를 취득하는 계약을 체결한 경우에는 해당 지방자치단체의 장에게 신고하여야 하며, 군사시설보호법 제2조 제2호의 규정에 의한 군사시설보호구역, 해군기지법 제3조의 규정에 의한 해군기지구성, 군용항공기지법 제2조 제9호의 규정에 의한 기지보호구역 기타 국방목적을 위하여 외국인 등의 토지취득을 특별히 제한할 필요가 있는 지역으로서 대통령령으로 정하는 지역, 문화재보호법 제2조 제2항의 규정에 의한 지정문화재와 이를 위한 보호물 또는 보호구역, 자연환경보전법 제2조 제12호의 규정에 의한 생태계보전지역의 토지를 취득함에 있어서는 허가를 얻어야 한다.

토지소유 상한이 철폐되고, 토지취득의 신고의무와 토지취득에 있어서 허가를 요하는 제한된 경우를 제외하면 외국인의 부동산 권리는 제약을 받지 않게 되었다 (외국인토지법 제4조 제2항). 넷째, 금융과 외국환거래는 대체로 내외국인의 구분보다 거주자와 비거주자를 구분하므로 그러한 조건하에 권리를 향유, 행사할 수 있다.[27] 다섯째, 건강보험과 연금 등 일정한 사회복지의 혜택을 누릴 수 있다. 국민건강보험법과 그 시행령 및 시행규칙은 5인 이상 고용 업체의 피고용 외국인은 직장 가입자로서, 90일 이상 체류가 가능한 D, E, F형의 체류자격을 가진 외국인은 지역 가입자로서 신청에 의해 건강보험의 혜택을 주고 있다 (국민건강보험법 제93조, 동 시행령 제64조, 동 시행규칙 제45조 및 별표 7 참조). 국민연금의 경우에도 법이 명시적으로 배제하는 경우를 제외한 외국인은 국민연금의 가입대상이 된다 (국민연금법 제102조, 동 시행령 제85조의 2, 동 시행규칙 제55조 참조). 이처럼 법적으로는 경제활동과 사회복지 혜택에 있어 외국인의 처우가 상당히 개선된 것이 사실이다. 따라서 토지소유와 금융거래, 건강보험과 연금 등에 있어 외국국적동포에게 특별한 혜택을 주는 것처럼 보이는 재외동포법의 많은 규정은 그렇게 큰 실익이 있는 것이 아니며, 개별 법령의 손질을 통해 같은 효과를 발휘할 수 있다는 주장이 설득력을 갖는다.[28]

외국인의 처우가 전반적으로 개선되어 가고 있다는 자평은 외국인노동자 문제에 부딪힐 때 무색해진다. 단순노무에 종사하는 이주노동자에게 출입국관리법이 허용하는 자격으로는 산업연수(D-3)와 연수취업(E-8)이 있고, 2003년 8월 '외국인근로자의 고용 등에 관한 법률'이 제정됨으로써 2004년 8월 17일부터는 고용허가를 얻은 사업체와의 근로계

---

27) 정 인섭, "재외동포법의 문제점과 향후 대처방안," 44쪽.
28) 윗글, 43~46쪽.

약을 통해 국내에 체류하는 것이 가능하게 된다. 2002년 현재 산업연수 명목으로 국내에 체류 중인 외국인은 약 97,000명으로서 등록외국인 중 가장 큰 범주를 차지한다. 이들의 대부분은 아시아 출신으로서 17,500명의 조선족동포와 23,400명의 비조선족 중국인이 포함된다. 그밖에 필리핀 출신 8,000여명, 인도네시아 출신 14,000명, 베트남계 12,000명, 방글라데시에서 온 7,400명이 있으며, 태국, 우즈베키스탄, 파키스탄, 스리랑카, 네팔, 인도, 몽골, 카자흐스탄, 미얀마가 그 뒤를 잇고 있다. 다른 대륙에서 온 산업연수생은 매우 적은데 그 중에는 150여명의 루마니아인이 주목을 끈다.29) 연수취업체류자격을 보유한 외국인은 18,600여명으로서 전부가 아시아 출신이다. 연수취업제는 산업연수제도를 폐지하고 고용허가제를 실시하는 것에 대한 대안으로 도입한 것으로서 연수를 종료하고 소정의 시험에 합격한 자에게 2년의 한도에서 정식 취업을 허가하는 제도이다. 산업연수생과 연수취업자가 전체 외국인노동력에서 차지하는 비중은 1/4도 되지 않는다. 나머지는 불법체류 상태에 있는 미등록노동자이다. 산업연수생과 미등록노동자에 대해 가해지는 인권침해의 현실을 이 글에서 새삼 다룰 필요는 없다. 여기에서는 그들의 법적 지위에 주목한다.

출입국관리법과 하위 법령은 산업연수(D-3)를 E형의 취업가능 체류자격과 구별하고 있다. 즉 출입국관리법의 관점에서는 산업연수생은 노동자가 아니다. 산업연수생이 받는 보수는 임금으로 불리지 않는다. 중소기업협동조합중앙회를 통해 한국에 온 산업연수생들은 복잡한 계약체계 속에 일을 하고 있다. 연수생과 출신국의 송출회사, 그리고 연수생에게 "연수"를 제공하는 한국 회사 사이에는 각각 계약이 체결되는데 이 계약체계 속에서 연수생은 송출회사에 고용되어 있다는 법형식

---

29)「출입국관리통계년보」(2002), 272~87쪽.

을 갖는다. 1995년 이전에는 아예 보수를 송출회사로 보내어 그 쪽에서 지급하도록 했다.30) 이러한 법형식과 산업연수생이 실제로 노동에 종사하고 그 대가로 보수를 받고 있다는 현실 사이의 괴리는 많은 인권침해를 야기했고, 네팔 출신의 연수생들이 명동성당에서 농성과 단식투쟁을 벌인 배경이 되었다. 연수생이 가지는 노동자로서의 실질적 현실과 기능을 도외시할 수 없게 된 노동부는 1995년 최저임금, 의료보험, 산업재해보상보험, 산업안전보건법의 혜택을 연수생에게도 연장하기로 결정했다. 같은 해 법원도 연수생들이 노동에 대한 대가를 받는 이상 근로기준법이 정하는 근로자에 해당한다고 판결했다.31) 그러나 근로기준법상의 근로자와 동일한 취급을 받는 것은 아니다. 법정근로시간과 초과근로수당 등은 적용되지만 상여금과 연월차유급휴가, 퇴직금에 관한 조항은 적용되지 않는다.

불법체류 상태에 있는 미등록노동자들은 어떠한가? 홍미로운 것은 법원이 이들의 근로자로서의 권리를 합법적 상태에 있는 산업연수생에 비해 더 일찍 인정하였다는 점이다. 법원은 1993년이래 불법체류 노동자를 산업재해보상을 받을 수 있는 근로자로 인정해왔다.32) 노동부도 1994년이래 불법체류 노동자들의 산업재해보상보험법과 근로기준법상의 지위를 인정하고 있다. 그러나 근로기준법이 전면 적용되는 사업장은 5인 이상 근로자를 고용하는 곳이라 미등록노동자들이 다수 고용되

---

30) 남 동희, 「외국인 근로자의 법적 문제」 (서울: 가림M&B, 1999), 제4장 참조.
31) 대법원 1995. 12. 22. 95누205.
32) 서울고법 1993. 11. 26. 93구16774; 1993. 12. 3. 93구19995; 대법원 1995. 9. 15. 94누12067. 대법원은 불법체류 노동자들의 고용계약이 소급해서 무효인 것은 아니나 계약기간의 관계없이 언제라도 해지 가능한 것으로 본다. 최 홍엽, 외국인근로자의 노동법상 지위에 관한 연구, 서울대학교 법학박사학위논문 (1997), 74~82쪽.

어 있는 극히 영세한 사업장에는 미치지 못한다.

앞서 언급한 바와 같이 2004년 8월부터는 외국인노동자 고용허가제가 시행되어 산업연수와 연수취업 외에 합법적인 취업의 길이 열리게 되었다. 이에 따르면, 내국인 채용을 위해 필요한 노력을 한 인력부족의 업체는 외국인노동자 고용허가를 신청하고, 이미 작성되어 있는 구직자명부로부터 적당한 자를 선정하여 고용허가를 얻은 후 그와 근로계약을 체결할 수 있다(외국인근로자고용법 제6-9조). 근로계약은 1년을 최장기로 하되 3년까지 갱신할 수 있다. 법은 노동부장관으로 하여금 구직자명부에 등재되는 구직자의 선발 기준으로 활용하기 위해 한국어능력시험을 실시하도록 의무화하고 있다 (제7조 제2항). 이는 외국인노동자의 고용에 종족적·문화적 고려를 도입함을 뜻한다. 외국인노동자에 대한 한국인의 태도는 매우 배타적이지만, 그러한 전제 위에서는 종족성에 대한 의식이 강하게 작용하고 있음이 사실이다. 설동훈의 연구에 따르면, 한국의 노동자들은 이주노동자들 가운데 중국동포 산업연수생들에 대해 가장 호의적이고 비한국계 불법체류 노동자들에 대해 가장 적대적이다. 그러나 종족적 유대와 법적 지위가 충돌하는 경우에는 반드시 전자가 우선하지는 않는다. 즉 불법체류 상태에 있는 중국동포 노동자들보다는 비한국계 산업연수생에 더 우호적이라는 것이다. 아울러 다른 이주노동자들은 물론 가장 우호적으로 대하는 중국동포 산업연수생들조차 자신들보다 낮은 임금을 받는 것이 당연한 것으로 생각한다고 한다.[33] 종족적 유대감이 작용하더라도 법적 지위의 다름과 경제적 계층 구분을 초극하지는 않는 것이다.

---

33) 설 동훈, 「외국인노동자와 한국사회」 (서울: 서울대학교 출판부, 1999), 390~403쪽.

V. 정주외국인에 대한 처우: 화교를 중심으로

2002년 4월까지만 해도 외국인에게 제공되는 최장기의 체류자격은 거주자격(F-2)이었다. 거주자격 보유자는 5년을 상한으로 국내에 체류할 수 있고 체류기간을 갱신할 수 있었다. 1999년을 기준으로 거주자격을 보유한 사람은 23,000명 가량 되었는데 그 가운데 22,000명이 화교였다. 화교의 한반도 이주는 1882년에 시작되어, 1942년에는 약 80,000명의 화교가 재류했다. 그러나 태평양전쟁과 한반도의 불안정한 사정은 화교 인구의 급감을 가져와 한국전쟁 직후 남한에는 22,000명 정도가 머무르고 있었을 뿐이었다. 그 후 자연적인 요인에 의해 1970년초에 32,400명 정도로 증가한 화교는 다시 점감하여 현재의 수준에 이르렀다.[34]

화교 인구가 감소한 데에는 많은 이유가 있겠으나 한국 사회의 배타성이 큰 원인이었음을 반박하기는 어렵다. 화교는 출입국, 거주, 경제활동에 있어 많은 제약을 받았다. 1961년 외국인토지법에 의한 토지소유의 전면 금지는 화교들의 경제기반을 박탈했으며 그들의 직역을 제한했다. 1968년 법개정으로 660제곱미터 이하의 주거지와 185제곱미터 이하의 상업용 토지는 소유할 수 있게 되었으나 이는 소규모 중국음식점 등 영세한 사업 밖에는 허용치 않는 것이었다. 이 때문에 화교들은 자신들의 삶이 "자장면 면발에 달려있다"고 푸념한다. 실제로 수년전의

---

[34] 재한 화교의 역사와 실태에 대하여는 고 승제, "화교 대한 이민의 사회사적 분석," 「백산학보」 13호 (1972), 136-75쪽; 박 은경, "한국 화교 사회의 역사," 「진단학보」 52호 (1981), 97-128쪽; 양 필승, "한국 화교의 어제, 오늘 및 내일," 「국제인권법」 3호 (2000), 139-58쪽; 박 경태, "한국 사회의 인종차별 - 외국인노동자, 화교, 혼혈인," 「역사비평」 48호 (1999), 195~98쪽 참조.

조사는 한성화교학교 1,100명 학생의 부모 중 절반 이상이 중국음식점을 경영하거나 그에 고용되어 있을 정도로 화교들의 직역이 제한되어 있음을 보여주었다.[35] 전술했듯이 토지소유의 상한은 1997년에야 제거되었다.

화교들은 태어나면서부터 한국 사회와 불가분의 관계를 맺고 살고 있음에도 불구하고 짧고 불안정한 체류자격 때문에 불안해해야 했다. 1999년까지는 3년을 상한으로 하는 거주자격(F-2), 99년부터 2002년 4월까지는 5년 상한의 거주자격을 부여받고 주기적으로 이를 갱신해야 했다. 후술하듯이 2002년 4월부터 영주자격(F-5)이 도입되어 화교들은 체류자격의 갱신 없이 영구히 체류할 수 있게 되었다.

세월이 지나면서, 특히 냉전으로 인해 화교들이 출신지로부터 완전 분리된 지 상당기간이 지남으로써 화교가 한국 사회에 동화될 수 있는 여지가 커졌다. 실제로 한성화교학교 학생 중 30%가 한국인 어머니를 가지고 있고, 할머니까지 한국인이어서 혈통상 3/4이 한국계인 학생도 상당수에 이를 정도로 화교의 혈통적 정체성은 약화되었다.[36] 그럼에도 불구하고 화교는 한국 사회와 구별되는 정체성을 한편으로 강요받고 다른 한편으로 유지해왔다. 그러한 양면성을 가장 잘 보여주는 것은 교육이다. 화교에 대한 교육상의 처우를 차별이라 하기는 어렵다. 화교 일각에서는 한국 초중등학교가 화교를 받아들이지 않는다고 불평하지만 사실 그런 제한은 없다. 또 한국은 동남아 일부 국가와는 달리 화교들의 자율적인 교육을 허용해왔다. 화교 학교는 교육법의 적용을 받지

---

35) Sheena Choi, "Educational Choices of Ethnic Chinese Minorities in Korea, Trends and Policy Implications," Proceedings of the ISSCO Seoul Conference 2000 on Chinese Overseas and Asia-Pacific Rim Countries: Opportunities and Challenges in the New Millennium, 12~13 June 2000, Yonsei University, 7쪽.
36) 윗글, 5쪽.

않고 교육기관으로 인정되지 않으나, 화교 학교 졸업은 고교 졸업으로 인정하여 대학 진학시 고려되는 특수한 지위에 있다. 화교가 가지는 교육상의 자결권은 화교의 문화적 정체성을 유지하는 토대가 되었고, 중국의 개방 이전에는 그들이 정신적으로 대만에 의존하게 하는 배경으로 작용했다. 한편 화교 학교 졸업자의 학력을 인정하고 심지어는 한국 고교를 졸업하지 않은 화교에게 대학의 외국인특례입학의 혜택까지 주기 때문에 화교들은 귀화를 꺼리고 한국 학교에 자녀를 보내는 것을 주저하는 모습을 보이기도 한다. 때문에 화교에 관대한 교육정책이 아이러니컬하게 그들의 고립을 심화시켰다는 평가도 있다.[37]

화교 정체성이 이처럼 복잡한 양상을 갖는다고 해서 차별에 대한 비판이 근거를 잃는 것은 아니다. 한국이 산업화가 된 나라 중 유일하게 차이나타운이 없는 나라로 지목될 정도로 화교에 대해 차별적, 배타적인 데 대해서는 도의적, 규범적 차원에서뿐만 아니라 국익 차원에서도 비판이 가해져왔다. 화교에 대한 차별적 처우는 재일동포의 지위에 대한 한국의 문제 제기의 설득력을 약화시키며 동남아 화교의 엄청난 경제력과 손을 잡는 데에도 장애가 된다는 것이다. 인권과 국익의 두 차원에서 동기화된 화교 문제에 대한 관심은 2000년과 2001년 화교를 주요 수혜자로 겨냥한 두 개의 입법안을 가져왔다. 2001년에 제출된 '장기체류외국인의 영주권 취득과 그 법적 지위에 관한 법률'은 차이나타운 건설과 동남아 화교 자본의 유치를 목표로 하는 독지가, 인권운동가, 민변의 변호사와 법학자들이 힘을 모아 입안한 것으로서 5년 이상 거주 외국인들이 영주권을 취득할 수 있는 길을 열어주고 경제활동과 사회복지에 있어 재외동포법이 외국국적동포에게 제공하는 것과 유사한 혜택을 주는 것을 골자로 한다. 이 법안이 국회에 계류 중에 있던 2002

---

37) 이상 윗글 참조.

년 4월 법무부는 출입국관리법시행령을 개정하여 영주자격(F-5)을 창설했다. 법안은 아직도 국회에 계류 중이나 화교들은 그것의 통과 유무와 관계없이 영주할 수 있게 되었다.[38]

또 다른 법안은 2000년에 제출된 '장기거주외국인에 대한 지방선거권 등의 부여에 관한 특례법안'으로서 거주자격을 가진 5년 이상 거주 외국인에게 지방선거권을 부여한다는 내용이다. 이 법안은 김대중 대통령이 1999년 오부치 일본 수상을 만나 재일한국인에게 지방참정권을 부여하는 문제를 거론하면서 한국에서도 화교를 위해 같은 조치를 취할 수 있음을 시사한 데에서 발단했다. 화교들이 정주자로서의 지위를 확보하는 것이 시급한 현실에서 지방선거권 부여를 먼저 추진한다는 소식에 대해서는 전후가 뒤바뀐 것이 아니냐는 의문이 있었으나 영주권법 제정 운동 그룹에서도 곧 지방선거권 입법의 추진이 의미가 있다고 판단하였다. 그러나 대통령의 한마디에 민주당 의원들 중심으로 급히 추진된 이 입법안은 그 발단이 예고했듯이 여론의 가시권에서 벗어나면서 진척을 보지 못하다가 폐기되었다.[39]

VI. 차별받는 국민들: 혼혈인과 북한이탈주민

같은 국적을 갖는 국민이라 해서 모두 동등한 시민으로서의 지위를 누리는 것은 아니다. 법에서는 시민권(citizenship)이 국적과 같은 의미로 쓰이지만 사회에서는 국민 중 여성이나 장애자처럼 차별받는 소수자들

---

[38] 영주자격을 창설하는 대신 거주자격(F-2)의 상한기간은 다시 3년으로 감축하였다.
[39] 위의 두 법안의 내용에 대한 분석으로는 이 철우, "장기거주외국인을 위한 입법의 동향," 「법과 사회」, 20호 (2001), 373~85쪽.

이 "완전한 시민권을 보장하라"고 요구하는 데에서 보듯이 시민권은 많고 적음이 비교되는 양적인 개념으로 쓰인다. 대한민국 국적을 갖지만 완전한 시민권을 향유하지 못하는 집단 중에는 혼혈인과 북한이탈주민이 있다.

1947년 이후 한국에서 출생한 혼혈인은 2만에서 6만 사이로 추산될 뿐 그 수가 정확치 않다. 1999년을 기준으로 보면, 혼혈인 중 650명이 펄벅재단에 등록되어 있고 1,000명 정도가 한국에서 살고 있는 것으로 추정된다. 같은 시기까지 펄벅재단이 파악한 혼혈인 중 43%가 편모슬하에서 성장하였으며, 직업은 육체노동과 연예, 음식점 종업원이 대부분이고 공무원이 된 자는 단 한 명도 없었다.[40]

혼혈인에 대한 법적 차별이 가장 뚜렷이 나타나는 영역은 병역이다. 병역법시행령은 "외관상 식별이 명백한 혼혈아 및 부의 가에서 성장하지 아니한 혼혈아"는 "1년 6월 이상의 징역 또는 금고형을 받은 선고받은 사람," 고아, 중졸 미만의 학력을 가진 사람, 귀화자 등과 함께 제2국민역에 편입하도록 규정하고 있다(제136조 제1항 제2호). 즉 한국인과 인종적으로 판이한 자 사이에서 태어나 외모가 구별되는 혼혈인, 외모와 무관하게 편모슬하에서 자라난 혼혈인은 군대에 가고 싶어도 갈 수가 없다는 것이다. 이는 인종차별의 토대 위에 성별에 따른 차별이 더해진 것이다. 현실적으로 어머니와 함께 거주하는 혼혈인과 인종적으로 구분되는 혼혈인은 일치하는 경우가 많다.[41] 또 혼혈인은 민방위에 있어서도 자체교육인정자로 분류되어 실제로는 소집되지 않는다 (민방

---

40) 박 경태, 윗글, 198~202쪽.
41) 필자는 병무청에 전화하여 혼혈인의 병역법상 차별의 근거를 물은 바 있다. 응답한 관리는 "외모 때문에 괴롭힘을 당하여 총기 사고를 낼 우려가 있기 때문"이라고 답변했다.

위기본법시행규칙 제33조 제1항 제10호에 의해 행정자치부장관이 지정).

한편 1990년대 전반기까지는 주한미군과의 사이에서 태어난 혼혈인이 차별받는 혼혈인의 주류를 이루었으나 90년대 중엽부터는 동남아시아로부터 입국한 이주노동자와의 사이에 태어난 혼혈인이 새로운 차별대상으로 등장했다. 이들은 1997년 개정 국적법이 부모양계혈통주의를 도입함으로써 어머니의 국적국인 대한민국의 국적을 가질 수 있게 되었다. 그러나 아버지의 불안정한 신분 때문에 혼인신고를 하지 않는 경우도 많아 어머니의 호적에 사생아로 입적되기도 한다. 외국인노동자를 위한 인권단체들은 한국인과 이주노동자 사이에서 태어난 혼혈아를 코시안(Kosian)이라 부르며 그들의 권리를 위해 캠페인을 벌이고 있다.[42]

북한이탈주민은 국적과 종족성에 의해서는 구별되지 않으나 정치사회적 경험에 의해 구별되는 경우이다. 대한민국 헌법상 북한의 공민은 모두 대한민국 국민이다. 이들 중 한국전쟁의 종료로부터 2000년 10월까지 남한으로 탈출한 사람은 약 1,300명이며, 그 중 절반이 넘는 약 700명이 1990년대에 넘어와 정착했다.[43] 1999년 한국 정부는 중국과 러시아를 떠돌고 있는 북한이탈주민의 수를 30,000명 정도로 보았으나, 북한이탈주민을 돕는 시민단체들은 10만명 정도로 추산했다.[44] 그들이 대한민국 국민이라면 대한민국 정부는 그들을 대상으로 주권을 행사하여야 하지만 남북한을 각각 별개의 국가로 인정하는 중국과 러시아의 영토에서 북한 주민에 대한 대한민국의 주권을 행사하는 것이 어려운

---

42) 안산외국인노동자센터(www.migrant.or.kr)에서 운영하는 '코시안의 집'을 참조.
43) 이 금순, 「탈북자 문제 해결방안」, (서울: 민족통일연구원, 1999), 63쪽; "NK 브리프: 국내 들어온 북주민 올해 205명," 「조선일보」 2000. 10. 16, 46쪽.
44) 이 금순, 윗글, 6~12쪽.

것이 현실이다. 그래서 정부는 제한된 범위에서 그들의 남한 입국을 허용하고 있다. 그 근거는 1997년 제정된 '북한이탈주민의 보호 및 정착지원에 관한 법률'이다. 이 법률에 따르면 북한이탈주민은 해외 한국공관에 "보호"를 신청할 수 있고 통일부장관은 심의 절차를 거쳐 보호의 여부를 결정한다(제7, 8조). 법은 "체류국에서 상당한 기간동안 생활근거지를 두고 있는 자"와 "정치·외교적으로 대한민국에 중대한 어려움을 야기할 것으로 예상되는 자" 등을 보호대상자로 결정하지 않을 수 있다고 규정하고 있다(제9조, 시행령 제16조). 보호의 결정이 내려지면 대상자가 대한민국에 정착할 수 있도록 각종 지원이 주어진다.

이처럼 대한민국 국민인 북한이탈주민을 선별적으로 입국시키는 것은 헌법 제14조가 보장하는 거주이전의 자유를 침해하는 것으로 해석될 수 있다.[45] 그런데 해외의 대한민국 공관에 보호 신청을 하지 않고 무작정 남한 땅을 밟는 경우에는 수용을 거부할 수 없다. 1992년 중국 여권으로 입국한 후 신원을 밝힌 이영순에 대한 강제퇴거명령이 위법하다고 판시한 1996년의 대법원 판결은 이를 분명히 했다.[46] 이러한 법의 태도는 북한이탈주민보호법의 절차에 따라 보호 신청을 하는 자에 비해 이를 무시하고 물리적 입국을 시도하는 자가 더 확실한 대우를 받는 기이한 결과를 낳는바 이는 대한민국 헌법과 국제법, 국제정치 현실의 괴리로부터 오는 결과이다. 한편 이영순 사건은 북한이탈주민임을 입증하는 문제가 간단치 않음을 시사했다. 중국 여권을 소지했다는 이유만으로 불법체류 중국인으로 단정할 수 없다는 법원의 판결을 받은 이영순과는 달리, 1988년 탈출하여 1995년 입국한 김용화는 위조된 중

---

45) 이찬진, "탈북자들의 국내법상 법적 지위," 「시민과 변호사」 37호 (1997), 80~89쪽.
46) 대법원 1996. 12. 12. 96누1221.

국 거민증 소지로 인해 북한이탈주민으로 인정받지 못한 채 일본으로 밀입국하였다가 체포되어 수감된 후 2002년에야 한국에 정착할 수 있었다.[47]

정착이 허용된 북한이탈주민은 조사와 사회적응교육, 직업교육을 받으며, 호적과 주민등록증을 부여받는다. 북한이탈주민의 정착지원을 위한 법률은 1962년의 '국가유공자 및 월남귀순자 특별원호법,' 1974년의 '국가유공자 등 특별원호법,' 1978년 '월남귀군용사 특별보상법,' 1993년의 '귀순북한동포법'을 거쳐 현재의 '북한이탈주민의 보호 및 정착지원에 관한 법률'에 이르렀는데 이러한 변화를 거치면서 그 대우는 보훈에서 보상으로 바뀌었고 지원금의 규모도 현저히 축소되었다.[48] 과거에는 직업을 보장하였으나 현재는 고용주에게 연결을 시켜주는 것에서 정부의 역할은 종료한다.

사회적 약자인 북한이탈주민을 위한 적극적 조치(affirmative action)의 합당한 규모와 내용은 별론으로 하고, 그들에 대한 차별에 주목할 필요가 있다. 대부분의 차별은 고용과 생활에서 경험하는 사회적 차별이다. 공식적, 법적인 차원의 구별의 예를 찾자면 "군사분계선 이북지역에서 이주해온 자"를 제1국민역으로부터 면제하는 병역법(제64조 제1항 제3호)의 규정을 들 수 있다. 법률에 근거를 둔 것은 아니나 국가가 행사하는 차별로는 북한이탈주민들의 공통된 불만의 대상이 되어 있는 해외여행에 대한 제한이 있다.[49] 국가정보원의 내부지침인 '거주지신변보호지침'에 의해 이루어지는 여권발급의 제한은 북한의 위협으로부터의

---

47) "국제미아 탈출 '남영동' 주민 김용화," 「주간동아」, 333호, 2002. 5. 9.
<http://www.donga.com/magazine/weekly-donga/news333/wd333kk020.htm>.
48) 최 경옥, "한국 헌법상 탈북자의 법적 지위," 「헌법학연구」 5집 1호 0, 113쪽.
49) 국회 통일외교통상위원회, 「북한이탈주민 현황과 대책방향」 (1998), 146~47쪽 참조.

'보호'를 명분으로 하는 것으로서 이유가 없는 것은 아니나 지구화시대에 있어 국민 중 특정 집단의 경제·사회활동을 지나치게 제한하는 결과를 가져오며 그 기준이 애매하여 정당성에 대한 의문을 자아낸다.

Ⅶ. 맺음말

이상에서 국적이라는 뚜렷한 구별 기준과 종족성이라는 애매한 구별 기준이 착종하여 만들어내는 차별의 차원을 살펴보았다. 이를 도시하면 다음과 같다.

		국 적	
		있음	없음
종족성	같음	남한에 거주해 온 한국계 국민 북한이탈주민	외국국적동포 재외동포자격 없는 동포
	다름	혼혈인 귀화자	비한국계 외국인

국적을 기준으로는 국민과 외국인이 구별된다. 국민 사이에는 종족성 내지는 인종에 따른 구별이 있다. 한국계 국민과 비한국계 국민, 즉 혼혈인과 귀화한 외국인이 구별되며, 특히 혼혈인은 상당한 차별의 대상이 되어 있다. 한국계 국민 중에는 정치사회적 경험에 따라 구별되는 북한이탈주민이 있다. 외국인 중에는 종족성을 기준으로 재외동포로 인정되는 집단이 있다. 그러나 같은 종족적 정체성을 갖고 있어도 재외동포의 법적 지위를 얻지 못하는 중국 및 구소련 거주 동포들이 있다. 그

들은 출입국과 경제활동에 있어서 많은 제약을 받는다. 해석에 따라서는 그들이 대한민국의 국적을 이탈하지 않았다는 관점도 불가능하지 않다. 그렇게 본다면 미국 시민권을 얻어 대한민국 국적을 상실한 사람에 비해 그들이 훨씬 타자화(他者化)되어 있음은 아이러니이다. 화교는 국적과 종족성에서 모두 구별되지만 한국 사회와의 밀착 때문에 외국인 중 가장 강력한 체류자격을 가지고 있다. 그러나 한국에 삶의 터전을 가지고 있음에도 불구하고 정치적 의사형성에는 참여하지 못한다.

한국 사회가 이주노동자와 화교 등에 대해 보여 온 배타성에는 강한 종족적 민족주의가 작용했다. 단일민족의 혈통을 신봉하는 '우리' 의식은 한국 노동시장에 기능적으로 통합되어 있거나 한국을 영구의 생활 근거지로 삼는 외국인들을 포용하는 데 장애가 되어왔다. 반면 종족적 민족주의는 국적이라는 분명한 경계를 넘어 종족성을 공유하는 집단과의 특수한 유대를 요구했다. 그러면서도 그 중 일부에 대해서는 현실적인 이유로 배제와 차별을 가하는 양면성을 보인다.

종족적 민족주의는 국민들 가운데 특정 집단을 차별하는 데에서도 작용한다.[50] 혼혈인은 종족적 순수성을 가지지 않기 때문에 차별된다. 북한이탈주민은 종족성에 있어서는 구별되지 않지만, 그들을 국민으로 파악하는 것, 그리고 남북한의 체제 경쟁 자체가 종족집단의 통일을 당연시하면서 특정 이념과 체제를 가진 세력에 의해 통일을 이루어야 한다는 믿음에 기초하고 있다는 점에서 종족적 민족주의의 한 표현이라

---

[50] 이 글에서는 언급하지 않았지만 1997년 국적법 개정이 있기까지 존재한 부계 혈통주의적 국적 취득 원리, 그리고 한국 여성과 결혼한 이주노동자에 대한 출입국관리상의 제약들은 종족적 민족주의가 성차별과도 밀접한 관련을 맺고 있음을 보여주는 예이다. 이에 관해서는 Chulwoo Lee, "'Us and 'Them' in Korean Law: The Creation, Accommodation and Exclusion of Outsiders in South Korea," in Arthur Rosett, Lucie Cheng and Margaret Woo (eds), *East Asian Law - Universal Norms and Local Cultures* (London: RoutledgeCurzon, 2003), 124~28쪽 참조.

볼 수 있다.

한편 중국 및 구소련 지역 동포, 그리고 북한이탈주민의 유입은 남한 사람들로 하여금 자신들의 종족적 정체성의 관념을 돌아보는 계기를 부여했다. 중국동포들을 상대하면서 종족집단의 무봉성(無縫性)에 대한 믿음은 국가의 대인고권을 존중하는 국제규범 및 냉엄한 국제정치적 현실, 그리고 노동시장의 교란을 두려워하는 심리에 의해 동요를 면치 못했다. 이주노동자와 화교에 대한 취급을 돌아보면서 한국인들은 자신들의 종족적 민족주의가 갖는 배타성을 인지했다. 해외로 탈주한 북한 주민을 취급 하면서는 1민족 1국가의 이상이 흔들림을 느꼈다. 반면 중국 및 구소련 동포와 북한이탈주민의 처우는 종족적 민족주의에 호소할 때 가장 효과적으로 개선될 수 있었다. 이처럼 위에서 살펴본 집단들에 대한 접근 속에서 내셔널리즘과 글로벌리즘이라는 두 힘의 복잡한 작용을 읽을 수 있다.

주제어: 국적, 시민권, 종족성, 정체성, 차별, 재외동포, 이주노동자, 화교, 혼혈인, 북한이탈주민

참고문헌

江川英文・山田鐐一・早田芳朗, 國籍法(東京: 有斐閣, 1989)
고 승제, "화교 대한 이민의 사회사적 분석,"「백산학보」13호 (1972)
국회 통일외교통상위원회,「북한이탈주민 현황과 대책방향」(1998)
김 병천, "김영삼 정부의 재외동포정책,"「재외한인연구」8호 (1999)
남 동희,「외국인 근로자의 법적 문제」(서울: 가림M&B, 1999)
노 영돈, "사할린 한인에 관한 법적 제문제,"「국제법학회논총」37권 2호 (1992)
———, "우리나라 국적법의 몇 가지 문제에 관한 고찰,"「국제법학회논총」41권 2호 (1997)
노 영돈, "재중한인의 국적에 관한 연구,"「국제법학회논총」44권 2호 (1999)
박 경태, "한국 사회의 인종차별 – 외국인노동자, 화교, 혼혈인,"「역사비평」48호 (1999)
박 은경, "한국 화교 사회의 역사,"「진단학보」52호 (1981)
법무부,「출입국관리통계년보」(2002)
설 동훈,「외국인노동자와 한국사회」(서울: 서울대학교 출판부, 1999)
심 현정, "법령해석 및 심의경과: 국적법," <http://www.moleg.go.kr/mlawinfo/> (1998)
양 필승, "한국 화교의 어제, 오늘 및 내일,"「국제인권법」3호 (2000)
이 금순,「탈북자 문제 해결방안」(서울: 민족통일연구원, 1999)
이 종훈, "재외동포정책의 과제와 재외동포기본법의 제정 문제,"「입법조사연구」249호 (1998)
이 종훈, "재외동포법 개정론과 폐지론의 합리성 검토," 정 인섭 편,「재외동포법」(서울: 사람생각, 2002)
이 찬진, "탈북자들의 국내법상 법적 지위,"「시민과 변호사」37호 (1997)
이 철우, "장기거주외국인을 위한 입법의 동향,"「법과 사회」20호 (2001)
———, "재외동포법의 헌법적 평가: 헌법재판소의 결정을 중심으로,"「법과 사회」22호 (2002)

────, "재외동포법을 둘러싼 논쟁의 비판적 검토," 최 대권 교수 정년기념 「헌법과 사회」 (서울: 철학과현실사, 2003)

정 인섭, "법적 기준에서 본 한국인의 범위," 임 원택 교수 정년기념 「사회과학의 제문제」(서울: 법문사, 1988)

────, "우리 국적법상 최초 국민 확정기준에 관한 검토," 「국제법학회논총」 43권 2호 (1998)

────, "재외동포법의 문제점과 향후 대처방안," 정 인섭 편, 「재외동포법」(서울: 사람생각, 2002)

최 경옥, "한국 헌법상 탈북자의 법적 지위," 「헌법학연구」 5집 1호 (1999)

최 홍엽, 「외국인근로자의 노동법상 지위에 관한 연구」, 서울대학교 법학박사학위논문 (1997)

해외교포문제연구소, 「국내외 해외동포문제 전문가 대토론회 정책보고서」 (1999)

Basch, Linda, Nina Glick Schiller and Cristina Szanton Blanc, *Nations Unbound: Transnational Projects, Postcolonial Predicaments and Deterritorialized Nation-States* (London: Routledge, 1994); Nina Glick Schiller, "Citizens in Transnational Nation-States," in Kris Olds et al. eds., *Globalisation and the Asia-Pacific: Contested Territories* (London: Routledge, 1999)

Bosniak, Linda, "Denationalizing Citizenship," in T. Alexander Aleinikoff and Douglas Klusmeyer, eds., *Citizenship Today: Global Perspectives and Practices* (Washington, DC: Carnegie Endowment for International Peace, 2001)

Choi, Sheena, "Educational Choices of Ethnic Chinese Minorities in Korea, Trends and Policy Implications," Proceedings of the ISSCO Seoul Conference 2000 on Chinese Overseas and Asia-Pacific Rim Countries: Opportunities and Challenges in the New Millennium, 12-13 June 2000, Yonsei University

Lee, Chulwoo, "'Us and 'Them' in Korean Law: The Creation, Accommodation and Exclusion of Outsiders in South Korea," in Arthur Rosett, Lucie Cheng and Margaret Woo (eds), *East Asian Law - Universal Norms and Local Cultures* (London: RoutledgeCurzon, 2003)

Lee, Jeanyoung, *China's Policy Towards the Korean Minority in China 1945-1995*,

Unpublished Ph.D. dissertation, London School of Economics and Political Science (1999)

Shin, Gi-Wook, James Freda and Gihong Yi, "The Politics of Ethnic Nationalism in Korea," *Nations and Nationalism*, Vol. 5, Part 4 (1999)

Smith, Anthony D., *The Ethnic Origins of Nations* (Oxford: Blackwell, 1986)

판례와 신문기사는 목록에서 생략함

차별극복으로서의 지방분권

李 國運
한동대학교 헌법/법사회학

I. 2003년의 대한민국에서 '지방에 산다는 것'

땅 끝 고을 포항에 와서 산지가 벌써 5년째다. 말 붙이기도 어려웠던 바다 사나이들의 얼굴에서 가끔씩 어떤 정겨움을 느끼게 되는 요즈음이다. 그도 그럴 것이, 여기 올 때 하나이던 아이가 이제 넷이 되었으니, 나와 아내야 앞으로도 외지인 취급을 받을 순 있겠지만 아이들은 이미 핏줄부터 포항사람들인 셈이다. 응당 기뻐해야 할 이 현실 앞에서, 내가 느끼는 것은 그러나 솔직히 어떤 쓸쓸함 같은 것이다. 어쩌면 그것은 중심을 버리고 주변을 선택한 사람들의 외로움 같은 것일 수도 있다.

2003년의 대한민국에서 '지방에 산다는 것'은 무엇을 의미하는가? 나는 이 물음에 관한 답변을 굳이 사회과학적 분석에 담으려고 애쓰지 않을 작정이다. 어느새 서울에 작은 연줄망을 가진 '지방지식인'으로 규정되고 있는 나 자신의 실존적 고민을 토로하는 것만으로도 문제의 핵심을 드러냄에는 부족하지 않기 때문이다. 그 한 가지 예로서, 학회가 끝나는 시점에 매번 겪는 갈등을 나는 이제 이야기 하고자 한다.

 금요일이나 토요일에 열리는 전국 규모의 학회들은 대개 서울 한복판의 대학들에서 개최되기 마련이다. 괜히 지방 도시들에 가봤자, 다른 지방 도시들에서 이동하기가 더 불편해지기만 할뿐이다. 그저 그런 발표도 있고, 귀에 쏙 들어오는 발표도 있고, 그러다가 오후 5시쯤이 되면 나는 항상 익숙한 갈등에 빠져들곤 한다. 포항으로 돌아가는 마지막 비행기는 김포공항에서 오후 8시에 출발하기 때문이다. 각종 테러사건이 있은 후 강화된 보안검색을 고려할 때, 적어도 30분전까지는 공항에 도착해야만 한다. 게다가 아파트 창가에 빼곡이 나와 아빠의 무사귀환을 고대할 아내와 아이들의 모습을 생각하면 미련 없이 자리를 박차고 일어나야 한다. 그러나 발길을 붙잡는 것은 대개 그 즈음 시작되는 종합토론에서 학회의 백미라 할 불꽃 튀기는 논전이 벌어진다는 사실이다. 게다가 나야말로 대학원 시절부터 볼만한 논전이라면 어떻게든 한 자락을 걸쳐야 직성이 풀리는 소위 논객(論客)이 아니었던가?

 일어서야 한다는 이성의 명령을 거부하고, 나는 학자로서의 욕망을 좇아 논전에 뛰어드는 모험을 감행한다. 기왕에 꺼낸 이야기, 그동안 혼자 고민하던 속내까지 털어놓다가 문득 주위를 돌아보면, 어딘지 코드가 맞지 않는다는 표정으로 빨리 끝내고 저녁 먹으러 가자는 얼굴들 뿐이다. '오호라, 이것 봐라, 오늘 한 번 제대로 붙어 봐?' 호기롭게도 나는 아내와 아이들의 얼굴 위로 폭음과 논쟁을 일삼던 대학원 시절의 삽화를 끼워 넣는다. 그동안 쌓은 내공을 겨루는 학인(學人)들의 한판 겨룸이야말로 고대하고 고대하던 이벤트인 까닭이다. 게다가 이것은 수지가 맞는 투자일 수도 있다. 세상 돌아가는 이야기, 학회 돌아가는 이야기, 그리고 교수란 사람들 대부분의 관심사인 '어느 학교에 무슨 자리가 비었는데, 누구는 내정자이고 누구는 다크호스라더라'는 이야기까지 한꺼번에 들을 수 있다면, 그 또한 괜찮은 수확일 것이기 때문이다.

기왕 벌어진 일이라고 다짐하며, 마지막 비행기를 포기하고 저녁식사 자리까지 참석한다. 이제 봤다는 듯이, 오랜만이라고 악수를 청하는 얼굴들. 옛날에 같이 세미나 꾸리던 이야기를 조금 시작하다가, 이론적인 주제들에 부딪히자 대화가 끊어졌다 이어졌다 한다. 나는 얼마든지 더 심각해 질 수 있는데, 사람들은 그냥 밥이나 먹고 놀자는 투다. 이곳저곳에서 쑥덕대는 이야기들은 분명 '누구는 내정자이고 누구는 다크호스'라는 그 내용들일 것이다. 허나 나로서는 도무지 그 속에 끼어들 수가 없다. 하기야 전후좌우를 구분 못하는 외부자가 끼어든 들 강경한 원칙론 이외에 무슨 말을 할 수 있을 것인가?

포항에 내려온 뒤 나는 술로부터 멀어진 지 오래지만, 서울사람들도 예전과는 달리 '술 권하는 사회'의 구성원들은 아닌 모양이다. 떠들썩한 토론도 왁자지껄한 건배도 없이, 밋밋하게 저녁식사가 파한 뒤, 다들 각자의 처소로 돌아가는 분위기이다. 개중에 혹은 숙소가 어디냐고 물어주기도 하지만 그것은 그냥 상냥한 작별인사의 한 종류일 뿐이다. 줄줄이 떠나는 자가용과 택시들을 보내다가 문득 하늘을 올려다보면 내가 탔어야 할 비행기는 이미 보이지 않는다. 아마 지금쯤 대구 상공을 날고 있지 않을까?

2차 가자고 분위기를 잡는 것은 예나 지금이나 학위과정 학생들이다. 끈적끈적한 분위기의 호프집에서 때로는 신선하지만 대부분 좌충우돌하는 후배들의 지껄임을 받아주면서, 기실 내가 고민하는 것은 여관신세를 질 것인가 심야버스를 탈 것인가의 문제이다. 그러다가 휴대폰에 찍히는 아내의 전화번호를 보면서, 나는 드디어 결론을 내린다. 그로부터 약 여섯 시간 동안 나는 8차선에서 6차선으로 다시 4차선에서 2차선으로 좁아지는 도로 위를 심야고속버스와 함께 내달려야만 한다. 눈을 감아도 눈을 떠도, 가슴 속을 떠나지 않는 것은 예의 씁쓸한 감정이다. 새벽 네 시가 넘은 시각, 파김치가 되어 돌아온 남편을 아내는 뜬 눈으로 기다리고 있다. 그이를 품에 안고 내가 우물거리는 한 마디. '다 접고 서울로 갈까?' 적어도 나와 아내에겐, 이것이야말로 2003년의 대한민국에서 '지방에 산다는 것'의 솔직한 의미이다.[1]

II. 차별받는 지방민들

고향을 떠나 재수하러 서울 갔던 것이 80년대 중반이니까, 약 15년 동안을 서울 중심으로 살았던 셈이다. 직장을 따라 포항에 내려온 뒤, 나는 지속적으로 칼 마르크스(Karl Marx)의 망령에 시달려 왔다. 모든 것을 토대의 문제로 환원하는 그의 설명은 잘못된 것이 분명했지만, 지배계급과 피지배계급을 구분하는 그의 통찰에는 부인하기 힘든 무언가가 있었기 때문이다. 조금 과격하게 표현하자면, 대한민국의 절반 이상에 해당하는 지방민들의 마음에는 다음과 같은 명제가 공유되고 있는 것 같다. '서울에 살거나, 서울과의 연줄망을 가지고 있는 사람들은 지배계급이고, 서울에 살지도 못하고, 서울과의 연줄망도 가지지 못한 사람들은 피지배계급이다!'

---

[1] 한국사회이론학회의 학술대회에서 이 원고를 발표한 뒤, 나는 포항의 일반시민들 앞에서도 동일한 강연을 한 적이 있다. 그때 느낀 것은 서울의 학자들 앞에서보다 공감의 정도가 약하고 심지어 일종의 위화감까지도 확인된다는 것이었다. 아마도 지방의 보통 시민들에겐 때때로 비행기를 타고 서울을 오가는 젊은 대학교수의 삶 정도도 불편하게 느껴질 만큼 삶이 고단하기 때문이었을 것이다. 나름대로 삶의 현장에서 길어 올린 이야기들로 문제의식을 전달하려는 나의 의도는 그 분들 앞에서 여지없이 무너져 내렸다. 참으로 부끄러운 일이 아닐 수 없었다.

예를 들어, 강남구 대치동 언저리에서부터 서울의 아파트 값이 천정부지로 올랐던 사건을 생각해 보자. 아파트 값을 올려놓은 계기가 아이들 과외학원문제였다는 점부터 일종의 코미디이다. 그러나 아이들에게 학원 수강의 기회를 확보해 주는 것이야말로 세대를 넘어서는 신분유지의 출발점이란 사실은 누구나 아는 일이지 않은가? 이것을 증명이라도 하듯, 대치동 아파트 값이 폭등하면서, 서울의 다른 지역에서 어떤 일이 발생했는가를 우리는 모두 기억하고 있다. 엄마들은 대치동 아파트 값을 따라잡기 위해 아파트 단지마다 카르텔을 결성했고, 아빠들은 부동산투기 망국론을 들먹이며 점심시간마다 여론을 일으키기에 바빴던 것이다.

아파트 값 문제가 진정기미를 보이기 시작할 때쯤, 아니 보다 정확히는, 서울의 아파트 값이 전반적으로 올라 집단적 질투심이 얼마간 누그러질 때쯤, 나는 누군가와 다음과 같은 대화를 나눈 적이 있었다.

"집 값이 많이 올라 좋겠다?"

"좋긴 뭘, 다 올랐는 걸!"

나를 포함한, 대다수의 지방민에게 이 대답은 그야말로 가슴을 찢어놓는 것이다. 탐욕과 요행과 질투와 시기에 뿌리박은 한바탕의 소동이 끝난 다음, 그들은 모두 부자(富者)가 되고 우리는 모두 빈자(貧者)가 되었다는 말이기 때문이다. 그렇다면 이 소동은 모두 상대적 부유층이 되고자 하는 지배계급 내부의 약속된 연극에 불과한 것이었단 말이 된다. 그들은 모두 배역을 받았고, 우리는 모두 배역을 받지 못했다는 것이다.

이런 상황에서 헌법이 말하는 '법 앞의 평등'이란 어디까지나 1등 집단과 2등 집단의 경쟁을 조정하는 일에 국한되는 법적 수사(修辭)일 수밖에 없다. 진정으로 그 수사를 적용 받아야 할 사람들은 이 소동에서 소리 없이 배제된 채, 헌법이 보장한 평등의 요구조차 꺼낼 엄두를 못내고 있다. 서울사람들의 아파트 값 올리기 소동을 매스미디어를 통해서 접한 뒤, 매일같이 알 수 없는 씁쓸함에 사로잡히는 지방민들이 어디 한 둘이겠는가? 다음날 저녁, 아들 녀석을 앞세운 산책길에서 달리기 시합하자며 저만치 앞서 뛰어가는 녀석의 뒷모습을 보며, 나는 부끄러움에 싸여 번민(煩悶)했다. 저 아이에게 삶의 이와 같은 너저분한 진실을 어떻게 말해 줄 수 있단 말인가?

초등학교 1학년인 녀석의 공간을 조금이라도 벗어나는 순간, 우리는 곧장 너무도 강력한 집권주의적 중앙권력의 촉수들에 사로잡히게 된다. 정당이나 사법기관은 말할 것도 없고, 기업이나 언론이나 대학이나, 시민단체나, 노동조합이나, 심지어는 교회까지도 대한민국의 중심은 하나이며, 그 하나의 중심에 가까이 가는 것만이 권력게임에서 승리하는 길이라는 명제에 철저하게 지배되고 있다. 하버마스식으로 말하자면, 이것은 '체계에 의한 생활세계의 식민화'가 중앙집권적 국민국가주의라는 이데올로기를 무기로 관철되고 있음을 의미한다. 그러나 우리의 현실은 하버마스가 상상할 수 없을 만큼 너저분하다. 중앙의 입장에서 지방을 동원하고, 지방의 입장에서 중앙을 동원하는 권력유통의 통로를 서울 중심의 연줄망의 정치가 철저하게 장악하고 있기 때문이다.

개발독재의 관료적 타성에 젖은 사람들은 말할 것도 없지만, 독재타도의 운동적 관성에 젖은 사람들이 이런 종류의 집권의식에서 자유로운지를 나는 감히 장담하지 못한다. '권리'라는 편리한 도구의 사용에 기울어지는 한, 민주화를 통해 재정립되는 국가 역시 강대하고 객관적인 권력으로 전락할 위험을 동일하게 내포한다. 게다가 누누이 강조해 온 바와 같이 서울 중심의 연줄망을 정치권력의 핵심고리로 이용하려는 속성은 좌파나 우파에 공통된 현상이다. 솔직하게 말해 보자. 예를 들어, 여당과 야당이 대통령후보들을 국민참여경선으로 선출했다고 해서 대한민국의 정치구도에서 근본적으로 달라진 것이 무엇이었던가? 대통령선거의 전 과정에서 기선을 잡으려는 중앙적 관심과 서울 중심의 연줄망에 끼어들려는 지방적 관심 외에 도대체 무슨 쟁점이 제기되었더란 말인가?

2003년의 대한민국에서 서울 사람들에 대한 지방 사람들의 처지를 표현하는 것으로 '차별'은 적절한 용어가 아니다. 실제로 존재하는 것은 차별보다 더 심한 '무관심'이기 때문이다. 도대체 중앙 위주의 집권적 사고방식에 찌든 서울 사람들의 인식 속에 과연 지방이란 단어가 존재하기는 하는 걸까? 물론 40대 이상의 기성세대에게 지방은 여전히 추석과 설날에 성묘하러 찾아드는 어머니의 품이다. 하지만 강남의 아파트 숲에서 자라난 그 자녀들에겐 그러한 추억이 남아있을 수 없다. 그들에게 지방은 기껏해야 스키 타러 가거나 골프 치러 가거나 해수욕 아니면 산림욕 가는 장소일 뿐이며, 그곳에 사는 사람들은 담배 팔거나 골프공을 줍거나 여기저기 줄긋고 돈 받는 늙은 아저씨들에 불과한 존재들이다. 한 마디로 지방은 열등한 가치의 상징이다. 낙후된 경제, 남루한 문화, 비굴한 정치. 민주적 자결원칙의 감동적인 표현인 풀뿌리민주정치는 색 바랜 구호일 따름이다.

나에게 비교적 익숙한 사법(司法)의 분야에서 지방민들에 대한 차별의 모습을 생각해 보자. 비밀은 매주 월요일 아침 서울의 김포공항에서 각 지방공항으로 떠나는 비행기 속에 있다. 일주일치의 내의와 양말을 담은 가방을 들고 자신의 관할지역으로 떠나는 수많은 판검사들이 그곳에 있기 때문이다. 생활의 모든 근거와 문화적 정체성을 여전히 서울의 한복판에 남겨 둔 채, 그들은 사법적 지배를 위하여 자신들의 영지(領地)에 부임한다. 비행기가 작거나, 비행시간이 오랠수록 판검사들의 얼굴은 더욱 일그러진다. 불행하게도 비행기의 크기와 비행시간은 조기에

서울로 복귀할 가능성과 반비례하는 경우가 많은 까닭이다. 황급한 비행이 끝난 뒤, 영지에서 그들을 맞이하는 것은 공적 공간을 관리하는 낯선 얼굴들이다. 그들의 어색한 미소 앞에서 이들은 또다시 이방인이 되어 자신들끼리 정보를 교환하고 식사를 나누며, 혹 이처럼 먼 곳에 자신들을 유배한 저 중심(中心)의 권력을 험담한다. 그리고 천 리가 떨어진 지방에 와서도 자신들만의 서울을 재현한다.

중심의 주변, 주변의 중심! 과거 종속이론가들이 주장하던 이 슬로건처럼 지방사법의 현실을 정확하게 표현하는 것이 또 있을까? 기껏해야 2~3년을 근무할 이 판검사들에게 장기적인 관점에서 지방민들과 교분을 쌓으라고 주문할 수는 없는 노릇이다. 그들에게 기대할 수 있는 최선은 국가권력을 바탕으로 자칫 봉건적 독점화의 길로 치닫기 쉬운 토착권력을 제어하는 역할 정도다. 그러나 사법의 중앙집권화가 이 수준일진대 도대체 삶의 어떤 국면들이 순수한 봉건적 토착권력으로 남아 있을 수 있겠는가? 점심시간마다 서울에서 내려 온 판검사들이 재현하는 작은 서울은 같은 시간 지방 도시의 여기저기서 태어나는 작은 서울들의 한 보기일 뿐이다. 기업인은 기업인대로, 교수는 교수대로, 기자는 기자대로, 목사는 목사대로, 저 중앙의 대세에 촉각을 곤두세우는 작은 서울들을 재현하기 때문이다. 이런 이유로 때로는 어떤 연줄을 따라 그 작은 서울들의 연대가 재현되기도 한다. 중심의 주변이 주변의 중심으로 부활하는 것이라고나 할까? 그러나 그것은 본질적으로 그들이 처한 공간적 조건과는 무관한 모임이다. 서울에서 열렸어도 될 모임, 또는 서울에서 열렸어야 할 모임이 어쩌다 지방에서 개최된 것에 불과하기 때문이다.

Ⅲ. 지방분권의 헌법적 기초 — 법공동체의 삼중구조화

최근 들어 학술적 문장들 속에서까지 내러티브적 글쓰기가 많은 공감을 얻고 있다. 나는 그 까닭을 우리가 카리스마에 굶주려 하기 때문이라고 생각한다. 카리스마에 굶주려 한다는 것은 권력과의 두 가지 관계를 전제한다. 첫째는 두려움이요, 둘째는 거리감이다. 강대한 권력 앞에서 두려움에 떠는 것만으로는 아직 그러한 굶주림을 말할 수 없다. 문제는 그처럼 강대한 권력이 나로부터 멀어져서 객관의 옷을 입고 등장할 때 발생한다. 권력과의 거리가 멀어질수록, 삶의 질서는 무의미 속으로 추락하며, 그 질서에 의해 지탱되는 명제적 글쓰기의 힘은 근저로부터 붕괴된다. 여기서 새로운 의미를 추구하려는 각성이 시작되어야 한다면, 그 출발점은 당연히 애당초 권력이 구성되었던 곳인 우리의 내면일 수밖에 없다. 자신의 내면의 어떠함을 들여다보는데서 다시 시작하려는 것, 그것이야말로 내러티브적 글쓰기의 본질이 아닌가?

이런 점에서 내러티브적 글쓰기의 정치적 의미는 현재의 권력지형과는 전혀 다른 새로운 전선(戰線)에의 갈구임에 분명하다. 나는 그것을 좌파와 우파가 공히 내장하고 있는 바, 뼛속 깊은 집권주의적 사고방식이라고 생각한다. 민주정치란 본래 '보수 對 진보'의 구도와 함께 '중심 對 주변'의 구도를 전제하는 것이다. 지금까지 우리가 매달렸던 것이 전자의 구도를 회복하는 투쟁이었다면, 이제는 과감하게 후자의 구도를 회복하는 투쟁에 나서는 것이 필요하다. 앞에서 말한 카리스마란 적합한 크기의 마당에서 부딪히며 경험하게 되는 풀뿌리 민주정치의 감동을 의미한다. 권력은 원래 누군가에 의해서만 독점적으로 소유되고 행사되는 것이 아니라는 사실, 오히려 그것은 우리의 내면에서부터 형성되는 것이며, 따라서 끊임없는 참여를 통해 견제되어야만 한다는 사실, 이처럼 권력의 문제를 회피하지 말고 당당히 맞서서 최선의 차선책을 만들어내는 것이 민주정치의 본질이라는 사실. 이런 사실들을 풀뿌리 민주정치의 감동 없이 경험하는 것은 불가능하다고 나는 믿는다. 그렇다면, 이제 과제는 명확하다. 그러한 카리스마를 체험케 하는 풀뿌리 민주정치의 마당이 개척되어야 한다. 자치(自治)의 관점에서 새로운 전선을 만들어야 한다는 것이다.[2]

이와 같은 생각에서 우리가 하루바삐 확인해야 할 것은 대한민국이라는 공동체의 최고규범인 헌법이 공간적 차원의 권력균형을 예정하고 있다는 사실이다. 헌법은 권력과의 거리에 의한 차별의 위험성을 충분히 인식하고 있으며, 세밀한 논리로서 그것에 대비하고 있다. 무엇보다 헌법은 국민국가 바깥에도 유의미한 법 공동체가 존재하고 있음을 전제하고 있으며, 국민국가 내부에도 지방자치단체라는 독자적인 법공동체를 설치해야 함을 선언하고 있다. 다시 말해, 헌법은 세계(global)—국가(national)—지방(local)의 세 차원에서 이루어지는 법 공동체의 삼중구조화를 예정하고 있다. 나는 이것이 차별극복으로서의 지방분권에 우리 헌법이 적극적일 수밖에 없는 이유라고 생각한다. 왜냐하면 그것은 바로 깨어진 공간적 차원의 권력균형을 회복하라는 요청이기 때문이다. 이 점을 좀더 자세히 논증해 보자.

우선 헌법은 그 발화(發話)의 구도에 있어서 존재론적 전제로서 주권선언의 상대방이 되는 다른 주권국가의 존재를 상정하고 있으며, 나아가 다른 주권국가와 맺은 약속(조약)을 존중하고, 그 국민(외국인)의 지위를 보장하고 있다.(헌법전문 및 제6조) 이와 같이 헌법의 문체, 즉 헌법제정권력자의 어투는 허공을 향한 외침이 아니라 청중을 전제한 선

---

[2] 이 국운, "새로운 전선을 만들어야 한다!", 『복음과 상황』, 2002년 6월

언의 형식을 갖추고 있는 것이다. 이와 더불어 특기할 것은 헌법이 대한민국과 다른 주권국가들, 그리고 그 구성원인 인류로 구성된 세계공동체를 일종의 법공동체로서 인식하고 있다는 점이다. '항구적인 세계평화와 인류공영에 이바지' 할 것을 선언한 헌법전문이나 일반적으로 승인된 국제법규의 효력을 인정하고 있는 헌법 제6조 제1항, 그리고 무엇보다 모든 국민의 기본권을 '인간으로서의 존엄과 가치'로부터 끌어내고 있는 헌법 제10조는 그 단적인 예가 될 것이다. 다른 한편으로 헌법은 지방자치에 관해서도 별도의 장(제8장)을 두어, 경제(제9장)와 함께, 그것이 매우 중요한 헌법정책적 목표임을 명백히 하고 있다. 특기할 것은 지방자치단체의 종류와 그 조직 및 운영에 관한 사항을 법률로 정하도록 하고 있으면서도, 지방자치단체에 반드시 의회를 두어야 함을 규정하고 있다는 사실이다.(제118조) 앞서 말한 법 창조와 법 발견의 다이내믹스라는 시각에서 이와 같은 규정의 의미는 매우 분명하다. 그것은 말할 것도 없이 지방자치단체에 입법대표기구를 마련함으로써 그 자체를 독자적인 법 공동체로 육성하여 풀뿌리 민주정치를 발전시키라는 요청이기 때문이다.

이러한 헌법적 전략에 담긴 의미는 매우 심오한 것이다. 먼저 이론적인 차원에서 그것은 헌법이 전제하는 자유의 공간적 차원을 드러낸다. 헌법은 모든 인간에게 근본적으로 세 개의 공간, 즉 '내면공간'과 '역사공간'과 '초월공간'이라는 세 차원이 동시에 작용하고 있음을 인정한다. 그리고 이 세 개의 공간이 그 가운데 어느 하나로 다른 것들을 환원하여 스스로를 절대화하는 것에서 자유의 공간적 억압이 비롯되어 왔음을 통찰한다. 그러므로 자유의 관점에서 이 세 차원, 즉 '몸'(과거)과 '기억'(현재)과 '바라봄'(미래)의 공간적 공존은 필연적이다. 그렇다면 헌법은 어떤 방식으로 이 삼자(三者)의 공존을 달성할 것인가?

실천적인 차원에서 헌법은 현실의 '역사공간' 내부에 '내면공간'과 '초월공간'을 확보하는 것을 대안으로 제시한다. 그리고 그것이 바로 주권국가의 창설행위인 헌법제정에 있어서 그 안과 밖에 지방자치단체와 세계공동체를 확보하려는 까닭인 것이다. 따라서 헌법적 관점에서 정상적인 시민은 언제나 이 세 개의 권력공간에 동시적으로 노출되어 있는 것으로 전제된다. 그가 자유를 개척할 수 있는 방법은 그 각각을 고유한 법 공동체로 조직한 뒤, 헌법에 기초하여 삼자간의 권력균형을 달성하는 것이다. 다시 말해, 그 시민은 지방자치단체의 주민이며, 대한민국의 국민이며, 세계공동체의 인간이 되어야 하고, 헌법에 입각하여 이 세 가지 정치적 아이덴티티(political identity)를 균형 있게 유지함으로써 비로소 자유의 공간을 확보할 수 있게 된다는 것이다.[3]

Ⅳ. 지방에 결정권을, 지방에 세원을, 지방에 인재를!

이런 관점에서 헌법은 시민의 자유를 확립하기 위한 공간적 권력균형의 협약문서임에 분명하다. 따라서 차별극복으로서의 지방분권은 공간적 차원에서 그와 같은 헌법적 요청에 부응하려는 움직임이 될 수 있는 것이다. 지난해의 대통령선거과정에서 우리 사회가 확보한 주요한 성과들 중 하나는 이러한 헌법적 요청을 민감하게 받아들이려는 지방분권국민운동이 활발하게 시작되었다는 사실이다. 각 대통령후보자들과 지방분권을 위한 대국민협약을 체결하는 등의 정치적 압력행사운동을 진행한 결과, 새로운 정부에서는 지방분권이 국정의 주요과제로 등

---

3) 이 국운, "사법서비스 공급구조의 지방분권화", 「법과 사회」 23호, 2002

장하는 성과가 있었음을 부인하기 어렵다.

지방에 결정권을, 지방에 세원을, 지방에 인재를!

출범 초기부터 지방분권국민운동이 내건 이 슬로건은 차별극복으로서의 지방분권이 긴요한 현재의 상황과 과제를 적확하게 표현하고 있다. 물질적/경제적, 인적/지식적 기반이 없다면, 자치(自治, self governance)의 권한이란 공허한 것에 지나지 않지만, 그 역도 마찬가지다. 자치의 권한이 없다면, 물질적/경제적, 인적/지식적 기반도 쉽사리 허물어지고 마는 것이다. 따라서 이 셋은 서로 연결된 일체로서 이해되는 것이 옳다. 세 가지 방면의 확보가 항상 동시에 추구되어야 한다는 말이다. 이하에서 나는 이 셋을 동시에 추구한다는 것이 무엇을 의미하는지에 관하여 각각 한 가지씩의 예를 들어 논의를 진행하고자 한다. 풀뿌리의 관점에서 문제를 바라본다는 것이 어떤 것인지를 선보이기 위함이다.

1. 스크린 쿼터, 지방정부가 규제권한을 갖게 하라!

특히 IMF의 구제금융을 받은 때부터 新자유주의의 물결 아래 개방압력이 거세게 몰려오고 있다. 농민도 근로자도 모두 개방의 피해자가 되는 판국인데, 한국 영화는 오히려 새로운 전성기를 구가하는 중이다. 그 요인으로 여러 가지를 꼽을 수 있지만, 스크린 쿼터라는 보호장치도 빼놓을 수 없다. 그래서인지 각종 무역회담에서 미국 무역대표부는 이 제도의 폐지를 요구해 왔고, 자유로운 시장경쟁이란 모토 속에서 그 주장에 동조하는 학자들도 적지 않게 생겨났다. 그럴 때마다, 세종로 네거리에는 자신의 영정을 든 영화감독, 배우, 제작자들이 한국 영화를 살려 달라는 검은 옷의 행진을 벌였고, 신문과 방송은 언제나 그것을 대서특필했다. 국민들은 애국심에서 한국 영화를 봐 주었고, 그로 인해

'쉬리'에서 '살인의 추억'까지 충무로(압구정동?)의 신화가 이어지고 있다.

문제는 이 옥신각신에서 지방민은 항상 배제되어 있다는 것이다. 세계적 자본을 대리한 新자유주의 이론가들과 국가적 자본을 대리한 국내 영화인들의 틈새에서 지방민은 철저하게 소외되어 있다. 영화는 언제나 할리우드 또는 충무로(압구정동?)에서 기획되고 제작되고 배급되고 수급되며, 지방민은 오로지 관객 또는 청중으로 동원되고 있을 뿐이다. 그런 점에서 부산과 전주에서 개최되는 국제영화제가 과연 부산시민들, 전주시민들의, 그들에 의한, 그들을 위한 잔치인지에 관해 진지한 의문을 제기할 때가 되었다. 혹시 그것은 LA시민들, 서울시민들의 영화를 통한 지방나들이에 불과한 것은 아닌지?

해법은 아주 간단하다. 스크린 쿼터라는 제도 자체는 유지하되, 그 규제권한을 지방정부, 특히 지방의회에 이양해야 한다. 목포와 속초와 인천과 포항에서 한국 영화를 얼마나 보아야 하는지를 세종로 네거리의 문화부 관리들이 도대체 어떻게 속속들이 알 수 있단 말인가? 각 지역마다 문화적 배경과 사회적 상황이 다르므로, 그들에 의해서 선출된 대표들에 의하여 스크린 쿼터의 범위를 정하는 것이 보다 합리적이다. 이럴 경우, 각 지역들은 스크린 쿼터를 고리로 영화산업의 유치경쟁에 나설 수밖에 없을 것이고, 그로부터 영화산업의 지방분권화에도 전기가 마련될 수 있을 것이다. 거대한 스튜디오에서 대부분의 작업을 감당해야 하는 상황에서 서울처럼 땅 값 비싸고 인건비가 천장부지인 곳이 영화산업의 입지조건으로 지방보다 우월하다는 선입견은 과감하게 버릴 필요가 있다. 더구나 영화는 자기정체성의 확인이 무엇보다 중요한 포스트모던시대의 핵심 미디어가 아닌가? 이질성의 포용은 이질성의 확인이 있고 난 이후에 가능한 것이다. 친구에서 장동건이 내뱉은 한 마디 부산사투리가 왜 국민들을 열광시킬 수 있었는지를 정부당국과 영화권력자들은 깊이 성찰해야 한다. 자기를 표현하고 싶은 욕망을 국민국가라는 단위에만 담을 수 있다고 생각하던 시대는 이미 지난 지 오래다.

2. 소득세의 절반을 지방정부로 돌려라!

지방분권운동에 관한 가장 결정적인 반대논거는 재정자립도에 관한 것이다. 지방정부의 재정자립도가 형편없는 상황에서 자치란 공염불에 지나지 않기 때문이다. 하지만, 이런 논거는 대단히 위선적이다. 재정자립도가 형편없게 된 이유가 무엇인지를 왜 말하지 않는가? 모두가 알고 있듯이, 비밀은 세법에 있다. 조세법률주의란 이름으로 과세근거인 세법의 입법권한을 중앙정부의 국회에(만) 준 헌법적 결단은 마땅히 존중받아야 한다. 그러나 그 결단을 걷어진 세금을 모두 중앙정부가 쓰거나 배분할 수 있다는 취지로 해석하는 것은 심각한 오해다. 헌법의 취지는 자칫 봉건적 착취구조로 전락하기 쉬운 세정의 구조적 위험을 감안하여, 그 책임을 중앙정부가 부담하라는 것 이상도 이하도 아니다.

현재 대한민국은 '국세와지방세의조정등에관한법률'에 의해 국세와 지방세를 다음과 같이 나누고 있다. "제2조(국세) 국가는 소득세, 법인세, 토지초과이득세, 상속세(증여세를 포함한다), 재평가세, 부당이득세, 부가가치세, 특별소비세, 주세, 전화세, 인지세, 증권거래세, 관세, 임시수입부가세, 교육세, 교통세 및 농어촌특별세를 과세한다." "제3조(지방세) 지방자치단체는 보통세인 취득세, 등록세, 면허세, 주민세, 재산세, 종합토지세, 자동차세, 농지세, 담배소비세, 도축세 및 경주/마권세와 목적세인 도시계획세, 공동시설세, 사업소세 및 지역개발세를 과세한다." 그리고 "제5조 (국세의 지방양여) ① 국가는 제2조에 규정된 국세의 수입 중 다음 각호의 금액을 지방자치단체에 양여한다. 1. 토지초과이득세의 100분의 50에 상당하는 금액, 2. 주세의 전액, 3. 전화세의 전액 ② 국가는 제2조에 규정된 교육세의 수입 중 교육환경개선특별회계법 제3조제1호의 규정에 의하여 교육환경개선특별회계의 세입이 되는 금액을 제외한 전액을 교육세법 제1조에 규정된 목적에 사용하기 위하여 지방자치단체에 양여한다."

법률의 이런 규정에 따라 세원을 분배한 결과로 지방정부의 재정자립도가 형편없게 되는 상황이 발생했다면, 법률을 개정하여 중앙정부와 지방정부 사이의 재정적 균형을 회복하는 것이 정도(正道)다. 똑같이 낸 세금을 중앙정부가 가지고 인심 쓰듯 나눠준다거나, 그 과정에서 각 지방을 불필요하게 경쟁시키는 것은 헌법의 정신과 정면으로 배치된다. 해법은 역시 간단하다. 일단, 소득세를 중앙정부와 지방정부가 반분하라! 그리고 그 전제 위에서 중앙과 지방 사이의 재정적 균형을 모색하라! 소득세를 지방세로 하던지, 아니면 그 절반을 국세의 지방양여 항목에 포함시키라! 소득재분배의 차원에서 누진세의 방식을 채용하고는 있지만, 기본적으로 소득세는 소득을 가진 각 개인에게 부과되는 인두세(人頭稅)의 일종이다. 그리고 국가가 소득세를 거둘 수 있는 근거는 그 개인들이 일정한 시공간 속에서 안전하고 평화롭게 삶을 유지할 수 있도록 배려한 것에 대한 일종의 비용청구이다. 다시 말해, 소득세는 정주(定住, residence) 서비스의 대가인 셈이다. 여기서의 국가는 중앙정부와 지방정부를 공히 포함한다. 아니, 어떤 의미에서 더욱 직접적인 정주서비스는 언제나 지방정부가 제공한다. 따라서 소득세를 국세로 편성한 법률의 구조는 심각한 재고(再考)를 요구한다. 국민들 곁에 항상 가까이 있는 정부는 중앙정부가 아니라 지방정부인 것이 아닌가? 자질구레한 특별세들을 신설한 뒤, 그 과세과정에 지방정부를 이용하는 구태를 과감히 벗어버리고, 중앙에서 지방으로 내려오는 세금의 흐름을 지방에서 중앙으로 올라가는 것으로 개혁하여야 한다. 대표 없이는 과세 없다! 이것이야말로 민주정치가 출발했던 기본 중의 기본이 아닌가?

3. 변호사선발은 지방에서, 판검사임용은 중앙에서!

지방에는 인재가 없다. 인재가 없다 함은 지식이 없다 함이요, 지식이 없다 함은 권력이 없다 함이다. 앞에서 언급했듯이 김포공항에서 월요일 아침 7시에 떠나는 비행기를 타 본 사람들이면, 또는 각 지방공항에서 금요일 오후 6시에 떠나는 비행기를 타 본 사람들이면, 이 말의 의미를 절감할 수 있을 것이다. 사실, 권한이나 세원보다 더 극심한 불균형은 인재의 편중, 지식의 편중이다. 유배(流配)를 즐기게 된 예외적 지식인들(고산 윤선도?, 다산 정약용?)을 제외한다면, 세상을 분석하고 대응책을 논의할 어떤 종류의 지식 인프라도 지방에는 더 이상 남아 있지 않다. 지방의 대학도, 언론도, 시민단체도, 심지어는 교회까지도, 중앙과의 관계 속에서는 일종의 식민지적 열등의식을 가지고 있다고 말하면, 너무 과장하는 것일까?

인재의 지방화를 위한 한 가지 방안으로 변호사선발권한을 지방화할 것을 제안한다. 자세히 말해 보자. 현재와 같은 정원제사법시험제도를 그대로 유지할 경우, 전국 단위의 신규 변호사정원을 인구비율과 정책적 고려사항을 감안하여 각 고등법원의 관할지역 별로 할당하자. 그리고 각 고등법원이 광역지방자치단체, 검찰청, 변호사협회, 법과대학 연합회 등과 함께 해당지역의 변호사선발시험을 주관하도록 하자. 응시자는 어떤 곳의 시험에 응시해도 좋고, 몇 번을 중복해서 응시해도 좋으나, 한 가지 제한만을 법률적으로 부과하도록 하자. 사법연수원의 연수와 군복무를 마친 뒤, 적어도 5년을 자신이 변호사의 자격을 얻은 각 고등법원의 관할구역 내에서만 개업할 수 있도록 하자.(단, 법정대리는 어느 곳에서나 할 수 있다) 그리고 그 5년을 마친 변호사들에게 전국적인 변호사자격을 부여한 뒤, 이들 가운데에서 사법연수원 성적에다 변호사로서의 업무성실성을 감안하여 판사와 검사들을 임용하도록 하자. 요컨대, 변호사선발은 지방에서, 판검사임용은 중앙에서 하자는 말이다.

사실, 완전한 의미의 지방자치를 위해서는 판검사임용과정도 지방화하는 것이 필요하다. 현재의 시군법원이 잘 운영되고 있는 것에서 보듯이, 소액의 민사사건이나 경미한 형사사건을 지방판사, 지방검사의 관할로 한 뒤, 그들의 임용과정에 지방민이 참여할 수 있는 통로를 여는 것이 바람직하다. 전국적인 법적 통일성의 유지는 항소/항고제도라든지, 중앙사법부 및 중앙검찰에게 일정한 관할 상의 특권을 부여하는 방식으로도 충분히 담보할 수 있다. 이런 생각이 너무 혁명적으로 느껴진다면, 변호사 선발과정 및 판검사 임용과정에 앞서 말한 정도의 지방분권제도를 도입하는 것 정도는 어떠한가? 법치주의와 법 앞의 평등을 선언한 헌법구조 속에서 법으로부터 소외되는 것은 정치로부터 소외되는 것과 동일한 의미이다. 따지고 보면, 헌법적 정치는 모두 법을 통한 정치이기 때문이다. 그런 점에서, 변호사의 지방분권화를 유도하는 이상의 제안은 정치적 평등, 법적 평등으로 나아가는 지름길을 여는 것일 수도 있다. 이 지방변호사들을 통해 자신들의 지식을 권력화 할 기회가 지방에서 열린다면, 사람 많은 서울에서 소외당한 많은 인재들이 지식인으로 살아가는 재미를 좇아 지방으로 돌아올 것이다. 그렇게 된다면,

해배(解配)를 기다리는 지방 소재 지식인들의 마음도 유배를 즐기게 되는 쪽으로 변화하게 하지 않을까? 월요일 아침 7시와 금요일 오후 6시, 김포공항과 각 지역공항들에서 벌어지는 인재들의 행렬에 변화가 있기를 기대한다.4)

V. 판을 새로 짜기 — 행정구역개편

차별극복으로서의 지방분권을 진행함에 있어서 결정권과 세원과 인재를 지방에 되돌리는 것은 일종의 양적 변화라고 할 수 있다. 이러한 변화는 대단히 필요한 것이지만, 현재의 시점에서 그것이 가장 핵심적인 요청인지에 관해서는 의문이 있을 수 있다. 더욱 긴요한 것은 과연 누가 어떤 방식으로 그와 같은 양적 변화를 주도하고 성취할 것인가의 문제, 즉 일종의 질적 변화이기 때문이다. 이런 관점에서 반드시 재검토의 대상이 되어야 하는 것은 중앙과 지방을 관계 지우는 행정구역의 개편문제라고 나는 생각한다. 내용이 아니라 형식, 곧 판을 새로 짜는 문제가 핵심이라는 것이다.

현재의 3단계구조(중앙—광역—기초)는 기본적으로 중앙이 지방을 동원하고 동시에 분할통치하기 위한 구조이다. 그것의 가장 전형적인 모습은 바로 지역감정(지역주의)에 기초한 정치적 할거구조이다. 특히 '道'를 단위로 한 중앙—지방의 정치적 매개(political brokering)는 정치,

---

4) 최근 '사법과 지방분권'이라는 주제로 대구지방변호사협회가 주최한 좌담회에서 나의 이러한 생각은 예상외로 강력한 지지를 받았다. 지방의 기득권층이라 할 변호사들의 반응이 그렇다는 것에 나는 상당히 많이 고무되었다. 이 좌담의 내용은 곧 발간될, 대구지방변호사회의 기관지인 '형평과 정의'에 수록될 예정이다.

경제, 사회, 문화의 영역 모두에서 서울지향의 토호들을 맹주로 하는 일종의 봉건적 지배체제를 강고히 하는 기본 축이 되고 있다. 이 지배체제를 깨지 못한 채 추진되는 지방분권과 지방혁신은 심지어 풀뿌리 민주정치의 퇴행이라는 의외의 부정적 결과를 야기하게 될 수도 있다. 참여정부에 의하여 지방분권이 국정의 주요 축으로 선언된 뒤 활발하게 추진되던 지방분권운동이 각 지역들 간의 기득권경쟁으로 급격하게 전환되고 있는 것은 기본적으로 중앙집권체제인 현재의 3단계구조를 혁파하지 않은 채, 그 속에서 논의가 진행되고 있기 때문이다. 현 구조 속에서는 중앙이 지방에 혜택을 나누어주고, 그것을 확보하려 지방끼리 경쟁하는 방식 이외에는 어떤 혁신도 달성할 수 없다. 따라서 하루 속히 현재의 3단계구조 자체를 해체하고, 새로운 체제를 건설하는 방안을 강구하고 추진해야만 한다. 그리고 바로 여기서 지방분권운동의 새로운 추진력을 획득해야만 한다.

행정구역개편에서 반드시 고려해야 할 사항은 다음의 두 가지이다. 첫째는 당사자적 구조로서 중앙과 지방이 대등한 관계에서 맞설 수 있도록 해야 한다는 것이다. 둘째는 규모의 경제로서 정치–경제–사회–문화의 모든 영역에서 지방이 적정한 규모를 가지고 최소한의 자립구조를 가질 수 있어야 한다는 것이다. 이 점을 고려할 때, 행정구역개편에 있어서 현재의 광역시들(서울, 부산, 대구, 인천, 광주, 대전, 울산)은 일단 그대로 두더라도, '道'의 경우에는 생활권역을 감안하여 인구 70만 내외의 (준)광역자치단체들로 분할하는 것이 바람직하다. 다만, 불가피한 경우를 제외하고는 새로운 (준)광역자치단체들이 현재의 광역도의 경계선 내부에서 분할될 수 있도록 배려해야 한다. 이런 제안을 따를 경우, 예컨대, 경기도는 5~6개, 강원도는 2~3개, 충청북도는 2~3개, 충청남도는 3~4개, 전라북도는 2~3개, 전라남도는 3~4개,

경상북도는 5~6개, 경상남도는 3~4개 정도의 (준)광역자치단체들이 조직될 수 있으며, 국제자유도시가 된 제주도의 경우에는 광역시와 같은 지위를 부여하는 방식으로 문제를 해결할 수 있다. 이런 아이디어는 현재 기본적으로 소송사건수요라는 비교적 합리적인 기준에 의거하여 편성한 결과 거의 동일한 방식으로 편제되어 있는 법원의 지방법원지원의 관할구역에서도 얻을 수 있다.

새롭게 등장할 (준)광역자치단체들의 행정상 지위에 관해서는 두 가지 방안을 생각할 수 있다. 첫째는 '都' 제도의 도입으로서 현재의 광역시와 동등한 지위를 인정하여 결국 전국에 35-40개의 광역자치단체가 병존하도록 하는 방안이다. 둘째는 '縣' 제도의 도입으로서, 새로운 행정단위를 준광역자치단체로 정의한 뒤, 현재의 '道'를 순수한 감독기능만을 가진 중앙-지방간의 연결고리로 이용하는 방안이다. 이 가운데 무엇을 선택할 것인지는 정치적 결단의 문제지만, 전자의 경우에도 각 광역자치단체들이 중앙과의 관계설정을 위한 중간매개체를 형성할 가능성이 있으므로, 실제적인 차이는 그리 크지 않다 할 것이다.

이러한 행정구역개편시도는 현재의 한국정치를 지배하는 지역패권구도나 그것을 타파하려는 주장 모두가 담고 있는 중앙집권적 사고방식을 효과적으로 분쇄하게 될 것이다. 정치적 파장의 시금석은 국가의 과감한 지방분권화 정책에 대하여 수도권의 지지가 변화하는 것에서 확인할 수 있으리라 나는 예상한다. 현재의 정치구도 속에서는 천안이북의 수도권 유권자들과 정치인들로부터 지방분권화에 적극적인 지지를 확보하기는 쉽지 않은 것이 사실이다. 하지만, 2단계 행정구역도입론이 본격적으로 시작될 경우, 이들 지역과 서울과의 정치적 균열은 급속하게 표면화되기 시작할 것이다. 예컨대, 수원-오산-평택-안성을 잇는 남부권, 부천-광명-군포-의왕-안산-안양을 잇는 서부권, 하남-성남(분당)-여주-이천을 잇는 동남부권, 고양(일산)-파주-의정부-동두천-포천을 잇는 서북권, 구리-남양주-양평-가평을 잇는 동부권에서 각 지역 내의 이익집단들이 결집하여 독자생존의 방향을 모색하면서, 심지어는 비수도권 지역보다 앞서서 2단계 행정구역도입론을 선도해 갈 가능성이 있다. 이와 같이 유권자집단이 적극적이 될 경우, 대체로 정치권 내부의 개혁지향세력과 당해 지역 국회의원들이 2단계 행정구역도입론을 고리로 과감한 지방분권화 정책에 동의하게 될 가능성이 있다는 것이다.

결국 나의 주장은 2단계 행정구역도입론을 계기로 지방분권화와 관련된 현재의 교착된 전선을 한꺼번에 해체하고 조정하는 일종의 빅뱅(BIG BANG)을 시도해야 한다는 것이다. 새로운 공동체적 단위를 전제로 할 경우에만 지방행정조정, 지방재정확충, 지방대학강화 등을 목표하는 다른 입법조치들이 최대의 효과를 가질 수 있음은 물론이다. '지방에 결정권을, 지방에 세원을, 지방에 인재를'이라는 캐치프레이즈에서 '지방'의 의미는 중앙과 일대일로 대립할 수 있는 정치적 자립단위이다. 내가 주장하는 것은 차별극복으로서의 지방분권을 주장하는 사람들은 아예 처음부터 그와 같은 새로운 행정구역을 자신들의 운동단위로서 전제해야만 한다는 점이다. 이를 위한 지방분권운동의 추진방식을 내가 사는 포항의 경우를 예로 들어 설명해 보자.

우선 포항-경주-영덕-울진을 잇는 범위에서 일단 중추세력인 포항을 중심으로 현재 가동되고 있는 시장-군수협의회, 기초의회협의회, 각 공무원집단협의회 등을 보다 전향적인 차원으로 격상시키도록 독려해야 한다. 또한 포항공대-한동대 등을 중심으로 지역대학들이 위에서 언급한 범위의 지역발전의 지식인프라를 제공한다는 의미에서 대동단결하여 특성 있는 지역발전모델을 확립해야 한다. 나아가 지역언론사, 각종 시민단체, 농민단체, 교직원단체, 공무원단체, 노동조합연대 등이 위에서 언급한 범위에서 대동단결하여, 하나의 유의미한 공론의 마당을 형성해야 한다.

그리고 각급 교육기관, 상공인집단, 각종 전문직업집단(의사회, 변호사회, 공인중개사회, 공인노무사회, 법무사, 행정사, 주택관리사 등) 역시 위에서 언급한 범위에서 훨씬 나은 삶의 질을 보장할 수 있다는 점을 확인하도록 지원해야 한다. 이를 바탕으로 각 지역에서 자립적인 지방분권운동을 조직할 수 있도록 도와야 함은 물론이다. 예컨대, 수원, 의정부, 부천, 안양, 성남(이상 경기도), 원주, 강릉(이상 강원도), 충주, 옥천(이상 충청북도), 천안(아산), 서산, 공주, 논산(이상 충청남도), 전주, 이리(군산), 남원(이상 전라북도), 목포, 해남, 여수/순천/광양(이상 전라남도), 포항, 구미, 안동, 영천(이상 경상북도), 마산/창원, 진주, 밀양/합천(이상 경상남도) 등에서도 포항과 동일한 풀뿌리 민주정치의 운동이 조직될 수 있어야 한다는 것이다.[5]

주제어 : 차별, 지방화, 지방분권, 행정개편, 스크린쿼터, 조세개혁, 사법개혁

---

[5] 이상의 행정구역개편안은 사실 지방자치제도가 시행되는 1990년대 초반부터 이 분야의 전문가와 실무자들 사이에서 오랫동안 논의되어 오던 것이다. 다만, 최근 참여정부가 지방분권화를 국정의 최우선 목표로 설정하면서 그 중요성이 다시금 부각되고 있는 중이다. 이런 관점에서 나는 2003년 정기국회에 정부가 제출한 지방분권특별법안이 매우 선언적인 의미에 그치고 있으며, 결과적으로 광역단위의 중앙집권구조를 온존시킬 가능성이 있다고 생각한다. 한국사회이론학회에서의 발표가 있은 후 나는 이와 같은 취지의 생각을 시민단체들 가운데 가장 지방분권화가 잘 되어있는 YMCA의 한 토론에서 솔직하게 나눈 바 있었다. 이에 관한 지역기독시민운동가들의 반응도 예상보다 훨씬 적극적이었다.

참고문헌

이 국운, "사법서비스 공급구조의 지방분권화", 「법과 사회」 23호, 2002
─────, "새로운 전선을 만들어야 한다!", 『복음과 상황』, 2002년 6월

II. 성에 근거한 차별과 한국사회

차별 당하는 성과 통합의 사회경영

양 창 삼
·
한양대학교 경영학

I. 들어가면서

우리 사회에는 인종차별, 성차별, 종교차별, 지역차별 등 다양한 형태의 차별(discrimination)이 존재한다. 차별이 다 나쁜 것은 아니다. 긍정적 차별도 있고, 부정적 차별도 있기 때문이다. 그러나 긍정적 차별보다 부정적 차별이 많고, 차별이 가져오는 긍정적 효과보다 부정적 효과가 너무 큰 것이 지금의 현실이다. 이 글은 여러 차별 가운데 성에 따른 차별문제를 다루고, 차별에 따른 사회적 부작용을 축소시키며, 궁극적으로 차별이 없는 통합적 사회경영의 가능성을 찾고자 한다.

차별 가운데 성차별은 역사적으로 가장 대표적인 반사회적 행동(antisocial behavior)에 속한다. 이 차별의식이 점차 축소되고 있기는 하지만 21세기에 들어와서도 그 해결의 길은 험난하다. 월스트리트 저널과 NBC방송이 1999년 성인 2025명을 대상으로 한 공동여론조사에 따르면 21세기에는 여자 대통령이 탄생하며(82%), 흑인 대통령(78%)도 등장한다고 보았다. 여자대통령에 대한 기대가 높아진 것은 여성에 대한 인식이 앞으로 크게 달라질 것을 보여준다. 그렇다고 지금 여성에 대한 차별적 인식이 크게 달라진 것은 아니다. 앞으로 넘어야 할 산이 많다고 해야 솔직한 표현이 될 것이다.

성차별에 관한 한 우리 사회에는 보이지 않는 '유리 천장'(glass ceiling)이 존재한다. 그 천장은 조직과 사회에 만연되어 있다. 그것이 때로 사회적 규범으로 작용하기도 하고, 심리적 벽으로 작용하기도 한다. 그 천장에 걸리면 아무리 능력이 있는 성이라 할지라도 더 이상 올라가는 것이 허용되지 않는다. 이것은 보이지 않는 심리적 한계이자 보이지 않는 사회의 제재라는 점에서 제거하기 쉽지 않다. 우리가 언제 그랬느냐고 주장하면 증거 찾기도 어렵다.

사람이 사는 곳에 차별이 없을 수 없다. 하지만 차별은 그 자체만으로도 총체적인 사회통합(social integration)을 가로막는다는 점에서 문제가 된다. 따라서 이 문제에 대한 적극적인 극복 노력을 통해 차별에 관한 한 보다 바람직한 사회통합을 이뤄야 할 필요에 직면해 있다. 이 작업이 아무리 어렵고 긴 시간을 필요로 한다 해도 차별과 분열의 아픔을 치료하려는 통합적 세계관을 저버리지 않는 한 우리의 노력은 결코 헛되지 않을 것이다.

II. 차별적 성 인식과 사회문제

최근 여성에 대한 인식이 조금씩 달라지고 있지만 지난 세기만 해도 여성은 차별의 앞자리에 있었다. 성차별은 지금도 우리 사회문제로 등장하고 있다. 최근 초등학교 교장이 자살하게 된 배후에는 여교사로 하여금 차 시중을 들게 한 관행을 공박한 전국교원노조(전교조)와의 마찰이 있었다. 전교조는 성토의 대상이 되었지만 차별철폐에 대한 주장을 굽히지 않았다. 또한 의사가 간호사를 성희롱 했다는 이유로 수술을 받을 수 없게 되자 환자들이 그를 복직시키라는 데모를 벌였다. 성희롱보다 사람을 살리는 일이 급하다는 논리다. 이 사건은 성차별에 대한 우리 사회의 인식을 새롭게 하도록 만들었다.

여성부가 공공기관과 민간기업으로 나눠 실태를 조사해본 결과, 여성종사자들은 남녀차별적 관행이 상당수 존재한다고 응답했다. 채용할 때부터 차별하거나 임신·출산 등을 이유로 보조업무에 배치시키거나 퇴직을 유도한다는 것 등이다. 여성공무원들도 성차별을 경험했으며 특히 인사에서 부당한 대우를 받고 있다고 생각하는 것으로 나타났다. 경기도 여성발전위원회에 따르면 여성공무원 직무환경실태 파악을 위해 2002년 도내 여성공무원 3백 명을 대상으로 설문 조사한 결과 응답자의 67.3%가 여성이라는 이유로 부당한 대우를 받은 적이 있다고 대답했다. 부당한 대우의 유형으로는 승진 및 인사평정의 불공평, 업무 및 부서 배치의 차별, 문서복사·커피준비·청소 등과 같은 잔심부름, 무시하거나 비하하는 남자 직원의 언행 등을 꼽았다. 또 전체 응답자의 86.4%가 남성위주의 조직운영과 부서 상급자의 여성공무원 기피 때문에 보직배치에 불이익을 당하고 있다고 생각하는 반면 3%만이 업무수행능력 부족과 보직순환 기피 등 스스로의 탓으로 돌렸다.

우리 사회의 성차별 행동은 성희롱(sexual harassment), 스토킹 등 낮은 단계에서부터 성폭력, 성 매매 등 정도가 심한 단계에 이르기까지 각가지 사회문제로 번지고 있다.

미국 기업들 사이에 사내 성희롱에 대한 인식이 높아진 것은 1998년

6월 2건의 직장 내 성희롱 사건에 대한 미국 대법원의 판결 때문이다. 한 건은 92년 플로리다에서 남성 상급자들로부터 성적인 추근거림과 저질 발언에 시달렸던 여성 해안구조대원이 시를 상대로 낸 성희롱 소송이고, 다른 한 건은 미국 내 3위의 섬유회사인 벌링턴사 여성사원이 "짧은 치마를 입느냐 마느냐에 따라 직장생활이 편할 수도, 힘들어질 수도 있다"는 상급자의 말에 끊임없이 괴로움을 당했다며 회사를 낸 소송이다. 두 여성 모두 유혹을 뿌리쳤지만 직장에서 보복조치를 받은 일은 전혀 없었다. 후자는 진급까지 했다. 그런데도 대법원이 7대 2로 성적 유혹을 거부한데 따른 불이익이 없었더라도 성희롱 자체에 대해 소송을 제기할 수 있다고 판결하자 성희롱에 대한 업계의 태도가 달라진 걸린 것이다. 대법원은 전 직원을 대상으로 성희롱 근절 프로그램을 확고히 시행하거나 피해자가 불합리하게 사내절차를 밟지 않은 경우 사측 책임은 면제된다고 밝혔다. 이런 프로그램조차 없을 경우 상부에서 성희롱 사실을 몰랐어도 회사는 책임을 면할 수 없다. 고용주는 분명한 반 성희롱 대책을 직원들에게 확고히 인식시켜야 한다. 이 판결로 식품업체인 나비스코에서 군수산업체인 록히드-마틴에 이르기까지 사내 성희롱 근절 정책을 재검토했다. 보복조치가 없었더라도 성희롱 자체는 성립될 수 있고 피해인원에 따라 수백만에서 수천만 달러를 물어야 하는 성희롱 소송이 마구 제기될 수 있기 때문이다. 스웨덴 제약회사 아스트라의 미국 자회사, 포드자동차, 미쓰비시자동차 등은 성희롱 배상금으로 실제 수백만 달러를 지급해야했다.

성희롱 등 인권침해 행위는 현재 법적 제재를 받고 있다. 고용평등법에 따르면 직장 내 성희롱을 사업주 상급자 또는 근로자가 직장 내의 지위를 이용하거나 업무와 관련하여 다른 근로자에게 성적인 언어나 행동 등으로 성적 굴욕감을 유발케 하여 고용환경을 악화시키는 행위로 규정했다.[1] 최근까지 우리나라에는 성폭력범죄 처벌에 관한 특별법에도 성희롱에 대한 정의나 형사처벌 규정이 없었다. 다만 성희롱은 인격적 침해로, 불법행위를 구성한다는 대법원 판례에 따라 성희롱 피해자는 법원에 손해배상 소송을 낼 수 있었다. 하지만 시간과 비용이 많이 들어 재판을 통해 성희롱 문제를 풀기가 쉽지 않았다. 이제 인권 법을 통해 성희롱 개념을 구체적으로 규정하고 성희롱을 차별적 행위로 간주하여 제재하고 있어 이런 어려움은 제거되었다. 인권 법은 성희롱을 업무 및 고용 기타 관계로 인해 자기의 보호나 감독을 받는 자에게 성과 관련된 언동을 해 성적 굴욕감이나 혐오감을 느끼게 하는 행위로 규정하고 있다. 우월한 지위를 가진 상사의 성희롱에 대해서만 진정 대상으로 삼은 것으로 여기에는 직장뿐 아니라 교사가 학생을 성 희롱하는 것 등도 포함된다. 이것은 성희롱에 대한 명백한 정의를 내렸다는 점에서 의미가 있다.[2]

남녀고용평등법에 따르면 5인 이상 사업장에서 직장 내 성희롱을 예방하기 위해 교육을 실시하지 않거나 성희롱 가해자에게 징계조치를 취하지 않는 사업주에게는 과태료가 부과된다. 이 법은 피해를 당하고 문제를 제기한 근로자에게 고용주가 불이익을 줄 경우 고용주에게 벌금을 부과하는 벌칙조항도 담고 있다. 이 법은 또 노동부장관이 기업체별로 성희롱 예방교육 등에 관한 실태조사를 벌이고 결과를 공개할 수 있도록 했다. 고용주가 예방교육을 하지 않을 경우 근로자가 노동부 지방사무소에 신고할 수 있고, 문제제기 근로자가 불이익을 당하면 노동부 지방사무소가 고용주를 검찰에 고발한다.

---

1) W. Petrocelli and B. K. Repa, Sexual Harassment on the Job: What It Is & How To Stop It(CA: Nolo Press, 1998).
2) 김 정인, 「성희롱 행동의 이해와 실제」(서울: 교육과학사, 2000).

교육인적자원부는 남녀차별금지법이 국회에서 통과됨에 따라 남녀 차별과 성희롱 금지에 관한 학교 내 사례 예시 집을 작성하는 등 후속 조치를 취했다. 예시 집에서 외모에 대한 성적인 비유나 평가 등 여학생이 성적 수치심을 느낄 수 있는 언행을 구체적으로 명시하여 일선 학교에서 교사와 학생들의 행동지침으로 삼도록 했다. 전국 시도 교육청을 통해 일반인들과 교사들의 여학생들에 대한 성희롱 사례 등을 조사한 결과 비록 사례는 많지 않지만 피해는 예상보다 심각한 것으로 드러났다. 노동부는 직장에서 금기해야 할 성희롱 행위 사례를 담은 예방지침을 발표했고, '직장 내 성희롱 예방에서 대책까지'라는 책자를 발간하여 중소기업과 전국 직업훈련기관에 배포했다. 직장에서 성 희롱 행위를 해서 직장 내 이성에게 성적 굴욕감을 느끼게 할 경우 경고·견책·전직·휴직·대기발령·해고 등 징계처분의 사유가 된다.3) 직장인들은 성희롱에 따른 불상사를 막기 위해 매년 두 차례 이상 성희롱 예방교육을 받아야 한다. 또 성희롱 사례를 수수방관하거나 오히려 피해자에게 불이익을 주는 사업주는 처벌을 받게 된다.4) 서울대는 교내 성폭력 문제를 해소하기 위해 신임교수 채용 시 성희롱 예방교육을 실시하고 단과대마다 성 평등 자문교수를 선임키로 하는 등 성희롱 성폭력 근절대책을 발표했다. 서울대는 이 대책에서 교수들이 무의식적으로 성희롱 발언을 하는 경우가 많다는 지적에 따라 신임교수 워크숍에 성희롱 교육을 도입했고, 각 단과대학에는 학생부학장 또는 성 평등에 관심이 있는 교수를 성 평등 자문교수로 임명해 성차별 피해자에 대한 상담을 맡게 했다.

---

3) T. O'Shea and J. Lalonde, Sexual Harassment: A Practical Guide to the Law, Your Rights, and Your Options for Taking Action(NY: Griffin Trade Paperbacks, 1998).
4) 한국여성민우회, 「성희롱 당신의 직장은 안전합니까」 (서울: 21세기북스, 2000).

직장에서의 성희롱은 지위를 이용한 희롱이 대부분이어서 성희롱보다 권력희롱(power harassment)이 더 큰 문제라는 인식이 점점 높아지고 있다. 일본에서는 직장 내의 권력관계를 이용해 부하직원을 괴롭히는 권력희롱이 문제되고 있고, 이런 사례를 상담해 주는 회사도 생겨났다. 불황에 따른 인원감소와 업무량 증가로 쌓인 신경질이 상대적으로 약한 입장의 부하들에게 흘러 내려간다는 것이다. 성희롱이 권력희롱으로 변질된 경우도 있다.

스토킹(stalking)은 성희롱과 함께 인권침해행위로 간주되고 있다. 스토킹은 몰래 접근하거나 누구 뒤를 밟는다는 '스토크'(stalk)에서 나온 것으로 싫다는 사람을 지긋지긋하게 쫓아다니면서 괴롭히는 행위를 말한다. 여성들이 스토킹을 당하는 사례가 많았으나 지금은 인기연예인은 물론 일반 집단성원에서도 광범위하게 확산되고 있다. 스토커를 다룬 영화 "어둠 속에 벨이 울릴 때"는 라디오 DJ를 쫓는 여자 팬을 다루고 있다. 그리고 "더 팬"은 프로야구 스타를 괴롭히는 사이코 팬을 다뤘다. 영화 속의 이러한 끔찍한 괴롭힘을 연예인들이 실제 당하기도 한다. 스토킹 대상이나 유형도 사회전반으로 번지는 추세다. 특정신문에 글을 썼다고 동료집단에서 매도를 당하는 경우도 있고, PC통신을 통해 익명으로 특정인을 비방하고 모략하는 사례도 늘고 있다. 피해유형도 주변인 괴롭힘·출퇴근길 방해·소문내기 등 치사한 행동뿐 아니라 협박·감금·폭행 등 갈수록 난폭해지고 있다.

유엔인권위원회 산하 세계고문방지기구(WOAT)가 240개 비정부단체를 통해 자료를 조사한 결과에 따르면 아프리카와 중동, 아시아 등의 78개국에서 전통이라는 구실 아래 다양하고 폭넓은 여성폭력이 자행되고 있는 것으로 나타났다. 나이지리아의 경우 남편의 아내 폭행은 범법행위에서 제외시켜 아무런 제재를 가하지 않고 있다. 순전히 남편 개인의 자의적 판단에 따라 아내가 잘못했다고 생각되는 경우 시간과 장소를 가리지 않고 큰 상처를 내지 않는 범위에서 폭력을 행사할 수 있다. 배우자의 잘못을 구분할 기준도 없는 데다 '아주 심각한 상처를 주지 않는 수준'이라는 전제만 달아 그야말로 죽지 않을 정도의 폭행은 아무도 개의치 않는 지경에 이르고 있다. 폭력이 난무한데도 부부의 문제라면 문제 삼지 않는 한국 그리고 '여자와 개는 사흘에 한 번씩 패야 한다'는 우리의 습속도 나이지리아와 다를 것이 없다.

이집트 여성들 역시 끊임없는 가정폭력에 시달리고 있다. 카이로 인근에 거주하는 14~65세 여성 100명을 대상으로 조사한 결과 30%는 매일 폭행을 당하고 있는 것으로 드러났다. 또 34%는 최소한 일주일에 한 번 이상 맞으며 살고 있다. 아프리카 콩고의 경우는 더욱 심각하다. 마니에마라는 마을의 여성들은 80% 이상이 남편의 상습 폭력을 감수하고 있다. 더욱이 이 나라에서는 남편이 아내에게 매춘을 강요해도 사회관습으로 인정되고 있다. 타인에 의한 성폭행이나 매춘강요조차 아무렇지 않게 자행된다. 다른 아프리카 국가 상당수가 같은 상황에 처해있다.

일부국가에서는 성폭행을 투옥, 구금 중 유용한 고문방법으로 이용하고 있다. 전쟁 중에는 여성 본인은 물론 그 여성이 속한 집단에 대한 억압의 수단으로 사용되기도 한다. 보스니아와 코소보, 동티모르 등의 경우 이 같은 범죄행위가 국가차원에서 조직적으로 자행되었다. 유엔은 여성에 대한 차별금지를 협약으로 규정하고 있으나 전 세계 163개국 가운데 불과 45개국만이 승인한 상태이다. 정부 당국조차 여성폭력방지에 미온적 태도를 보이고 있다.

성 매매는 남성우월주의의 사회 표본이자 가장 교활한 인권침해다. 우리나라의 경우 성 매매로 오가는 돈이 연간 24조원에 이르고, 매춘을 직업으로 하는 여성만 최소 33만 명에 이른다는 조사결과가 나왔다. 이것을 경제규모로 따지면 국내총생산의 4.1% 규모이며 우리나라의 농림과 어업을 합한 규모와 맞먹는다. 그러나 여성계의 주장에 의하면 15~39세 가임 여성의 10%가 실제로 매 매춘에 종사하고 있다. 성 매매는 세계적인 현상이기 때문에 그 경제규모도 천문학적 숫자가 될 것이다. 우리 사회부터라도 성 매매 근절과 올바른 성문화 정착을 위한 운동을 전개해야 할 필요가 있다.

Ⅲ. 차별적 성 인식을 초래한 근거들

성차별에 대한 인식을 가져오게 된 것은 크게 농경사회이래 남성중심의 사회적 특성, 곧 우리 사회에 만연한 남자선호사상과 남성의 편견, 그리고 종교규범에 바탕을 둔 각종 문화적 전통이 작용한 것으로 볼 수 있다.

남성 중심의 사회적 특성은 남성의 노동력에 크게 의존해온 농경사회를 비롯해서 남성의 역할을 점차 부각시켜온 산업 및 자본주의사회를 거치면서 더욱 강화되었다. 여성의 역할은 상대적으로 축소되거나 무시되었다. 이런 현상은 동서양을 막론하고 나타난다.

동양의 경우 남성은 밭에서 힘을 쓸 수 있는 존재(男)라는 것 이외에도 제사를 이을 수 있는 존재로서 그 가치를 인정받았다. 그러나 여성은 글자 자체로부터도 굴종을 강요받아왔다. 여성을 나타내는 가장 대표적인 한자 '계집 여(女)' 자는 다리를 모으고 꿇어앉아 있는 모습을 표현하고 있다. 母나 女의 가로획은 한 일(一)자가 아니라 육체의 선 가운데, 머리에서 발끝까지의 선, 곧 복종의 선을 나타낸 다. 원래 여자가 다리를 모으고 꿇어앉은 모습을 세로 곡선으로 나타냈는데 진한 이후로는 쓰기 편리함을 위하여 가로의 직선으로 변화되어 원형과 크게 달라졌다. 손을 맞잡고 무릎을 구부린 모습 속에서 복종적인 삶을 강요당한 동양여성의 굴종적 역사를 한 눈으로 읽을 수 있다.

동양에서 여성의 역사는 수난사이다. 조선 초 명나라에서는 여성을 조공목록에 넣을 정도로 여성은 수난을 당했다. 물건 취급을 받은 것이다. 경복궁에 수백 명을 도열시킨 후 명나라 사신이 직접 심사를 했다. 원나라 침입 때의 공녀와 병자호란 때의 환향녀 등은 나라가 패망한 때문에 여성이 당한 수난을 입증하고 있다. 용어는 다르지만 일제시대의 종군위안부나 한국전쟁 후의 양공주 등도 남성중심사회에서 여성이 수난을 당한 사례들이다.

서양이라고 예외는 아니다. 경영학의 퍼스트레이디로 손꼽히는 릴리안 길브레드(Lillian M. Gilbreth)는 자신이 책을 썼어도 여성임을 언급하지 않는다는 조건으로 출간될 수 있었다.5) 역사상 가장 뛰어난 여성 성악가이자 '검은 비너스'로 불리는 마리안 앤더슨은 미국 내 차별을 피하기 위해 유럽에 건너가서야 명성을 얻었다. 1939년 미국 공연이 일부 보수 단체의 반대시위로 좌절되기도 했다. 그러나 이로 인해 그의 명성은 높아만 갔다. 영국인 애멀린 팽크허스트가 1903년에 조직한 '여성사회정치연맹'은 과학적 발달에 못지 않게 20세기에 큰 영향을 미친 사건 가운데 하나이다. 그녀는 과격한 여권운동으로 숱하게 교도소 신세를 졌으나 마침내 1917년 여성참정권을 얻어냈다. 그녀가 세상을 뜬 지 불과 한 달 뒤의 일이었다. 이것은 여성에 대한 차별이 동양사회에 국한되지 않았음을 입증한다.

---

5) 다니엘 렌, 「현대경영학사: 경영사상의 발전」(양 창삼 옮김)(서울: 대영사, 1989), 192쪽. 원제는 D. A. Wren, *The Evolution of Management Thought*(NY: John Wiley & Sons, 1979).

한국인은 여성의 역할을 집안으로 한정시키고자 할만큼 제한적이다. 한국인의 속담에 "여자는 제 고장 장날을 몰라야 팔자가 좋다"는 말이 있다. "여자는 바깥 세상일은 알 것 없이 집안에서 살림이나 알뜰히 하는 것이 행복하고, 여자가 집안에 있어야 평안하다"는 말이다. 편안할 안(安) 자가 이 뜻을 정확하게 담고 있다. 지금도 우리는 아내를 소개할 때 '집사람'이라고 말한다. 북한에서도 "녀자가 셋이면 나무접시가 드논다, 녀자하고 도리깨는 자꾸 내돌릴수록 탈이 난다"고 한다. 이것은 우리 사회가 예로부터 얼마나 여성에 대해 차별을 해왔는가를 보여준다.

우리는 흔히 여자는 여자다워야 하고 남자는 남자다워야 한다고 말한다. 아버지는 아버지다워야 한다는 '다움'의 공자의 생각은 자격과 자질을 논했다는 점에서 크게 지적할 것이 못된다. 그러나 우리가 여자는 여자다워야 한다고 할 때 그 여성다움에는 순종이 강조되어있고, 남성다움에는 사나이다운 성질이 강조된다. 성 역할(sex role)의 고착인 것이다. 성 역할이 고착화된 사회에서 여성은 여자다워야 사랑을 받고, 남자는 남자다워야 인정을 받는다. 성에 대한 고착적 인식과 태도가 확산될수록 우리 사회에는 성에 대한 편견이 강하게 작용하게 된다. 한국인에게 있어서 여성관이 매우 편파적이고 차별적인 이유가 바로 여기에 있다.

어떤 집을 방문했을 때 부모가 아이들을 소개했다. 남자아이를 얻기 위해 여러 딸을 둔 집이라 그런지 딸이 많았다. 그런데 막내딸을 소개할 때 이렇게 말하는 것이었다. "실수로 낳은 딸년이에요." 또 다른 집의 딸은 자신을 가리켜 이렇게 말한다. "서럽게 태어난 아이랍니다." 여성의 이름을 "말순"이나 "말자"라고 부친 것도 남자선호사상에서 빚어진 것이다. 탄생된 귀한 생명을 놓고 쉽게 실수라는 말을 붙일 수 있을까.

　역사를 지배하는 것은 남자지만 그 남자를 지배하는 것은 여자라는 말이 있다. 얼른 보면 여성우월론 같지만 사실 여성이 역사무대에 출연할 기회가 없었다는 말이다. 여성은 역사적으로 이처럼 무시되어 왔다.
　프랑스 혁명 이후 여성의 지위가 상승했다. 당시 이상적 여성상은 공화국의 어머니였다. 즉 여성의 임무는 아이들에게 자유와 평등에 대한 사랑을 심어줌으로써 아이들을 훌륭한 공화국 시민으로 키우는 일이었다. 그래서 모성을 상징하는 성모 마리아 그림들이 대중화했다. 그러나 모성강조는 여성의 정치참여와 공적 활동을 제한하는 이데올로기가 되었다. 프랑스 여성들은 1881년 4월 9일 은행에 예금할 수 있는 권리를 얻었다. 하지만 돈을 인출할 수 있는 권리는 없었다. 당시 남성예술가들은 여성에 대한 환상을 경쟁적으로 만들어냈다. 매춘부 혹은 순결을 잃은 여성이 인생유전을 거쳐 성녀가 되는 식의 소설이 유행했다. 시각예술에서 여성이미지는 성모 마리아, 요부, 뮤즈 세 가지 유형이었다. 이 유형은 오늘날 광고의 여성상에 그대로 계승된 상태다. 여성이 바느질하는 회화들도 이때 유행했다. 프랑스가 고급패션 본거지가 된 것은 바느질 솜씨가 뛰어난 여성들을 예술가로 인정하면서부터다.[6]
　여성학은 무엇보다 여성들에 대한 남성들의 우월적인 편견을 꼬집고 있다. 역사적으로 보면 상당수 남성들은 '여자도 사람인가'라는 질문을 했을 정도로 여성들을 얕잡아 보았다는 것이다. 그들은 여성의 뇌가 남성보다 120 그램 정도 적다고 말하고 여성은 아마 유인원과 사람의 중간일지 모른다는 견해까지 나타냈다. 뇌의 크기로 남성을 여성보다 우월한 것으로 친다면 뇌가 가장 큰 사람이 가장 우월해야 할 것이다. 그

---

[6] 조르주 뒤비 외, 「여성의 역사」 상·하(권 기돈과 정 나원 옮김)(서울: 새물결, 1998).

런데 불행하게도 이 세상에서 지금까지 가장 큰 뇌를 가진 사람의 뇌의 무게가 2850 그램이었는데 그는 백치였다. 뇌의 크기로 우열을 가린다는 것은 문제가 아닐 수 없다. 아리스토텔레스는 여자는 남자보다 이 (teeth)의 수가 적다는 것을 들어 여성을 비하시켰다. 프로이트는 여성은 남근을 가지고 있지 않기 때문에 에고 상태에 머물 뿐 슈퍼에고로 갈 수 없다고 평하였다. 남자가 가진 어떤 신체적 특성 때문에 이렇듯 차별을 받아야 한다면 남성 또한 여성만이 가지고 있는 신체적 조건을 들어 차별을 할 경우 할 말이 없을 것이다. 서양의 많은 사람들은 이렇듯 여성의 신체적 조건을 들어 서슴없이 여성을 비하시켰다.

동양이라고 예외일 수 없다. 공자는 여자를 사람이 아니라 색(色)으로 간주했다. 어머니의 죽음을 슬퍼하는 아들을 향해 눈물을 보이지 않도록 명령하는 공자의 의도 속에는 여성에 대한 차별의식이 자리 잡고 있었다. 따라서 유교는 여성을 존엄한 인격체로 인정하기를 주저했다. 그 유교적 전통을 따른 조선왕조가 여성은 정절을 생명처럼 지켜야 할 존재로 밖에 인정하지 않았던 것도 이와 결코 무관하지 않다. 조선왕조는 정절을 지켜야 한다는 이유로 조선여성의 개가를 금지시켰다. 이것은 기본적으로 여성의 기본권을 박탈하는 행위였다. 특히 양반계층의 여성이 개가하는 것을 엄금했는데 이것은 양반의 수를 줄이려는 의도도 담겨있다. 조선은 개가하지 않은 여성, 남편이 죽으면 아무 것도 먹지 않아 죽는 여성, 함께 생매장하기를 바라는 여성을 열녀로 봄으로써 여성의 인권을 조금도 고려하지 않았다. 개가를 한다면 그 순간부터 집과는 인연을 끊어야 했다. 인도 힌두교도 남편이 죽었을 때 부인을 생매장하는 것을 당연시하고 이를 관습화해 왔으나 현재 이러한 관습은 자취를 감추고 있다.

예나 지금이나 한국 역사의 주체가 되는 인간의 절반은 여성이다. 그럼에도 불구하고 옛 선비들은 계집 녀자를 잘 쓰는 것을 창피한 것으로 여겨 글을 쓰다가도 그 자만 나오면 조그맣게 아니면 비틀어지게 쓰곤 했다. 이러한 의식구조는 일제 식민지아래서도 마찬가지였다. 이태준의 단편소설인 『손거부』에서 아내의 문패에 대해 다음과 같은 글이 보인다.7) 큰아들 이름을 쓰기 전에 부인의 이름을 써야 하지 않겠느냐는 말에 '쓰실 것 없죠, 그까짓 여편네가 사람값에 갑니까, 어디.' '그래두 부인이 있길래 저렇게 아들을 낳지 않았소? 부인 성씨가 뭐요, 이름서껀?' '거 뭐 쓰실 것 없대두요. 이름이 뭔지도 여태껏 이십 년을 살아야 모릅죠.'

이러한 모든 점들은 역사적으로 여성들이 얼마나 차별을 받아왔는가를 입증하고 있다. 남성들은 여성에 대해 매우 남성 우월주의를 표방해 옴으로써 그 편견을 드러내었다. 이제 이 문제가 근본적으로 해결되지 않으면 안 된다.

성차별의 기본바탕에는 무엇보다 각종 종교적 규범이 무섭게 자리하고 있다. 종교는 문화의 가장 중심에 자리 잡고 있으며 각 종교의 규범은 사회행동의 상당부분을 통제하고 있다. 그러므로 앞서 언급한 성차별의 사회적 특성 가운데 상당부분은 종교와 연관을 가지고 있다 해도 과언이 아니다. 종교, 문화, 사회가 서로 분리되어 작용하고 있는 것이 아니라 연결되어 있는 것이다.

종교는 각 문화의 근간을 이루고 있기 때문에 종교가 성에 대해 어떤 문화규범을 가지고 있느냐에 따라 차별도 지역마다 다르게 나타나고 있다. 현재 종교에 근거한 성차별로 가장 고통받고 있는 곳에 아랍권 여성으로 꼽히고 있다. 탈레반 정권아래서의 아프가니스탄 여성에 대한 탄압은 혹독한 것이었던 것으로 알려져 있다. 탈레반은 여성의 활

---

7) 이 태준, 「손 거부」(서울: 신태양사, 1935).

동을 극도로 제한했을 뿐 아니라 무자비하게 여권을 억압했다. 탈레반 정권은 8세 이상 여아에 대한 교육을 금지시켰으며, 여자대학을 폐쇄하고, 직장에서 여성을 추방하는 등 사회 전 분야에서 여성의 권리를 박탈하는 조직적 탄압을 했다. 물론 이러한 상황이 이슬람권 전역에서 벌어지는 것은 아니다. 여성의 인권이나 처우는 이슬람 국가라도 나라마다 다르고, 믿는 사람마다 차이가 있다. 사우디아라비아에서는 여성의 운전과 법률, 공학 분야 취업이 금지되어 있고, 예멘과 파키스탄의 보수적인 지역에서는 여성을 집에만 있도록 한다.

탈레반 정권의 여성탄압을 놓고 이슬람권에서도 비판이 강하다. 선지자 무함마드는 모든 것에서 중도를 지키라고 가르쳤기 때문에 탈레반의 통치는 올바른 이슬람의 가르침을 따른 것이 아니라고 말한다. 그러면 여성에 대한 쿠란의 가르침은 무엇일까? 이슬람 경전인 쿠란은 남성과 여성이 권리와 의무에 있어서 알라 앞에서 평등하다고 말하고, 남녀평등과 상부상조를 강조한다. 남녀는 공동으로 사회와 가정을 지켜나갈 의무를 가진다. 이슬람 여성은 하루 5번의 예배, 금식, 가난한 자에 대한 구호, 순례 등 남성과 동등한 종교적 의무를 지닌다. 여성은 그러나 생리기간 및 산후 40일 동안 예배와 금식의 의무를 이해하지 않아도 되는 등 이슬람은 현실적이고 합리적인 면을 보이고 있다.[8] 이슬람 여성은 경제적 측면에서도 자신의 주권과 독립권을 행사할 수 있다. 여성은 남성의 청혼을 거부할 수 있으며, 남성이 지급하는 마흐르(지참금)도 신부의 소유이다. 마흐르는 신부 이외에 어느 누구도 관여할 수 없어 여성을 보호하는 제도로 정착되어 있다. 또 남편은 지참금과 함께 부양 생계비를 아내에게 제공해야하며 이는 혼인계약 시 명문화된다. 이슬람

---

8) A. Wadud and A. Wadud-Muhsin, *Qur'an and Woman: Rereading the Sacred Text from a Woman's Perspective*(NY: Oxford University Press, 1999).

여성들은 정치적으로도 활발한 활동을 벌인다. 최대 이슬람국인 인도네시아의 대통령은 수카르노 초대 대통령의 딸 메가와티 수카르노푸트리이며, 파키스탄에서는 베나지르 부토 전 총리가 이슬람권 최초의 국가지도자를 맡기도 했다.

  이슬람은 남성과 여성을 동등한 성적 존재로 인정해 왔지만 시간이 흐르면서 본래의 해석이 곡해되어왔다. 여성은 성욕이 강하고 조절능력이 떨어진 것으로 인식되었고, 여성이 자신을 드러내는 것은 남성을 성적으로 탈선하도록 유혹하는 것으로 간주되었다. 탈레반 정권은 이러한 보수적 시각을 극단으로 밀고 나갔으며 이로 인해 여성은 외부로 스스로를 드러내지 않도록 했다. 하지만 이슬람 국가에서 여성들의 베일은 나라나 종교적 상황, 계층, 연령, 취향에 따라 다르다. 튀니즈 등 상대적으로 개방된 북아프리카와 일부 페르시아 만 지역 이슬람 여성들은 흰색이나 다양한 색의 두건 모양 '히잡'(hijab)을 선호하거나 아예 쓰지 않기도 한다. 보수적인 사우디아라비아와 탈레반 정권 아래서의 아프가니스탄 여성들은 온 몸을 뒤덮는 부르카를 입는다.[9]

  이슬람 여성에 대한 관점은 이중적이다. 탈레반이 지배하고 있는 아프가니스탄을 방문한 독일 자이퉁지 기자는 그곳의 여성들은 목욕탕에도 가지 못하고, 교육도 받지 못하며, 사진도 찍을 수 없다고 전했다. 탈레반 정권아래서 여성들은 그저 숨쉬는 자유밖에 없다. 이에 대해 뉴욕 테러사건이후 오프라는 자신의 토크쇼에서 아랍여성에 대한 편견을 버리도록 했다. 이 프로그램에 참여한 아랍 여성들은 이슬람이 여성을 차별한다는 것은 잘못된 것이라며 일부지방에서 관습적으로 행해지는 것을 아랍 전체 여성에게 적용해서는 안 된다고 주장했다. 아랍 여성은 존중받고 있다는 것이다.

---

9) 김 성윤, "이슬람국가들의 여성지위," 「조선일보」, 2001년 11월 20일.

이슬람 여성의 인권이 법으로 보장되어 있다고 하지만 실제적으로는 그렇지 못하다는 인식이 강하다. 이슬람법에 따르면 법원에서 남성 증인 한 사람은 여성 증인 두 사람과 동일시된다. 상속도 여성은 남성의 절반이고 자매는 형제의 절반이다. 또 교통사고 보상금도 여성은 남성의 절반이다. 이에 대해 여성들이 이의를 제기하지 않는 것은 어렸을 때부터 이슬람법에 반대하면 이슬람법에 대한 혁명이자 도전이라는 엄한 가르침을 받았기 때문이다. 무슬림의 수나(관행)에 따르면 자식을 낳으면 양을 잡아 알라에게 제사를 드린다. 아들을 낳으면 두 마리의 양을, 딸을 낳으면 한 마리의 양을 바친다. 무슬림에게서 아들은 딸 둘과 맞먹는다는 것이다. 이것은 법 이전에 관행부터 얼마나 철저한가를 보여준다. 이슬람 여성들은 흔히 3중고를 겪고 있다고 말한다. 조혼에서 오는 육체적 고통, 일부다처주의에서 오는 질투심 무지 열등감 등 정신적 고통, 알라만 생각하느라 남편으로부터 하등 위로를 받지 못하는 영적인 고통이다.

이슬람은 일부다처제로 알려져 있지만 사실 대부분의 이슬람 국가에서 일부다처제는 법적으로 금지되면서 점차 사라지는 추세이다. 원래 이슬람에서는 전쟁과 가족공동체 유지와 같은 특수한 상황에서 여성보호를 위한 제도적 장치로 최대한 네 사람의 아내를 둘 수 있는 일부다처를 제한적으로 허용해왔다. 일반적으로는 일부일처가 이슬람의 기본 원칙이다. 오직 모하메드만이 4명 이상의 아내를 가질 권리를 인정받았다. 율법에서는 일부4처제를 허용하는 조건을 부인이 불임증인 경우, 성생활이 불가능한 경우, 전쟁이나 사고로 여성의 숫자가 남자보다 절대적으로 많은 경우 등으로 제한하고 있다. 아무나 여러 명의 아내를 둘 수 없다는 뜻이다. 일부4처제에는 전쟁으로 인한 가장의 사망이나 이혼을 당해 생계유지가 곤란해지는 여인과 아이들이 생기는 것을 막기 위한 목적도 있다. 이슬람교도가 4명의 아내를 가질 수 있다고는 하지만 4명 모두에게 금전의 배분을 포함해서 공평하게 대하도록 되어 있다. 오직 모하메드만 예외이다.[10]

그런데 말레이시아의 경우 아직도 일부다처가 허용되고 최근 들어 그 추세가 늘어나고 있어 주목을 받고 있다. 그 원인을 보면 다분히 이슬람 외적인 요소가 작용하고 있다. 첫째는 심각한 남녀성비의 문제이고, 둘째는 전체 국민의 30%에 달하는 중국인들이 국가경제를 장악하고 있는 상황에서 과반수 정도에 머물고 있는 말레이시아 인구를 획기적으로 늘리기 위한 정치적 전략도 숨어 있다. 그러나 일부다처의 법적 적용은 엄격하다. 첫 번째 부인의 동의를 얻어야 하고, 모든 부인들의 법적 사회적 보장은 물로 상속이나 자시들의 사회적 진출에서도 완전한 동등권이 보장되어야 한다.

이슬람의 여성은 여성이든 남성이든 똑같이 하나님의 형상으로 지음 받은 존재로 간주되고, 남자가 그 부모를 떠나 여자와 연합하여 한 몸을 이루는 일부일처의 전통을 유지하고 있는 기독교 문화권과는 크게 차이가 있다. 그러나 기독교에서도 성차별이 없는 것은 아니다. 상당수의 남성들은 원죄의 근원을 여성에게 돌린다. 그래서 여성이 남성에게서 당하는 고통을 자연스러운 것으로 간주하려 든다. 그러나 여성에 대한 남성의 문제는 여기에서도 잘못되었음을 보여주고 있다.

많은 사람들, 특히 남성들은 이브의 잘못을 들어 이브 때문에 문제가 생겼다고 말하고 그러므로 이브는 차별을 받아 마땅하다고 질타하듯 말한다. 그러나 그것이 이브만의 잘못이라고 판단하면 편협 된 생각이다. 아담은 그 현장에 있었고 공범자였다. 아담은 오히려 공범행위를

---

10) L. Ahmed, *Women and Gender in Islam: Historical Roots of A Modern Debate*(CT: Yale University Press, 1993).

부인하고 이브에게 모든 것을 뒤집어씌운 파렴치한 행동을 보였다. 이 파렴치한 행위가 지금까지도 계속 되고 있는 것이다. 이브가 그 잘못을 다 뒤집어썼지만 하나님은 그를 당장 죽이지 아니했다. 공평하신 하나님은 이브만 에덴에서 추방하지 않고 아담의 죄도 함께 물어 추방하였다. 그러므로 이브에게만 죄를 물으려 하는 남성들의 태도는 결코 바르지 못하다는 것을 인식해야 한다.

에덴으로부터의 추방은 인간 스스로 삶을 영위하고 그 문명을 확립해 나가야 하는 문화명령을 받은 것으로 신학자들은 재해석하고 있다. 추방은 죽을 수밖에 없었던 그들이 계속해서 살아 문화를 이루어 갈 수 있도록 허락되었기 때문에 어떤 의미로 보아 하나님이 내리신 은혜라는 것이다. 신학적으로 볼 때 하나님을 떠난 삶은 축복이 될 수 없다. 그럼에도 불구하고 그들이 문화를 이루며 살 수 있었다는 것은 그들이 하나님으로부터 은혜를 입었음을 입증하는 것이다.

이브는 사실상 모든 생명체의 어머니가 되었다. 그를 통해서 인류가 번성할 수 있었기 때문이다. 판도라는 호기심을 못 이겨 상자를 열게 된다. 상자는 판도라의 호기심을 자극하기에 충분한 것이었기 때문이다. 그 상자는 인간의 근원이 무엇인가를 인식하게 만들었다. 일부 여성학자들은 인간의 타락사건, 곧 뱀의 유혹에 접근한 사건을 가리켜 이브가 판도라의 상자를 연 것으로 간주한다.[11] 지금까지 하나님 중심의 삶으로부터 인간중심으로 바꾸는 사건이라는 것이다. 그러나 우리는 무엇보다 인간의 이러한 죄에도 불구하고 문화를 이룩하도록 허락하신 하나님의 자비를 깊게 인식하지 않으면 안 된다.

그러나 여성은 귀중한 존재로 존중받지 못했다. 12세기에서 16세기

---

11) J. Plaskow, *Weaving the Visions: New Patterns in Feminist Spirituality*(CA: Harper SanFrancisco, 1989).

에 걸쳐 무려 100만 명이나 되는 여성들이 마귀사냥이라는 이름아래 처형되었다. 대부분은 인간관계의 억울한 희생자들이었다. 19세기 미국 여성들이 참정권을 얻기 위해 운동을 벌였을 때 성직자들은 그들을 마귀의 집단으로 불렀다. 성직자들이 여성참정권을 앞서 방해한 것이다. 여성신학자들은 이런저런 사건을 들추어내며 지금까지 남성중심의 신학이 얼마나 잘못되었는가를 고발하고 있다. 엘리자벳스 스탠튼(Elizabeth Stanton)은 남성중심의 문화를 제거하기 위해 19명의 여성들로 성경개정위원회를 조직하였고 그 결과 1895년과 1898년에 '여성을 위한 성경(The Woman's Bible)'이 출판되었다. 1950년대에 해방신학, 흑인신학 등 눌린 자들의 신학이 나오면서 1960년대에 여성신학이 대두되었고 그 후 그 기운은 전 세계로 확산되었다.

여성신학은 지금까지의 신학이 남성 편향적이어서 여성들의 구체적 삶의 현실과 유리되었다고 보고 여성의 경험을 중심으로 성경을 재해석하고자 한다.[12] 한국에 있어서 여성신학은 한국교회제도의 여성 차별적 구조, 여전도사에 대한 비인간적 대우, 신학대학의 남성위주의 교과과정 등 억압과 차별 그리고 소외의 경험이라는 내적인 요인이 소개된 서구 여성신학과 맞물리면서 형성, 발전되었다.

여성신학의 이러한 흐름에 대해서 보수성향을 지닌 기독교인들은 다소 문제가 있는 것으로 간주한다. 하나님은 남성인 아버지이지 여성신학자들이 주장하는 바와 같이 하나님 어머니일 수 없으며 교회에서 남녀평등이란 있을 수 없다고 말한다.[13] 그들은 여자의 머리에 쓰는 것과 관련해서 남자는 여자의 머리이므로 여자는 남자에게 복종해야 한다

---

12) M. Daly, *Beyond God the Father: Toward a Philosophy of Women's Liberation*(MA: Beacon Press, 1985).
13) 알베라 미켈센 외, 복음주의와 여성신학(서울: 솔로몬, 2001).

(고전 11:2~16), 여자들은 교회 내에서 잠잠해야 한다(고전 14:34,35), 남편은 아내의 머리이므로 아내들은 남편에게 복종해야 한다(엡 5:21,22), 교회의 직분에 있어서 여자의 가르치는 것과 남자를 주관하는 것을 금지하는(딤전 2:8~15) 성경의 구절을 들어 여성들의 입을 막으려 한다. 심지어 아담이 이브보다 먼저 창조되었고 죄는 이브로부터 시작되었다고 말한다. 이러한 성경 말씀을 고민하지 않고 재해석조차 없이 받아들인다면 성경은 불평등을 가르치는 것으로 오해하기 쉽다. 그러나 우리가 흔히 성경의 가르침이라고 생각하지만 실제로는 성경의 원리에 어긋나는 경우도 많음을 인식하지 않으면 안 된다. 성경이 특정 상황에 대해 언급한 것을 보편적 교회조직 원리로 받아들일 때 말씀을 잘못 적용하도록 만든다. 그리고 단순한 논의로 논리적 결론에 도달하는 것도 문제이다. 보기를 들어 남자에게서 여자가 나왔으므로 여자가 남자보다 열등하며 아울러 부차적 역할을 수행해야 한다는 생각이 그것이다.

성경을 문화적 배경에서 이해하고 그 정신을 재해석하는 것은 중요하다. 문화적 배경을 고려하지 않으면 예수님은 열두 제자 모두를 남자만으로 두었기 때문에 여성차별주의자라고 말할 것이다. 그러나 이 때문에 예수님을 여성차별주의자라고 말하는 것은 너무나 잘못된 것이다. 그분과 함께 여행한 무리 가운데 많은 여성들이 있었고(눅 8:1~3), 여성들이 큰 무리로나 개인적으로 가르침을 받았다(마 15:38, 눅 10:39, 요 4:7~30). 마르다와 마리아는 여러 차례 대화의 상대자로 등장한다. 당시 영적 가르침의 대상으로 여성이 허용되지 않았던 당시 상황에서 예수님의 이 같은 행위는 실로 혁명적인 것이었다. 앞에서 인용한, 그리고 남성들이 즐겨 사용하는 여러 성경 말씀은 바울 서신 가운데 등장한다. 그래서 우리는 바울이 여성 차별자가 아닌가 생각하게 된다. 그러나 이러한 생각도 잘못된 것이다. 그는 '유대인이나 헬라인이나 종이나 자주자나 남자나 여자나 다 그리스도 예수 안에서 하나'임을(갈 3:28) 분명히 하고 있다. 칼빈도 이 구절을 하나님의 형상으로서 남녀의 동등함을 강조한 것으로 해석하였다.

IV. 성의 통합적 사회경영을 위한 제안

성의 통합적 사회경영을 위해 우리가 해야 할 일은 무엇보다 성에 대한 이분법적 사고를 버리고, 남녀 모두 생생(生生)의 원리를 추구해 나가는 것이다. 이를 위해 여성인식에 대한 지평을 확대할 필요가 있다. 특히 여성은 열등하다는 인식을 획기적으로 바꿀 필요가 있다. 세계 역사를 바꾼 위대한 여성들이 많다는 것을 아는 것도 여성에 대한 우리의 인식을 전환하는데 도움이 될 것이다. 세계사를 보면 훌륭한 자취를 남긴 여성들이 많다. 인권운동가, 사상가, 과학자, 교육자, 예술가, 체육인 등 다양한 분야에서 여성들이 활약했다. 그리스 여성 시인 사포, 현대의 성녀 마더 테레사, 인류학자 마가렛 미드, 컴퓨터 언어개척자 그레이스 호퍼, 저널리즘의 퍼스트 레이디 도로시 톰슨 모두 여성들이다.[14]

마가렛 생어는 1910년대 미국에서 금기 시 되던 산아제한과 피임합법화투쟁을 벌여 여성의 신체해방을 쟁취했다. 금세기의 가장 자유로운 미국여성으로 불리는 엘리너 루스벨트는 평생토록 여성노동자, 흑인, 극빈자를 위해 헌신했다. 제인 아담스는 미국사회개혁운동의 대모이다. 그녀가 만든 사회복지기간 풀 하우스(Hull House)는 복지사회업가 훈련장으로도 활용되었다. 1차 대전 참상을 비판했고, 17년 노벨 평화상을

---

14) D. G. Felder, *The 100 Most Influential Women of All Time*(CA: Citadel Press, 2001); G.M. Rolka, 100 Women Who Shaped World History(CA: Bluewood Books, 1994).

수상했다. 레이첼 카슨은 1962년 DDT가 환경에 미치는 영향을 다룬 '침묵의 봄'을 세상에 내놓았다. 환경운동의 시작을 알리는 명저였다. 정신발작이라고 비난하던 화학업계는 이내 침묵을 지키지 않을 수 없었다. 작지만 의미 있는 행동으로 역사의 물줄기를 바꾼 여성도 있다. 버스좌석에 흑백인 석을 따로 두었던 1955년 미국에서 흑인재봉사 로자 파크스는 좌석을 비워달라는 백인의 요구를 조용히 싫다고 거부했다. 파크스 사건은 결국 흑인인권운동에 불을 붙이는 단초가 되었고, 마틴 루터 킹 목사 신화를 탄생시켰다.

우리는 현대인으로서 여성에 대해 일방적으로 복종만을 강요하는 비인간적인 행동을 이제 종식해야 한다. 이를 위해서는 여성에 대한 남성의 편견을 무엇보다 제거해야 한다. 남녀 모두 동역자라는 인식을 확산시키는 것도 방법이다. 정절과 부덕을 전형으로 하는 여성상은 조선시대 사대부 집안 여성상일 뿐이다. 선사 고대의 한국 여성은 결혼이나 경제활동 면에서 남성과 동등한 역할을 수행했고 국왕으로 군림하기까지 했다. 고려시대까지도 재산상속권과 가계, 제사상속권을 받았다.[15] 이제 성에 대한 고착된 인식을 풀고 여성을 사회의 당당한 일원, 남성의 주요한 파트너로 받아들일 필요가 있다.

기독교에 따르면 남녀 모두는 하나님의 형상이자 주안에서 동역자이다. 19세기 프랑스 여류화가 로자 보네르는 남장을 즐겨 입었는데 그녀는 바지를 입을 수 있는 허가서를 받기 위해 6개월에 한번씩 경찰서에 가야 했었다. 그에 대한 이야기는 지금 지나간 옛 이야기일 뿐이다. 그런데 교회 안에서는 옛 이야기들이 현실의 문제로 작용하고 있다. 아직도 남성들은 여성을 이해하려 하지 않는다. 여성은 아직도 남성의 그늘에 가려지기를 원한다. 그리스도인은 무엇보다 남성과 여성은 모두 하

---

15) 이 용배 외, 「우리나라 여성들은 어떻게 살았을까」 1-2(서울: 청년사, 1999).

나님의 형상으로 창조되었음을 깊게 인식하지 않으면 안 된다. 하나님의 형상은 남자만 가진 것이 결코 아니다. 여성도 함께 가졌으며 함께 에덴의 관리자로 임명되었다. 하나님은 남성과 여성을 동역자로 삼아 하나님의 명령을 지키도록 하셨다. 우리는 하나님께서 이브에게만 책임을 묻지 않으시고 아담에게도 물으셨다는 것을 인정해야 한다. 아담도 죄가 있었기 때문이다. 그런데도 남성들은 이브 때문에 고생한다고 계속 여성만 탓하며 살아왔다. 남성은 이제 솔직할 때가 왔다. 더 이상 여성을 차별하거나 괴롭혀서는 안 된다. 우리는 교회와 사회 속에서 남성과 여성의 평등하고 자유로운 모습을 회복시키기 원하는 성경의 정신을 회복해야 한다. 예수님은 '새 계명을 너희에게 주노니 서로 사랑하라 내가 너희를 사랑한 것 같이 너희도 서로 사랑하라'(요 13:34) 하였고, 바울도 '그리스도를 경외함으로 피차 복종하라'(엡 5:21) 하였다. 이 말씀은 유독 남녀문제에서만 권위적 관계와 역할을 고수하려는 남성들에게 양성 모두가 서로 사랑하고 피차 복종하는 것임을 가르쳐주고 있다. 양성은 서로 차별하고 미워해야 할 대상이 아니라 모두 하나님의 형상으로서 서로 도와 하나님 나라를 이룩해야 할 그리스도의 동역자들이다. 다른 동물들도 하지 않는 남녀차별을 인간이 한다는 것은 피조물가운데 가장 못된 짓을 한다는 것을 우리 스스로 드러내는 수치스러운 행위가 아닐 수 없다.

"여성은 태어나는 것이 아니라 만들어지고 있다." 시몬 드 보봐르는 「제2의 성」에서 이렇게 외쳤다. 여성의 평등한 권리가 법적으로 인정되지 않던 때 그는 '여성을 성에 감금하지 말라'고 주장했다.16) 보봐르의 이 선언은 전후 페미니즘 운동의 새 출발로 기록되었다. 페미니스트 이론가 로지 브라이도티 교수는 남성 대 여성이라는 이분법적 사고에서

---

16) Simone De Beauvoir, *The Second Sex*. H. M. Parshley(옮김)(NY: Vintage Books, 1989).

벗어나 다양성과 복합성을 고려하는 접근법을 제시했다. 그는 가부장적 사회의 제도와 관념은 해체되어야 하지만 그와 동시에 남성과 여성의 생물학적인 차이에 대한 신중한 고려가 있어야 한다고 주장했다. 여성이 얼마만큼의 자리를 차지하느냐보다 남성중심으로 구성된 사회에 얼마나 여성적인 요소를 포함시키느냐가 더 중요하다는 것이다.

여성부가 신설된 후 남녀차별 개선과 성희롱 방지에 대한 관심이 높아지고 있다. 남녀차별 금지 및 구제에 관한 법률이 시행된 후 사회 전반에 여성들의 진출도 활발해지고 있다. 여성장군이 탄생하고, 사관학교에도 여성이 수석을 차지한다. 대학교의 여교수 채용확대, 여성관리직 공무원 임용목표제도 추진하고 있다. 여성부는 모집과 채용과정에서 남녀차별의 기준을 대폭 강화하는 정책을 발표했다. 직원을 채용할 때 여비서, 남 기사 등 특정성을 지칭해서는 안 된다는 내용이다. 미혼일 것을 조건으로 하는 경우 남성 또는 여성을 특별 우대해도 남녀차별 금지법에 위배된다는 것이다. 채용시험을 별도로 실시하거나 합격기준을 달리해서는 안 되고, 키170cm 이상인 자 등 특정 조건을 제시해도 안 된다. 이처럼 규정을 강화하는 이유는 고용에서의 남녀차별이 해소되지 않고 있기 때문이다.

여성들 자신의 힘을 기르는 것도 중요하다. 여성 직원들의 승진장애는 차별적 조직관행과 가부장적 사회문화 등이 작용하기도 하지만 업무능력 부족과 리더십 부족 등의 이유도 있을 수 있기 때문이다. 따라서 조직관계자는 여성들이 자신의 능력을 발전시키거나 경험을 쌓을 기회를 충분히 제공해주어야 하며, 여성 스스로도 자신의 역할을 단순 보조에 국한시키지 않고 전문인력으로서 활동할 수 있도록 꾸준히 연구하는 자세가 필요하다.[17]

---

17) J. M. Bernbach, *Job Discrimination II: How to Fight, How to Win*(NJ: Voir Dire Press, 1998).

남녀관계에 있어서 생생원리는 통합적 사회관 형성에 있어서 매우 중요하다. 퇴계는 일찍이 생생지리(生生之理)의 철학을 가지고 있었다. 이 철학은 물과 나무, 자연과 인간, 남자와 여자 모두가 살 수 있는 길은 서로 존중하고 배려하는 데 있다는 것이다. 서로 배려하면 재해를 막아줄 수 있지만 어느 한쪽의 욕망이 지나쳐 다른 한쪽을 지배하면 파괴를 가져온다. 인간이 자연에 대해 자신의 욕망을 가하면 환경은 파괴되고 인간과 자연의 공존이 어려워지게 된다. 성차별도 생생 관계가 깨어진 데서 온다.

퇴계는 생생지리를 사단칠정(四端七情)으로 설명하고 있다. 사단은 참된 인간으로 만들어주는 4가지 감정을 말한다. 착함의 본성이라 할 수 있는 이것은 인의예지(仁義禮智)로 표현된다. 인은 다른 사람을 사랑하는 것이고, 의는 바름을 지향하는 것이며, 예는 양보, 그리고 지는 옳고 그름을 가리는 것을 말한다. 사단을 갖추어야 인간이라 할 수 있다. 사단과 반대되는 것으로 칠정이 있다. 칠정은 자신만을 생각하는 인간의 욕망이 자리잡아 생기는 것으로 희노애구애오욕(喜怒哀懼愛惡慾)이 있다. 칠정은 인간의 이기심에 의해 나타나는 것으로 결국 인간을 두려움과 위험에 빠뜨린다. 인간이 사단에 의해 통제되지 않으면 이기심, 욕망을 부추겨 이런 감정들이 발생한다. 퇴계는 사단을 실현하는 방법으로 경(敬)의 실천을 강조했다. 경은 유혹을 뿌리치고, 자신을 수양하게 만든다. 자신의 내면을 어떻게 다스릴 것인가 생각하게 함으로써 선한 마음을 회복한다. 그러므로 경은 사단을 이루기 위한 실천적 대안인 셈이다.[18]

퇴계는 사단과 칠정을 대립관계에 놓듯 성(性)과 정(情), 이(理)와 기(氣)

---

[18] 금 장태, 「퇴계의 삶과 철학」(서울: 서울대 출판부, 1998); 유 명종, 「퇴계와 율곡의 철학」(부산: 동아대 출판부, 1987).

를 대립시켰다. 대립이라기보다 인간은 왜 수양을 쌓고 보완되어야 하는가를 가르쳐 준다. 그에 따르면 우리가 도덕적 존재가 되는 데는 긴 고통이 필요하다. 긴 고통은 목표를 향해 스스로를 완성시키는 노력을 말한다. 이 고통의 과정을 통해 우리 사회는 생생의 통합을 이룰 수 있다. 퇴계는 이를 위해 스스로 모범을 보였다. 그는 무엇보다 권위주의적 태도를 버렸다. 도를 실현시키고자 하는 그의 생각과 태도는 일본뿐 아니라 중국에서도 인정을 받았다. 손문, 양계초 등은 퇴계의 성학십도를 만들어 배포하면서 성학십도가 인간과 인간 사이의 도덕관계가 어떠해야 하는가를 잘 보여주는 것으로 설명하였다. 성차별 문제에 있어서도 생생의 통합원리가 적용되어야 함은 물론이다.

생생의 원리를 실천하기 위해서는 일터에서부터 여성을 중시하고 남녀의 바람직한 관계가 조성되도록 하는 지속적인 노력이 요청된다. 일본의 굿 뱅커는 근로자를 중시하고 여성과 소수집단을 차별하지 않는 기업에 투자할 계획을 세우고 있다. 매년 노동성이 선정하는 '가정을 소중히 여기는 30대 기업'을 참고하고, 노동조합과 협력해 펀드를 만들 생각이다. 기업이 성차별을 극복하기 위해 노력하는 것이 무엇보다 중요하다. 사내 성희롱 방지를 위한 정책을 세우고 이를 감시하고 교육함으로써 사내에서부터 통합이 이뤄질 질 필요가 있다. 포드사는 "성희롱 참기 0(제로)" 정책을 추진하고 있다. 우리나라의 경우 여러 기업에서 계열사와 사업장별로 성차별·성희롱 예방교육을 실시하고 있다. 삼성그룹은 자신의 행동이 성희롱에 해당되는지 모르는 경우도 있기 때문에, 실제 사례를 비디오나 사례집으로 보여주면서 교육을 하고 있다. 삼성전자는 여성상담소 기능을 강화하고 있다. 상담은 성희롱·성차별 문제뿐 아니라 여성의 자기계발을 위한 상담과 사업을 병행하고 있다. SK텔레콤은 바람직한 남녀간의 직장 예절이라는 교육을 인터넷을 통해 실시중이다. SK텔레콤은 모든 임직원들이 빠짐없이 교육에 참여하도록 의무화하고 있으며, 참여 독려 메일도 지속적으로 보내고 있다. 백화점이나 호텔 등 여성 근무자가 많은 사업장에서는 여성 직원들을 대상으로 정기적으로 성희롱 실태 조사를 실시하거나 성희롱 고충처리위원회를 발족하는 등 전사적으로 성희롱 방지대책 마련에 나서고 있다. 현대백화점은 전국 백화점 영업장별로 인사·노무 담당자와 노조 간부가 참여하는 성희롱 고충처리위원회를 신설하여 활동하고 있다. 대한항공은 성희롱 상담·신고 전담창구를 운영하고 있으며, 신라호텔은 각 사업부별로 여직원을 책임자로 하는 상담창구를 운영하는 동시에 임직원 승진 때 반드시 성희롱 예방교육을 받도록 의무화하고 있다. 신라호텔은 여직원들을 대상으로 연 2~3회 설문조사를 실시, 발생 가능한 성희롱 문제를 조기에 차단하는 성희롱 조기경보 시스템도 운영하고 있다.[19] 기업 자체의 이러한 노력은 물론 시민단체의 협력도 매우 중요하다. 한국여성민우회는 성희롱 예방교육 담당자를 위한 특강을 마련하고 기업체의 인사담당자들을 초청했다. 이 단체는 성희롱 예방교육의 활성화는 물론 사회에서의 여성회복을 위해 지속적인 활동을 펴나가고 있다.

V. 총체적 노력을 기대하며

성차별은 친사회적 행동(prosocial behavior)이 아니라 반사회적 행동이다. 성차별은 성희롱에서 성폭력, 성 매매에 이르기까지 다양한 형

---

19) 조 형래, "성희롱, 조심 조심 또 조심!" 「조선일보」, 2002년 12월 2일.

태로 발전하고 있으며, 그 정도도 날로 심각해지고 있다. 역사적으로 볼 때 사회를 주도해온 남성은 여성에 대해 차별적 행동을 고착시켜 왔고, 종교는 차별적 이데올로기를 구축하는 문화적 도구로 사용되기도 했다.

이제 인류는 반사회적 행동을 중단시키고 양성이 존중받는 사회를 만들 사회적 책임을 가지고 있다. 이를 위해 우리는 성에 대한 이분법적 사고를 넘어서 남녀 모두 생생의 원리를 실현시킬 필요가 있다.

여성에 대한 차별이 보다 축소되기 위해서는 여성의 사회진출을 막기보다 오히려 적극적으로 장려하여 여성이 사회에서 각자의 전문성을 가지고 비중 있게 활동할 필요가 있다. 여성의 사회활동을 제한했던 조선시대에도 전문직 진출의 문이 닫혀있지는 않았다. 조선시대 여성의 대표적 전문직으로 궁녀와 기녀, 그리고 의녀(醫女)가 있다. 이들은 대부분 천민이나 생계가 어려운 양인출신이다. 특히 의녀의 경우 관청에 소속된 10~15살 나이 어린 여자 노비 중에서 수십 명을 선발하여 맥 짚는 법과 침놓는 법을 가르쳐 충원했다. 의녀제도는 남녀접촉을 피하려는 유교윤리의 결과이기는 했지만 전문화를 통한 여성의 사회화를 훌륭하게 수행했다는 점에서 높이 평가된다. 성의 사회 통합 노력은 남자가 여성을 배려해 주어야 할 부분도 있지만 여성 스스로 힘을 키워 자신을 지켜야 할 부분도 있다.

우리 사회에 뿌리 깊은 남녀차별은 성의 평등화(gender equality) 차원에서 시정되어야 할 과제이다. 그러나 남녀의 이유 있는 특성에 대한 신중한 고려 없이 기준만 강화하다 보면 여기저기서 부작용이 생길 수 있다. 브라이도티의 말대로 생물학적 결정론까지 부정해서는 안 될 것이다. 동양에는 음과 양, 정과 동의 사상이 있다. 이것은 이분법적 사고를 낳기도 하지만 음과 양, 정과 동, 모두의 차이를 인정하면서 서로 조화를 이루는 삶의 아름다움을 포함하기도 한다. 남녀의 관계도 이런 조화 속에서 생생의 원리를 구현시킬 필요가 있다. 생생의 원리는 남녀 양성 모두 사회관계에서의 인간성을 구현시키는 데 초점을 맞춰야 한다. 이를 위해 자기 성에 대한 이기적 주장보다 수양과 겸손을 바탕으로 인간에 주목할 필요가 있다. 일본의 한 화장실 입구에 남자용에 '선남', 여자용에 '선여'라고 표시했다. 미국의 한 화장실에는 남자용에 '왕', 여자용에 '여왕'이라고 표시했다. 남녀가 사회의 파트너가 되기 위해서는 서로를 위하는 마음가짐이 필요하다.

사회기강의 확립은 통합적 사회를 이루는 데 매우 중요하다. 조선전기에는 여성이 동의하지 않는 대부분의 성행위를 강간으로 간주하여 최소 교수형에 처하기까지 했을 만큼 우리 사회의 기강이 엄했었다.[20] 그러나 지금 우리 사회에서는 강간범죄의 구성요건을 까다롭게 설정하여 범죄 입증 책임을 거의 피해자에게 돌림으로써 피해자의 인권이 침해되고 강간범마저 처벌하지 못하는 일이 벌어지고 있다. 국가는 사회기강을 확립함에 있어서 법이 남성편향이기보다 합리적이어야 하며, 피해자의 인권을 존중하도록 집행되어야 한다.

사회통합은 단시간에 이뤄지는 작업이 아니다. 긴 시간과 여러 노력이 필요하다. 우리가 사회에 대한 희망을 저버리지 않고 조그마한 일이라도 중단 없이 지속하고, 총체적인 노력을 아끼지 않을 때 우리사회는 결국 반사회적 행동이 난무하는 차별적인 사회에서 친사회적 행동이 선호되는, 보다 통합적인 사회로 나가게 될 것이다.

주제어: 성차별, 반사회적 행동, 사회통합, 여성해방, 성의 평등화

---

[20] 장 병인, 「조선전기 혼인제와 성차별」(서울: 일지사, 1997).

참고문헌

금 장태, 퇴계의 삶과 철학(서울:서울대 출판부, 1998).
김 정인, 성희롱 행동의 이해와 실제(서울: 교육과학사, 2000).
김 성윤, '이슬람국가들의 여성지위,' 조선일보. 2001년 11월 20일.
장 병인, 조선전기 혼인제와 성차별(서울: 일지사, 1997).
조르주 뒤비 외, 여성의 역사. 상·하. 권 기돈과 정 나원 옮김(서울: 새물결, 1998).
조 형래, '성희롱, 조심 조심 또 조심!' 조선일보. 2002년 12월 2일.
알베라 미켈센 외, 복음주의와 여성신학(서울: 솔로몬, 2001).
유 명종, 퇴계와 율곡의 철학(부산: 동아대 출판부, 1987).
이 용배 외, 우리나라 여성들은 어떻게 살았을까 1-2(서울: 청년사, 1999).
이 태준, 손거부(서울: 신태양사, 1935).
한국여성민우회,. 성희롱 당신의 직장은 안전합니까(서울: 21세기북스, 2000).

Ahmed, L., *Women and Gender in Islam: Historical Roots of A Modern Debate*(CT: Yale University Press, 1993).
Bernbach, J. M., *Job Discrimination II: How to Fight, How to Win*(NJ: Voir Dire Press, 1998).
Daly, M., *Beyond God the Father: Toward a Philosophy of Women's Liberation*(MA: Beacon Press, 1985).
De Beauvoir, Simone, *The Second Sex*. H. M. Parshley(옮김)(NY: Vintage Books, 1989).
Felder, D. G., *The 100 Most Influential Women of All Time*(CA: Citadel Press, 2001).
O'Shea, T. and Lalonde, J., *Sexual Harassment: A Practical Guide to the Law, Your Rights, and Your Options for Taking Action*(NY: Griffin Trade Paperbacks, 1998).

Petrocelli, W. and Repa, B. K., *Sexual Harassment on the Job: What It Is & How To Stop It*(CA: Nolo Press, 1998).

Plaskow, J., *Weaving the Visions: New Patterns in Feminist Spirituality*(CA: Harper SanFrancisco, 1989).

Rolka, G. M., *100 Women Who Shaped World History*(CA: Bluewood Books, 1994).

Wadud, A. and Wadud-Muhsin, A., *Qur'an and Woman: Rereading the Sacred Text from a Woman's Perspective*(NY: Oxford University Press, 1999).

Wren, D. A., *The Evolution of Management Thought*(NY: John Wiley & Sons, 1979). 현대 경영학사: 경영사상의 발전, 양 창삼 옮김(대영사, 1989).

'성'을 매개로 한 차별과 부정적 배제
— 그 담론의 낡음과 새로움에 대하여*

천 선 영

고려대학교 한국사회연구소 사회학

Ⅰ. 여는 글

"선생님 이야기를 들으면서, 이 시간 내내 마음이 답답~했습니다. … 도대체 선생님은 정말로, 아직도, 성차별이 있다고 생각하시는 겁니까?" 어느 수업시간에 한 남학생이 작심하고 던진 이 말은 필자에게 정말로 많은 생각을 하게 했다. 한 번도 페미니스트를 자처해 본 일은 없지만[1], 성(sexuality)을 매개로 한 사회적 불평등의 원인과 양상에 대해 이야기를 하다보니 — 가능한 한 객관적으로, 논의가 감정적이 되지 않도록 조심스럽게 접근하려 애썼음에도 불구하고 — 아무래도 여성이 구조적 약자로서 당하고 있는 어려움들이 많이 다루어졌고, 그 학생의 눈에는 필자가 '여성으로 구분되는 존재들'을 일방적으로, 그것도 부당

---
* 이 글은 2003년 사회이론학회 전기학술대회에서 발표했던 논문을 고친 것이다. 이 황직 박사의 우호적이면서도 날카롭고 발전적인 조언과 토론에 참여해 주셨던 여러 선생님들께 깊은 감사의 마음을 전한다.
1) 필자는 이것을 자랑으로도, 수치로도 생각하지 않는다.

하게 편들고 있는 것으로 보여졌던 것 같다. 그 학생은 여성들의 기세가 등등해진 '이 좋은 세상'에 아직도 저리 고리타분한 소리를 되씹는 선생이 있나 생각했는지도 모른다.

물론 세상 좋아진(?) 측면이 없지 않아 있다. 사회 이곳저곳에서 여성들의 목소리가 커져가고 있고, 신문마다 여성 면이 신설 또는 증면되었고, 여성부가 신설되었으며, 첫 여성 법무부 장관도 탄생했다. 21세기는 여성의 시대라고도 하고 역차별 논란도 심심지 않게 들린다. 이런 의미에서 성을 매개로 한 불평등 담론은 '낡았다'. 성의 차이가 차별과 부정적 배제(negative exclusion)[2]로 이어지는 자동적인 단순 메커니즘에 제동이 걸린 것도 사실인 듯 하다. 그러나 물론 이러한 표면적 변화가 그 남학생의 항변처럼 성을 매개로 한 차별과 부정적 배제가 더 이상 존재하지 않는다는 결론으로 자연스럽게 이어지는 것은 아니다. 오히려 오랫동안 우리 주위를 맴돌고 있었던 성불평등 담론의 낡고 익숙함이 우리로 하여금 그 안과 밖에서 일어나고 있는 미묘한 변화와 새로운 불협화음의 등장을 잘 읽어내지 못하게 하는 측면 또한 있는 것으로 보인다.

성을 매개로 한 담론은 고정적이지 않다, 그것은 계속적으로 변하고 있다. 그런데 과연 무엇이, 어떻게, 왜 변화하고 있는가? 어떤 담론의

---

[2] 본 논문에서는 배제(exclusion)라는 개념을 니클라스 루만의 체계이론적 틀 안에서 '중성적' 내지는 '가치중립적'으로 이해하기 때문에 불평등이 수반되는 배제를 이와 구분하고 강조하기 위해 '부정적 배제'라고 부르기로 한다. 루만의 포함/배제 개념에 대해서는 Niklas Luhmann, "Inklusion und Exklusion", in: Helmut Berding(Hg.), *Nationales Bewusstsein und kollektive Identitaet. Studien zur Entstehung des kollektiven Bewusstseins der Neuzeit 2* (Frankfurt a.M. : Suhrkamp, 1994) S.15-45 그리고 Niklas Luhmann, *Die Gesellschaft der Gesellschaft* (Frankfurt a.M. : Suhrkamp, 1997) 등 참조.

변화가 지금 우리 사회 안에서 일어나고 있으며, 그 사회학적 함의와 사회적 결과는 무엇일까? 본 논문에서는 이에 대한 하나의 대답을 찾아보기로 한다. 그러나 먼저 그에 대한 본격적 논의에 앞서 전통적인 의미에서의 단순한 차별과 부정적 배제가 그 낡고 오래됨에도 불구하고 아직도 여전히 건재함에 대해서 짚고 넘어가고자 한다. 노병(老兵)은 아직 죽지도 않았고, 사라지지도 않았다. 오히려 계속 새로운 자양분들을 흡수하며 끊임없는 유사복제를 시도하고 있다. 필자는 이 글에서 이런 사회적 상황에 대한 이해를 전제로, 성을 매개로 이루어지는 차별과 부정적 배제 담론에 있어서 모종의 새로운 변화가 일어나고 있음에 보다 관심을 집중하면서 이를 '사회이론적'으로 이해하고 설명하고자 한다. 물론 이 새로움은 어찌 보면 논리적으로는 여전히 낡았으되, 그것이 덮어쓰고 있는 거죽의 표피적 변화에 불과하며, 이런 점에서 아직도 건재한 노병의 유사복제물에 불과한 지도 모른다.

어쨌든 이 글에서 관심을 집중하고자 하는 문제는 사회가 여성을 여성으로 '부정적'으로 호명하면서, 그것이 결과하는 단순 차별과 배제를 넘어 존재하는, 여성이 여성으로 '긍정적'으로 호명되면서 결과되는 또 다른 차별과 배제의 메커니즘이다. 후자의 논리는 정치적 진보성으로 포장되어 있음에도 불구하고, 논리적으로는 계속 여성을 여성으로 '만' 호명하는 보수성에서 벗어나지 못한다. 필자는 이러한 변화 속에서 나타나는 사회적 긴장이 대단히 다층다면적이고 복합적인 차별과 부정적 배제의 미묘한 성격의 일단을 보여주고 있다고 생각하며, 이 새로운 차별과 배제가 원시적(primitive) 성격의 그것과 엇물려 공존하면서 만들어내는 '성'지형에 주목하고자 한다.

그러므로 이 글에서 다루어지는 것은 차별과 부정적 배제에 대한 실증적 자료 분석이 아닌, 차별과 배제 메커니즘의 논리적 성격과 그 변화에 대한 사회이론적이고 변동론적인 분석이다.3)

Ⅱ. 단순 차별과 부정적 배제의 온존

특정한 범주에 속해 있다고 가정되는 사람들을 '타자'(the others)로 인식하고, 그러한 인식의 근거가 된 '차이'를 차별과 부정적 배제의 정당한 이유로 동원하는 것을 이 글에서는 '단순 차별' 또는 '원시적 차별'이라 부르고자 한다. 여/성과 관련해서는 '여성이기 때문에 이러저러하고 그렇기 때문에 안된다'는 명제가 대표적인 것이라 할 수 있겠다. 이때 여성은 사회적으로 하나의 단일한 범주로 호명되며, 그 범주에는 여러 가지 부정적 낙인들이 부착되고, 개별 여성들의 의지와 특성과 무관하게 (적어도 논리적으로는) 모든 여성들이 그 낙인을 담지하는 주체로 등장하게 된다.

이는 전통사회에서 지극히 정당한 것으로 여겨져 왔다. 여성은 여성

---

3) 이 글은 어찌 보면 조금 위험할 수도 있다. 자칫하면, 사회적으로 어렵사리 얻어낸 여성의 지분에 대한 김빼기로 보여질 수 있을지도 모르겠다. 그러나 명백히 밝히거니와 이 글은 여성 할당제에 대한 '정치적 비판'을 그 목적으로 하지 않으며, 여성이 여성으로 호명되어야 하는 현실적인 정치전략적 필요성과 효과에 대해 부정하고자 하지도 않는다. 필자는 단지 성을 매개로 이루어지는 현재적 차별과 배제의 사회적 배경과 그 작동기제를 이론적, 변동론적 차원에서 이해하고 설명하고자 하며, 그 과정에서 거의 필연적으로 부가생산되는 부작용들에 대해 말하고자 한다. 그 부작용들은 호의적으로 이루어지는 할당제 안에서도 드러난다. (이에 대한 자세한 것은 이후의 논의와 특히 각주 23을 참조할 것.)

이라는 이유로 사회 모든 영역에서의 활동에 제약을 당해야 했지만, 그것은 당연한 일이었다. 그러나 형식적으로 평등이 보장되는 오늘날에도 아직도 여전히 억압적인 차별과 배제가 - 물론 자주 정교하게 재포장된 상태로 - 엄존한다. 단순 차별의 일관적, 원천적 적용이 어려워지면서 차별과 부정적 배제는 게릴라적이 되어 가는 경향도 관찰된다. 예를 들어 열려있는 문이라 생각하고 들어가면 어디선가 갑자기 문이 닫히는 것이다. 교육의 장에서는 양성이 상대적으로 평등해진지 오래지만, 고용 및 노동시장에 들어가게 되면 다시 문이 닫히고 마는 것은 대표적 사례라 할 것이다. 설사 여성들을 차별없이 고용하는 제도가 공식적으로 관철된다 하더라도 여성을 항상(잠재적으로) 덜 유용하고 그런 의미에서 부수적인 임금노동자로 보는 시선이 온존한다는 것은 경제위기가 불거질 때마다 여성 고용불안이 가장 먼저 첨예화된다는 사실에서도 확인된다. 물론 이러한 상황은 오늘날 교육받은 젊은 여성들의 변화된 요구수준, 이전보다 훨씬 강력해진 직업동기와 직업관심 등과는 심각한 괴리를 일으키며 사회 이곳저곳에서 충돌하고 있고, 새로운 갈등의 원인을 제공하고 있다.

나아가 '단지 그대가 여성이라는 이유만으로' 어떠하고, 어떠해야 하고, 어떠하면 안되는 단순한 사회적 담론의 위력은 그 자체로 아직도 무시할 수 없을 만큼 강하다. 미셀 푸꼬에 의하면 어떤 사회에서건 담론은 그 사회가 억압하고자 하는 어떤 것을 조직적이고도 체계적으로 배제하는 역할을 수행한다. 이 때 사회적 담론은 금지, 분할과 배척 그리고 진리에의 요구라는 세 가지 대표적인 배제 형태를 통해 그 생산을 통제하고, 생산된 담론들을 선별하고 조직화하며 재분배하는데, 이러한 과정을 통해서 형성된 담론은 그 자체로 적극적으로 개인을 구성하고 대상들을 생산하며 주체에 대한 지식을 산출하는 힘/권력이 된다.4) 이런 의미에서 푸꼬가 말하는 권력은 어떤 개인이나 집단이 소유하고 있으면서 휘두르는 것이 아니라 사회 구조 안에 내재하면서 스스로를 계속적으로 생성하며 우리의 삶을 적극적으로 재구성하는 생산적 그물망인 것이다. 우리 모두는 그 누구도 이 그물망으로부터 자유롭지 않다.

여/성을 둘러싼 담론 또한 그것이 권력을 지녔다고 생각되는 이들과 남/성들에 의해서만 재생산되는 것은 아니다. 수많은 여성들이, 지극히 범상한 우리의 생활 속에서, 자발적 또는 무의식적으로 특정한 여성 범주의 재생산에 기여하고 있는 것이다.5) 딸도 아들과 똑같이 가르쳐야 한다고 말하고, 여성도 자기 일을 가져야 한다고 생각하며, 똑똑하고 영리한 딸을 자랑스러워하면서도, 딸의 키가 지나치게 커질까봐, 그래서 연애나 결혼하는데 지장이 있을까 조바심내는 '평범한' 젊은 엄마의 마음속에서 우리는 참으로 길고 질긴 담론의 뿌리를 본다.

전통적 차별과 배제는 여전히 힘이 세다. 물론 보다 더 거창한 차원에서 이루어지는 여러 가지 제도적 차별과 배제에 대해 우리가 할 이야기도, 해야 할 이야기도 훨씬 더 많다는 것은 분명하다. 그러나 성불평등에 관한 수많은 논문들이 이에 대한 내용을 다루고 있음으로 여기에서 다시 그 이야기들을 반복할 필요는 없을 듯 하다. 본 논문에서는 단

---

4) 미셸 푸꼬, 「담론의 질서」(서울 : 서강대학교 출판부, 1998), 10쪽.
5) 그러므로 필자는 미셸 푸꼬의 이론을 해설하면서 "어느 특정 사회 그룹이 언제나 힘과 지식을 행사하는 입장이고, 그렇지 못한 그룹을 통제하고 있다는 사실"(조홉, "미셸 푸꼬", 「The Book」(서울 : 교보문고, 2002년 2월호, 54~55쪽)이 문제라고 지적하는 조홉의 견해에 동의하지 않으며, 그의 이러한 주장은 푸꼬의 견해와도 다른 것으로 생각한다.

지 전통적 차별과 배제의 논리가 진정으로 강한 이유가 '나와 우리'가 끊임없이 삶 안에서 그 논리를 재현하고, 그 담론들을 무한히 증식시키고 있기 때문이라는 측면만을 강조하고 넘어가고자 한다. 푸꼬의 말을 빌면, "새로운 것은 … 그의 재귀라는 사건 안에(im Ereignis seiner Wiederkehr) 존재"[6]하기 때문이다. 그리고 이것이야말로 바로 설사 조직의 공식적 담론 차원에서 그리고 제도적 차원에서 눈에 보이는 불평등이 해소된다 해도 문제가 해결된 것이 아닌 까닭이다.

III. 차별과 배제의 새로운 면모들

아직도 성을 매개로 한 단순 차별과 부정적 배제 담론이 그 위력을 떨치고 있는 가운데 우리는 사회구조적 조건의 변화와 맞물리면서 나타나고 있는 일단의 변화 조짐을 감지할 수 있다. 이 새로운 차별과 배제는 미묘하고 복합적이며, 때로 구조적 약자 보호라는 미명으로 등장하기도 하기 때문에 그 전선(戰線)이 상당히 불분명하고, 대응하기가 어려운 측면이 있다. 이 장에서는 차별과 배제의 새로운 양상에 대하여 다면/다층/복합화, 개인화 내지는 개별화, '배제적 또는 부정적 승인'(exclusive/negative acceptance) 등의 이론적 개념들을 통해 일단의 이해와 설명을 시도하고, 그 사회적 결과 또한 숙고해 보고자 한다.

차별과 배제의 다면, 다층, 복합화

전통적으로 계급/계층뿐 아니라 성별, 민족/인종, 직업, 지역, 연령,

---

6) 푸꼬, 윗글, 20쪽 / Michel Foucault, *Die Ordnung des Discourses*(Frankfurt a.M.: Fischer, 1997) S.20.

종교 등에 따른 범주적 구분들이 '정당한' 사회적 포함/배제담론의 기준으로 작동해 온 경향이 있다. 그런데 이는 기본적으로 동질적 집단으로 분화되어 있거나 층화적으로 분화된 사회에서 이들 범주에 포함되는 것으로 간주되는 인간들을 집단적으로, 동시에 전인격적으로 호명할 수 있기 때문이기도 하였다. 이런 사회에서 개인들은 사회의 분화원칙을 구성하는 하나의 부분체계나 또는 하나의 집단에의 소속을 통해 사회적으로 '전체적'으로 포함/배제되고, 이는 동시에 개인의 사회로의 통합(Integration)을 의미하는 것이었다.

그러나 근대사회에서의 포함/배제 담론은 전통사회의 그것과는 기본적으로 구분되는 측면이 있다. 체계들이 집단과 상응하게(analog) 구성되는 것이 아니라 특정한 사회적 기능의 배타적(exclusive) 수행을 목적으로 구성되기 때문에 개인들은 동시에 여러 부분 체계들에 소속되어야 할 것을 요구받는다. 따라서 무엇보다도 먼저 기능적 부분체계들로 분화된 근대사회에서 개인들은 각 기능적 부분체계들로부터 동시다발적으로 포함/배제되어 있고, 부분적인 다중포함과 다중배제의 상황이 일상적이고 정상적인 것이 되어가고 있다.[7]

이런 구조적 상황에서 개인의 기능적 체계로의 포함은 개인의 사회로의 전인격적인 통합과 더 이상 동일시될 수 없다. 기능적으로 분화된 사회에서 사회구조와 개인성/개별성은 서로 엇갈려 놓여져 있다고 말할 수 있는 것이다. 이는 이제 오늘의 사회에서 개인들이 포함/배제되는 방식이 단선단층적일 수 없으며 다면, 다층, 복합화의 성격을 띄게 되리라는 것을 암시한다. 그러므로 하나의 거대범주가 그 구성원들을

---

7) Armin Nassehi, *Differenzierungsfolgen* (Opladen : Westdeutscher Verlag, 1999).

전체적으로 호명하는 것도 구조적으로는 더 이상 가능한 일이 아니다. 이 결과로 또한 우리는 지금까지 동질적인 것으로 간주되어 온 거대집단범주들의 균열 가능성의 구조적 증가에 대해 이야기해야 한다.

차별과 배제의 개인화/개별화(Individualization)

동시에 이러한 상태에서 사회적 차별과 배제가 개인화 내지는 개별화하고 있는 측면을 관찰할 수 있다. 즉 체계이론적으로 볼 때 개인들의 삶의 개인화/개별화는 사회의 분화형태 변화의 결과물이다. 그리고 이런 사회적 상황에서 개인들은 더 이상 전통, 종교, 특정한 집단의 원칙 등의 외부준거에 기대어 삶을 안정적으로 구성할 수 없게 되고, 이제 자신의 삶을 스스로 관찰하고, 진술해야 한다. 개인을 포함시키는 여하한 집단적 범주들도 더 이상 그들을 전인격적으로 호명하지 못할 뿐 아니라, 전통사회에서와 같이 모든 사람들을 다 아우러낼 수 있는 담론이 더 이상 존재하지 않는다는 것은, 개인들이 사회로부터 이전보다 훨씬 덜 규정되어 있다는 것을 의미하기 때문이다. 그리고 이러한 상황의 전개야말로 근대에서 개인적 삶의 양식(Individuelle Lebensstile)의 선택이 가능해지고 중요해진 이유이기도 하다. 물론 이는 사회적으로 개인주의화, 공동체 정신의 소멸 등으로 표상되는 문제상황의 원인으로 지적되기도 한다. 그러나 이 글에서는 단지 개인을 집합적으로 포함하고 통합해내는 기제가 사라진 근대적 상황과 그 안에서 – 때로는 새로운 가능성으로 때로는 잠재적 위험성으로 소통되는 – 개인의 다중포함/배제가 일상적이고 정상적으로 여겨지게 되고, 이에 따라 포함/배제의 논리가 개별화되고 복합화하고 있는 측면만을 지적하고 강조하고자 한다.

성 불평등 담론에의 역설적 결과

위에 간략하게 언급된 근대적 상황이 성 불평등 논의와 관련해 지니는 함의를 크게 세 가지로 지적할 수 있을 것 같다. 그런데 이 세 가지 함의는 상호 역설적 성격을 보여준다.

한편으로 기존의 전체적 포함/배제의 논리 붕괴는 여성들의 자기인식이 강화되는 결과를 초래한다. 지금까지 단일하게 호명되어 오던 여성들은 이제 그 절대성에서 어느 정도 벗어날 수 있게 된 구조적 조건 앞에서 그 정당성을 재차 질문할 수 있기에 이른 것이다. 그들은 이제 자신들이 그 동안 여성이라는 이유로 감수해야 했던 사회적으로 불평등한 위치와 대우에 대해 그 정당성을 더 이상 인정할 수 없게 되었다. 여성운동은 여성들이 여성이라는 범주 자체가 차별과 부정적 배제의 원천임을 인식하는 것으로부터 시작되었다고 말할 수 있을 것이고, 이러한 인식은 그 절대성의 소멸과 함께 시작된 것이다. 그런데 여기에 우리가 눈감을 수 없는 논리적 모순이 도사리고 있다. 여성이 대항의 주체로, 운동의 주체로 거듭나기 위해서는 필연적으로 여성이 여성으로 얼마나 성공적으로 다시 호명될 수 있느냐 하는 것이 또 다른 차원에서 중요한 과제로 떠오르게 된다는 것이다. 이 문제를 둘러싼 페미니즘 이론들의 다양한 변주(變奏)에 대해 우리는 잘 알고 있다.[8]

다른 한편으로 전통적인 전인격적 포함범주로서의 여성 범주 또한

---

[8] 천 선영, "우리 사회 페미니즘 담론과 현실 – 박근혜 대통령 후보론과 여성총리 논쟁을 중심으로", 「이론과 사회」, 2003, 제3호(출판예정) 참조.

구조적인 균열 가능성의 증가로부터 예외일 수는 없다. 무엇을 포함/배제시키는 담론은 필연적으로 포함범주를 '동일시화'해내는 전략과 관련되어 있다.9) 예를 들어 여성을 여성으로 집단적으로 호명하기 위해서는 여성 안에 존재하는 수많은 계급/계층적, 인종/민족적, 결혼/출산 여부 등의 내부적 차이들이 효과적으로 가려질 수 있어야만 한다. 그러나 앞서 언급하였듯이 이제 어떤 집단적 범주들도 — 적어도 논리적으로는 — 그 소속된 개인들을 집단적으로, 단일하게, 전인격적으로 호명할 수 없다. 다중포함과 다중배제가 동시적으로 존재하는 상황은 기존의 굵은 구분선들의 정당성이 급속하게 의심받게 될 것임을 의미하며, 또한 동시에 그 안에 감추어져 있던 점선들이 새롭게 부각될 가능성이 구조적으로 증가할 것임을 암시한다. 그 동안 굵은 구분선들 안에 감추어져 있던 점선들이 제 목소리를 낼 가능성이 늘어나고 있는 것이다.10)

---

9) 배제는 원칙적으로 '동일시'가 관철될 수 있는 모든 '사회적 순간과 수준'들에 작동한다: 예를 들어 여성 범주 내에서는 출산 유무(아이를 낳은 여자/안낳은 여자/못낳는 여자)는 상대적으로 강력한 동일시 관철 기제가 되고 있음을 쉽게 관찰할 수 있다. 그러나 물론 여성이라는 상위범주가 문제시되는 경우 하위수준의 동일화기제는 다시 사라져야만 한다. 때문에 이 동일시 전략문제를 둘러싼 중요한 사회학적 관심들은 특정 구분의 생산자/논리, 구분 정당화의 근거, 구분의 기제들 그리고 구분의 결과 등을 이해하고 설명하는 것과 관련되어 있다.
10) 세대담론이 폭주하고 있다. 그런데 이는 어떤 면에서 보면 기존의 전통적 포함/배제 전략들의 전반적 실패를 상징하는 것일 수도 있다. 사람들의 다양한 사회적 이해관계와 정체성들을 중재하고 재현할 수 있는 통합적 담론장치 또는 범주(홀 2000)들은 거의 남아있지 않다. 그렇다면 이러한 전인격적 호명을 가능케 했던 기존 거대범주들의 — 예를 들어 계층 내지 계급 — 퇴장이 초래한 사회적 포함/배제 담론의 공백을 메울 수 있는 '위험하지 않은' 대안으로 세대가 선택되었을 가능성에 대해 생각해 볼 수 있지 않을까 한다. (참고로 한국사회학회는 2002년 추계 특별 심포지움의 주제로 세대문제를 선택한 바 있고, 노동/정치/계급 등의 문제에 관심을 보여온 사회학자 송 호근은 그의 최근 저서 『한국, 무슨 일이 일어나고 있나 — 세대, 그 갈등과 조화의 미학』(서울 : 삼성경제연구소, 2003)에서 세대를 한국사회변동의 가장 중요한 추동력으로 상정하고 전체적 논의를 끌어가고 있다.)

이런 사회구조적 상황은 여/성 범주를 비껴가지 않는다. (예를 들어 여성/비/정규직 노동자에 대한 최근의 논의는 한편으로 지금까지 하나의 균일한 범주로 여겨져 온 '노동자'의 이중균열을 암시한다.)

그런데 우리는 균열의 조짐이 일차적으로 여성들 내부로부터 분출되고 있음에 충분히 주목해야 한다. 이는 기본적으로 스스로를 구성적이고 성찰적으로 정의하는 페미니즘이 사회의 이런 변화에 민감하지 않을 수 없기 때문이기도 할 것이다. 한국 사회의 경우 2002년 박 근혜 대통령 후보 논쟁과 장상 총리 임명을 둘러싼 여성계의 갈등 양상을 통해 정치적 지향의 차이로 인한 여/성의 분할가능성이 암시된 바 있다. 여성이라는 범주는 그 '정치적 필요성'에 대한 절박한 인식에도 불구하고 여성들 내부에서조차 끊임없이 그 균열조짐을 드러내고 있다. 여성을 여성으로 호명하는 것이 타당하고 가능한가 하는 것이 지속적으로 되물어지고 있는 것이다. 이런 구조적 상황은 물론 자칫 사회 안에서 구조적으로 일어나는 여성에 대한 차별과 부정적 배제의 움직임에 대한 일사불란한 대응을 어렵게 하고, 이 문제를 개인의 문제로 보여지게 할 위험성을 지니고 있다. 그러나 그럼에도 불구하고 여성을 여성이라는 이름으로 전인격적으로 호명하는 것은 점점 더 어려워져가고 있다는 것을 부정하기는 어렵다.[11]

또 다른 지점에서 우리는 여성이 더 이상 전체로 호명되지 못하는 상황이 성을 매개로 한 차별과 부정적 배제를 첨예한 문제상황으로 인식하게 하는데 중요한 전제조건의 하나임을 관찰할 수 있다. 어찌 보면

---

11) 나아가 이런 변화는 – 적어도 논리적 차원에서는 – 분열의 지름길이 아니라 사회적 변화의 '자연스러운 결과'로 이해되어야 한다.

대단히 사소해 보이는 남녀공학 학교 출석부 순서에 대한 논란이 한 신문(중앙 2001.06.21.)에 보도된 바 있다. 남녀 합반인 경우에 관례적으로 여학생들을 나중에 호명해 왔는데, 이것이 성불평등이다라고 한 여학생이 여성부에 신고하였으며, 남녀차별개선위원회에서 이를 차별이 인정된다고 결정했다는 내용이었다.12) 그런데 본 논의와 관련해서는 이것이 성차별이냐 아니냐 하는 사실이 중요하다기보다는 차별에 대한 인식이 사회구성적이며, 따라서 사회구조적 변화에 영향을 받는다는 것, 그리고 오늘의 사회에서 특정한 범주를 일괄적으로 배제하는 것에 대한 민감성이 날로 증가하고 있다는 사실을 이 기사의 예에서 확인할 수 있다는 점이 중요하다. 그리고 이 민감성의 증가는 성을 매개로 한 차별과 부정적 배제의 통합적 정당성이 소멸해가고 있는 상황, 즉 여성을 전적으로 여성으로만 호명하는 것의 불가능성과 관련이 있는 것으로 보인다.13) 즉 성을 매개로 한 어떠한 일괄적 차별과 배제도 이제 당연하게 받아들여질 수 없으며, 해결되어야 할 사회문제로 떠오르게 된 것이다.

지금까지의 논의의 결과로 우리는 성을 둘러싼 차별과 부정적 배제에 있어서 동일성과 차이를 둘러싼 사회적 담론이 마치 칡과 등나무가

---

12) 남녀차별개선위원회는 "'남학생과 여학생을 특별히 구분해야 하는 합리적인 이유가 없는데도 이처럼 구분한 것은 '여성은 항상 남성 다음'이라는 차별 감정을 불러 일으켜 여학생에게 정신적 피해를 줄 수 있다"고 지적했다고 한다.
13) 이런 점에서 슈테판 히르샤우어는 오늘날 성의 문제가 점점 더 사회적 관심의 대상이 되고, 문제적 상황이 되어 가는 까닭을 그것이 더 이상 생활세계의 어떤 영역에서도 전적으로 책임지워지지 않고 있는 상황과 관련시키고 있다. (Stefan Hirschauer, "Wie sind Frauen, Wie sind Maenner? Zweigeschlechtlichkeit als Wissensystem", Was sind Frauen? Was sind Maenner? Gender Studies (Frankfurt a.M. : Suhrkamp, 1996) 254쪽)

얽어져 있는 것처럼 미묘하고 복잡다단한 상황에 놓여져 있다는 것을 확인할 수 있다.14)

근대적 차별과 부정적 배제의 조직적 배치/순화/전치의 필요성

앞의 논의를 재구성 보자면, 현재적 상황에서는 세 가지 서로 다른 입장 내지는 조건들이 공존한다. 첫째, 여성이 여성으로 호명되어야 할 내부적 정치적 필요성이 있다. 페미니즘은 모든 여성들을 그 계층/계급, 민족/인종, 결혼/출산 여부와 정치적 지향성 등의 차이에도 불구하고 단일하게 '호명'하는 것이 과연 가능한가 하는 이론적이면서 동시에 실천적 문제 앞에 계속해서 직면하고 있으며, 그 존립을 위해 여성들의 구체적 삶의 다양성에도 불구하고 일관적이고 보편적인 여성의 정체성을 가정하는 것이 가능하고 필요하다는 주장이 힘을 얻고 있다.15) 둘째, 더 이상 자동적으로 지배되지 않음으로써, 문제로 떠오른 여성을 특정한 방법과 기제를 통해 '새롭게' 여성으로 호명하고 위치지움으로써 전체적인 체계안정성을 꾀하려는 외부적 차원에서의 정치적 필요성이 존재한다. 그리고 마지막으로 - 지금까지 살펴본 바와 같이 - 여성이 여성으로'만' 호명될 수 없는 구조적 상황이 있다.

우리는 이 구조적 긴장 안에서 근대적 조직의 역할을 살펴보아야 한다. 앞에서 우리는 전통적 사회에서 포함이란 동시에 전인격적 통합을

---

14) Ursula Pasero, "Geschlechterforschung revisited: konstruktivistische und systemtheoretische Perspektiven," in: Wobbe, Theresa & Gesa Lindemann. *Denkachsen. Zur theoretischen und institutionellen Rede vom Geschlecht* (Frankfurt a.M. : Suhrkamp, 1994). 273쪽 참조.
15) 한 예로 장윤 필화, "여성 체험의 공통성", 「여성/몸/성」(서울 : 또 하나의 문화, 1999).

의미하였지만, 근대사회는 전면적 통합이나 배제를 그 전제로 하지 않는다고 말했다. 그와 관련해 오늘날의 사회에서 배제와 차별의 메커니즘은 – 논리적으로 – 포섭의 논리 속에 일어난다고 주장할 수 있다. 적어도 '공식적 제도와 담론' 안에서 더 이상 원천적 배제란 – 그 구조적 논리 때문에 – 가능하지 않기 때문이며, 사회에서의 차별과 배제는 더 이상 이분법적일 수 없기 때문이다. 그런데 근대사회에서 포섭의 논리로 작동하는 기본적 기제가 조직이라 할 수 있다. 더구나 근대사회에서의 조직들은 더 이상 존재하지 않는 전사회적인 안정성을 (재)생산하는 역할까지 부여받고 있다. 조직은 다중포함/배제되어 있는, 끊임없이 유동적이고 불안정한 사회구성원들에게 일종의 전인격적인 자리를 부여함을 통해 사회적 안정을 도모하고, 갈등을 순치(domestication)시키는 측면이 있는 것이다.16)

성을 매개로 한 차별과 부정적 배제의 미묘, 정교화

지금까지의 논의를 통해 우리는 조직 내의 이런 저런 '할당제'의 등장을 이론적으로 이해할 수 있다. 여성계 안에서도, 밖에서도 – 정치적 가시화와 사회적 안정의 재생산과 갈등의 순치 등 – 서로 다른 이유에서 여성을 여성으로 호명할 필요성이 존재한다. 이데올로기는 호명을 통해 기능하며, 이를 통해 그 논리에 종속되는 주체들을 창조해낼 수 있기 때문이다.17) 조직으로의 여성 할당은 어찌 보면 이러한 내외부적인 정치적 필요성의 부산물이라 할 수 있다. 그런데 할당제는 이전의

---

16) Nassehi, 윗글 참조.
17) L. Althusser, 이 진수 옮김, 「레닌과 철학」(서울 : 백의, 1997).

원천 배제에 비하면 진일보한 것이라 이야기할 수 있는 측면이 분명 있겠지만, 그것이 사회구조적 조건 변화의 거의 필연적 결과, 그리고 조건반사적 대응이라는 점에서 그리 높게 평가할 수 있는 일은 아닌 것으로 보인다.

더구나 이런 사회적 담론이 여성을 또 다시 특정한 방법과 기제로 여성으로'만' 호명하는 부작용(Nebenfolge)을 낳는다는 점을 지적해야 한다.[18] 이는 마치 동일성/비동일성이라는, 즉 남성과 여성이라는 고전적 이분법적 방법론에 기초한 모든 여성주의 이론들은 그 내적 논리 때문에 성차를 확대재생산하는 순환적 경향을 보이게 되고 그 파생적 결과로 여성의 단일한 정체성에 대한 호소는 젠더 질서와 강압적인 이성애 체계를 재생산하는데 기여했다고 보여지는 것과 유사하다. 여성주의 이론에 있어 성의 인식 범주가 보다 근본적으로 도전 받게 된 것도 그 범주들 자체가 — 여성의 호명이 부정적으로 또는 긍정적으로 이루어지는가와 무관하게 — 결과적으로 이들이 벗어나려고 하는 '젠더 질서'에 빠져들고 있다는데 있었다.[19]

---

[18] 이러한 논리는 외국인 노동자를 둘러싼 담론에서도 동일하게 작동하고 있는 것으로 보인다 : 한겨레신문의 2000년 3월 15일자 조선족 노동자 관련 기사 제목은 '조선족-한국인 갈등 이해, 애정으로 메워야'였다. '조선족' '노동자'라는 서로 다른 정체성들 중에서 '조선족'이라고 하는 집단적, 전인격적 호명이 우선되어야 한다는 것이다. 그런데 노동 문제가 과연 동포애로 해결될 수 있을 것인가? 필자의 견해로는 이러한 논리는 오히려 조선족 노동자를 노동자로 보게 하는 것을 방해함으로써, 문제의 해결을 더 어렵게 하고 보다 많은 파생적 문제를 낳을 가능성도 높다고 생각한다. 동포니까 더 잘 해주어야 한다는 논리는 동포가 아니면 덜 잘해주어도 된다는 논리로 귀결되기 십상이다. 근대사회에서 노동자의 문제는 일차적으로 노동의 논리로 풀어야 한다.

[19] 천 선영, 윗글.

현재의 조직 할당제 논의 또한 구조적 약자 보호의 논리이지만, 동시에 불가피하게 여성을 여성으로 다시 호명하는 효과를 가지며, 젠더질서 강화에 기여하는 성격을 보여준다.20) 국립대 여성 교수 충원에 대한 논의를 하나의 사례로 들어보자.

> "교육인적자원부는 올해 증원할 예정인 국립대 교수 정원 1000명 가운데 200명을 여성교수 정원으로 책정, 대학별로 배정했다고 16일 밝혔다. / 교육부는 44개 국립대를 대상으로 여성교수가 20% 미만인 학과, 학부에 대한 여성교수 충원 계획을 제출 받아 27개교에 1~31명씩 배정했다. / 국립대 여성교수 채용을 위해 별도로 교수정원이 증원된 것은 처음이다. 이들 대학은 앞으로 3년간 배정된 정원의 여성교수를 채용한다."(대한매일 2003.06.17)

2001년 현재 여성박사의 비율은 22.9%에 달하지만, 국, 공립대 여성 교수 비율은 9.1%에 머물고 있음을 감안한다면 위에 인용한 조치가 정치적으로 상대적 진보성을 띄고 있음은 부인할 수 없다. 그러나 필자가 여기서 관심을 가지는 것은 이러한 담론이 불가피하게 재생산하는 논리적 보수성이다. 다시 강조하거니와 위의 논의는 어느 정도 정치적 진보성을 인정해준다 하더라도 더 이상 단일하게 호명될 수 없는 여성을 여성으로 '만' 재호명하고 있다는 점에서 논리적으로 보수적이다. 배부른 소리로 들릴 것 같다. 그 정도라도 배려해주는 것에 감지덕지해야 하는지도 모르겠다. 그러나 그것은 여전히 정치적인 차원의 담론이며, 이 글에서 지적하고자 하는 것은 담론의 논리적 결과라고 하는 사회이론적 차원의 것이므로 혼동되어서는 안된다고 생각한다. 사회이론적 시

---

20) 이에 관한 논의는 Pasero의 윗글에서도 찾아볼 수 있다. Pasero는 거의 모든 계몽적 근대론자들이 성차이의 양극화에 결론적으로 기여했다고 말한다(273쪽).

각에서 볼 때 우리는 오늘의 상황을 '정치적 진보성'과 '논리적 보수성'이 절묘하게 만나며 만들어내는 모순적 지형이라 부를 수 있을 터이다.

나아가 필자는 현재의 할당제 논의 등이 여성들에게 사회적 지분을 일정정도 양보할 수밖에 없도록 강요받고(?) 있는 '남성'들이 특정한 영역을 구획지워 여성들을 그 안에 고정화시킴으로써 다시 한 번 여성들을 '동질화'시키고, 여성과 남성의 구분을 공고화하는 전략을 구사하는 경향이 있다는 것을 관찰하는데, 이는 일정한 포섭을 담보로 수행되는 또 하나의 차별과 부정적 배제, 타자화의 논리로 이해될 수 있다고 생각된다. (여성교수 채용 계획의 예를 들어보면 여성의 대학조직으로의 포함은 그 자신의 학문적 능력보다 일차적으로 정치적 배려에 의해 이루어지는 것으로 간주되고, 1000명 중 800명의 자리는 남성에 의해서 배타적으로 채워지리라는 것은 거의 자명하지 않은가?)[21] 필자는 오늘의 이런 상황을 '배제적 또는 부정적 승인'(exclusive/negative acceptance)[22]

---

[21] 물론 필자가 이 모든 상황을 누군가가 의도적으로 조작하고 있다고 생각하는 것은 아니다. 그것은 오히려 근대사회의 구조적 논리가 특정한 방향으로 발현된 결과이다. 물론 그 특정한 방향으로의 전개를 도운 여러 가지 개입변수들에 대해서는 이야기할 수 있을 것이다.

[22] 이 황직 박사는 필자의 이러한 개념을 '포함적 성차별'이라는 개념으로 다시 읽어주었는데, 적절한 것이라 생각된다. 또한 그는 토론과정에서 여성계의 여성고용할당제 요구가 물론 '성차별지양운동'의 전략이지만, 그것이 정책으로 구현되는 과정에서 여성들이 스스로가 여성임을 입증해야 하고, 정치적 시혜의 대상이라는 수동성을 지니게 된다는 모순이 본 논문의 논의를 통해 드러나게 되는데, 이것이(정책 수혜자가 될 가능성이 높은) 여성에게서도, (사실은 할당의 결과로 또 하나의 다른 이득을 얻는) 남성에게서도 환영받지 못할 '위험한' 작업이라 지적해주었다. 이에 동의한다. 그리고 각주 4에서도 이미 이 부분에 대해 간략하게 언급한 바 있지만, 필자의 주장은 자칫 정치적으로 보수적인 것으로 여겨질 수도 있다고 생각되는데, 이미 밝혔듯이 이 글의 일차적인 목적은 성을 매개로 한 차별과 부정적 배제에 대한 사회이론적, 변동론적 함의를 추적하는 데 있을 뿐 아니라, 장기적이고 보다 거시적인 시각에서 보자면 이런 글

이라는 개념적 정의로 정리해볼 수 있지 않을까 생각한다. 이런 사회적 담론은 부수적으로 역차별 논란을 불필요하게 가중시키는 기능도 수행하는 것으로 보인다는 점도 지적하고 넘어가자.[23]

Ⅳ. 닫는 글

「나는 곰이라구요」[24]라는 동화책에서 겨울잠을 자고 일어난 주인공 '곰'은 동굴 밖으로 걸어나오다가 깜짝 놀란다. 겨울잠을 자는 사이에 인간들이 밀려와서 숲을 없애고 곰이 자고 있던 동굴 위에 거대한 공장을 세운 것이다. 공장 안을 서성거리던 곰을 발견한 현장감독은 대뜸 "왜 일을 않고 게으름을 피우느냐"고 고함을 친다. "하지만, 나는 곰인데요"라고 곰은 자신이 곰이라는 사실을 상대에게 납득시키려 하지만

의 논의가 보다 질 높은(?) 정치적 진보로 나아갈 수 있도록 하는데 힘을 실어 줄 수도 있으리라 생각한다. 여성정치세력민주연대 대표 조 현옥 박사는 토론에서 할당제는 궁극적 목표라기보다는 어떤 임계점에 도달하기 위한 정치전략적 차원에서 일어나는 일이라 말해주었는데, 이 말은 뒤집어 보면, 할당제라는 것이 근대사회에서의 주된 분화원칙을 보정하는 일종의 '보조성의 원리'에 따라 조심스럽게 움직여야 함을 말해준다. 근대사회에서 기능적으로 분화된 사회 체계들의 '체계특유의 파편적 원칙'은 그 자체로 오늘의 사회가 '보편성'을 담보하는 중요한 기제이기 때문이다. 그저 손쉽게 여성 몇 %, 특정 지역 몇 %, 특정 학교 몇 % 등을 손에 쥐어주는 것이 능사가 아니다. 예를 들어 특정지역/학교의 여성을 뽑음으로써 두 마리 토끼를 한꺼번에 잡는다는 식의 논리로 이야기가 전개되어가서는 곤란하지 않겠는가.
23) 최근의 여성교수 채용 움직임 소식을 전해들은 한 남자박사는 '요즘 같아서는 성전환이라도 해야할 것 같아요'라고 농담을 던졌다. 그러나 위에 언급하였듯이 '별도로 마련된 자리' 외의 거의 모든 자리들이 예외없이 남성의 몫이 될 것이라는 것에는 별다른 언급이 없다. 또한 이런 담론 안에서 기본적으로 학문의 장에서 가장 중요시되어야 할 것이 전공과 학문적 능력이라는 점도 간과되는 경향이 있다.
24) 프랭크 태실린, 「나는 곰이라구요」(서울 : 가람기획, 1995).

현장감독도, 인사과장도, 소장도, 부사장도, 사장도 그 말을 믿으려 들지 않는다. 나중에 곰은 결국 자기가 곰이라는 사실조차 잊어버린 채 인간들과 함께 공장에서 일을 하게 된다. 이 책은 겨울이 다시 찾아오고, 겨울잠을 자러 동굴로 들어가면서 비로소 곰이 자신이 곰이라는 사실을 스스로에게 확인 받는다는 내용으로 끝을 맺는다. 이 이야기는 '공식적'으로는 곰이 인간으로 취급받게 되는 과정을 통해 인간의 불신과 탐욕을 풍자하고 있는 우화라고 소개되고 있지만 필자는 정체성 주장과 관련해 훨씬 더 깊은 함의를 읽을 수 있는 책이라 생각한다.

필자는 이 동화책에서 '나는 곰'이라고 계속해서 주장하다, 아무도 그것을 인정해주지 않자 지쳐 가는 곰, 결국에는 자기가 곰이라는 사실조차 잊어버린 채 인간들과 함께 공장에서 일을 하게 되는 곰의 모습에서 사회적으로 아무도 인정해 주지 않는 상황에서 자기가 누구라는 사실을 주장해야 하는 것 자체가(때로) 얼마나 버거운 일인가를 아프게 읽는다. 어빙 고프만[25] 등의 연구와 엠마누엘 카레르의 소설 「콧수염」[26]에서 잘 나타나듯이 사회적 승인과 인정이 따라오지 않는 정체성 주장은 계란으로 바위치기와 거의 다를 바 없기 때문이다.

오늘 여/성의 상황은 좀 더 복잡한데, 이제 여성은 자신을 여성이라고 주장함을 넘어, 자신은 여성이기 '만'한 것이 아니라, 여성이기 '도' 하다는 것을 끊임없이 주장해야 하는 데서 오는 새로운 긴장 앞에 놓여 있다. 기능적으로 분화된 사회에서 부분포함/배제된 상태로 다양하게

---

[25] Erving Goffman의 *The Presentation of Self in Everyday Life* (N.Y. : Doubleday, 1959), 그리고 Stigma. *Notes on the Management of Spoiled Identity* (Englewood Cliffs, N.J. : Prentice-Hall, Inc., 1963) 등 참조.
[26] 엠마누엘 카레르, 「콧수염」(서울 : 열린책들, 2001).

호명되어야 하는 상황에서도 여성으로서의 전인격적 호명이 계속적으로, 항상 일차적으로 이루어지기 때문이다. 앞에서 살펴보았듯이 이런 상황은 진보의 이름으로도 지속적으로 일어난다. 끊임없이 여성은 여성으로 '만' 호명된다.[27] 좌우에 관계없이 동일한 것은 그 범주를 언급하지 않는 것을 용납하지 않는다는 점이다.

- 강금실 법무부 장관

"법대생 300명 가운데 여학생 3명으로, 판사 1~2천명 가운데 여자 판사 8명으로 살아왔으나, 여성의 관점보다는 인간의 관점을 지녀왔다. 판사를 할 때도 같은 동료라는 관점에서 출발하고 어울렸기 때문에 사법파동 건의서 작성에 함께 참여할 수 있었다. 언행과 행위의 출발점을 여성이 아니라 같은 인간이라고 생각해야 성문제도 풀린다. …"(한겨레 21 인터뷰 중에서, 2003.04.10. 26~28쪽) : 그럼에도 강 법무장관은 여전히 일차적으로 첫 '여성' 법무부 장관으로서 관심의 대상이 되고 있다. 강 장관이 국회 휴식시간에 화장을 고치는 모습이 신문에 대문짝 만하게 실리는, 아직도 그런 세상이다.

- 김경임 주 튀니지 대사

" '여성 직업 외교관 출신으로 첫 대사가 된 소감은…' … 김경임 (55) 주 튀니지 대사는 '그 타령은 이제 그만 하자'고 했다. 78년 외무고시 12회에 합격하면서 시작된 '감회'를 묻는 인터뷰 대신 실무와 관련된 질문이 주가 됐으면 한다고 말했다. … 김 대사는 내내 '일'을 얘기하자고 했다. …"(대한매일 2003.06.10) : 그의 바람에도 불구하고 거의 모든 신문들은 '외교관 출신 첫 여성대사 탄생'을 머리기사로 달고 있었고, 기사의 초점 또한 거기에서 한 치의 어긋남도 없었다(중앙

---

[27] 여성문제를 주전공으로 하지 않은 필자가 이런 글을 쓰고 있는 것을 보면 정말 성담론은 힘이 세다. 그러나 필자는 역으로 이 기회를 여성을 여성으로만 호명하는 현실에 대해 학문적으로 발언할 수 있는 좋은 장으로 삼고자 한다.

2003.06.14 외).

위의 예들에서 보여지듯이 사회는 여성을 여성으로만 호명하기를 그치지 않는다.[28] 근대사회의 기본적 논리와 엇가는 너무 많은/지나친 통합적 포함(Integrative Inclusion)의 문제[29]가 발생하고 있으며, 그것이 오늘 우리가 안고 있는 중요한 문제 중 하나인 것이다.

'여성이어서 안된다'는 단순 논리는 그나마 순진한 것이다. 지극히 온정적으로 이루어지는 '여성이어야 한다'는 논리 안에는 '정치적 진보성'과 '논리적 보수성'이 동시적으로 존재한다. 그것은 물론 재차 언급하거니와 여/성을 대상으로 해서 이루어져왔던 단순 차별을 인위적 개입을 통해 어느 정도 해소하려는 의도를 지니고 있다는 점에서 일정정도 진보적이라 인정할 수 있는 부분이 있다. 그러나 여성이면 안된다는 주장과 여성이어야 한다는 주장은 여성을 (특정한 방법과 시선으로) 여성으로 '만' 호명한다는 점에서 기본적으로 동일한 논리를 지니고, 이 점에서 여전히 보수적이며, 유사한 이데올로기적 성격을 지닌다. 정치적 진보성과 논리적 보수성이 절묘하게 만나며 만들어내는 오늘의 모순적 상황은 (후기)근대사회에서의 차별과 포함/배제의 다중다면복합화, 개별화, '부정적 승인' 과정 등과 맞물리면서 새로

---

28) 이런 상황은 장 태한이 에스닉에 관한 그의 글에서 "백인들은 한 개인으로서의 정체성을 유지할 수 있으나 유색 인종들에게는 그러한 선택의 권리가 없으며 대신 인종적 정체성만이 부여된다. 미국 사회에서 사람들이 만나면 가장 먼저 느끼는 것이 상대방의 인종 또는 민족 정체성이다. 그러나 백인들은 이러한 인종적 정체성의 테두리에서 벗어날 수 있다. 그들은 다수이며 모든 제도가 백인 중심으로 구성되어 있고 백인 정체성은 무의식적으로 인종화 되지 않기 때문에 백인이라는 정체성을 갖지 않으며 오히려 한 개인으로서의 정체성을 가질 수 있는 것이다. 그러나 소수민족의 경우는 한 개인이 될 기회가 주어지지 않으며 인종 또는 민족 정체성만이 가능하다. 개인이 될 수 있는 기회는 백인들에게만 주어지는 것이다"(장 태한 2003: 125)라고 말하는 것에 비견할 수 있을 것이다.
29) Nassehi, 윗글, 112쪽.

운 '성'지형을 그려내고 있다.

지금 우리가 경험하고 있는 이 긴장은 적어도 부분적으로는 정치적 필요에 의해 여성이 여성으로 불리기를 자임해야만 했던 단순 차별과 부정적 배제의 파생물이자 부작용이기도 하다. 그런데 부분통합과 부분배제가 일상적이고 정상적인 상황인 근대사회에서 '성'을 매개로 여성을 전인격적이고도 집단적으로 호명하는 것은 그것이 일시적으로 정치적 진보라 보일지라도, 넘어서야 하는 또 하나의 벽임이 분명하다. 여/성에 대한 비정상적인 관심 집중은 그 자체가 어느 것이든 궁극적으로는 '여성으로 구분되는 존재들'에게 불리하게 작용할 가능성이 높다: 오늘 우리에게 요청되는 것은 '거룩한 무관심'(holy indifference)인지도 모른다.30)

주제어: 성, 차별, (부정적) 배제, 담론, 차별과 배제의 새로운 면모

---

30) 개인적 경험이 있다. 독일에 있을 때 뭔가 끊임없이 내 자신을 불편하게 하는 것이 있었는데, 오랫동안 그 정체를 알 수가 없었다. 그런데 나중에 만나게 된 논문지도교수 앞에서는 너무 편안했다. 얼마간 시간이 지난 후 드디어 그 정체를 알아냈다. 무엇이 날 불편하게, 그리고 편안하게 했는지를… 지도교수는 필자를 박사과정 학생으로서만 호명하였으며, 한번도 여성으로도, 한국인 또는 동양인으로 호명하지 않았던 것이다. 나는 학교에서조차 끊임없이 이루어지는 여성이라는, 한국인이라는 전인격적인 호명에 진절머리가 나있었던 것이다.

참고문헌

미셸 푸꼬, 「담론의 질서」(서울 : 서강대학교 출판부, 1998)
송 호근, 「한국, 무슨 일이 일어나고 있나 - 세대, 그 갈등과 조화의 미학」(서울 : 삼성경제연구소, 2003)
엠마누엘 카레르, 「콧수염」(서울 : 열린책들, 2001)
장윤 필화, "여성 체험의 공통성", 「여성/몸/성」(서울 : 또 하나의 문화, 1999)
장 태한, "소수자로서의 재미한인", 「한국의 소수자, 실태와 전망」, 2003년 한국사회학회/한국문화인류학회 공동 심포지움 자료집. 119~133쪽(초고).
조흡, "미셸 푸꼬", 「The Book」(서울 : 교보문고, 2002년 2월호)
천 선영, "우리 사회 페미니즘 담론과 현실 - 박근혜 대통령 후보론과 여성총리 논쟁을 중심으로", 「이론과 사회」, 2003, 제3호(출판예정)
프랭크 태실린, 「나는 곰이라구요」(서울 : 가람기획, 1995)
홀(Stuart Hall). 2000. "문화적 정체성의 문제".『모더니티의 미래』, 현실문화연구.

Hirschauer, Stefan, "Wie sind Frauen, Wie sind Maenner? Zweigeschlechtlichkeit als Wissensystem", *Was sind Frauen? Was sind Maenner? Gender Studies* (Frankfurt a.M. : Suhrkamp, 1996)
Goffman, Erving, *The Presentation of Self in Everyday Life* (N.Y. : Doubleday, 1959)
Goffman, Erving, *Stigma. Notes on the Management of Spoiled Identity* (Englewood Cliffs, N.J. : Prentice-Hall, Inc., 1963)
Foucault, Michel , *Die Ordnung des Discourses* (Frankfurt a.M.: Fischer, 1997)
Luhmann, Niklas, "Inklusion und Exklusion", in: Helmut Berding(Hg.), *Nationales Bewusstsein und kollektive Identitaet. Studien zur Entstehung des kollektiven Bewusstseins der Neuzeit 2* (Frankfurt a.M. : Suhrkamp, 1994) S.15~45
Luhmann, Niklas, *Die Gesellschaft der Gesellschaft* (Frankfurt a.M. : Suhrkamp, 1997)
Nassehi, Armin, *Differenzierungsfolgen* (Opladen : Westdeutscher Verlag, 1999)
Pasero, Ursula, "Geschlechterforschung revisited: konstruktivistische und systemtheoretische

Perspektiven," in: Wobbe, Theresa & Gesa Lindemann. *Denkachsen. Zur theoretischen und institutionellen Rede vom Geschlecht* (Frankfurt a.M. : Suhrkamp, 1994)

여성흡연에 대한 성차별적 사회 담론

남 인숙
·
대구가톨릭대학교 여성학

I. 머리말

　17세기 초 우리나라에 유입되어 연령 신분 성별 등을 가리지 않고 빠른 속도로 일반 대중들의 기호품이 된 담배는 시간이 지나면서 독특한 흡연문화를 생성하여 신분과 연령과 성별에 따라 차별적인 규정을 만들어냈다. 담뱃대의 길이는 신분과 연령을 표현하는 하나의 수단이 되었으며 서민들은 양반과 고령자 앞에서 담배를 피울 수가 없었고 성별에 있어서는 여성이 남성 앞에서 흡연하는 것이 금지되었다. 당시의 이러한 풍습은 여성의 흡연자체를 부정적으로 생각하였다기보다 유교문화 속에서의 여성의 위치를 드러내는 것으로 보여진다고 하겠다.[1]
　그런데 지금도 담배를 단순한 기호품이 아닌 남성의 전유물로 여겨 남성에게는 '사색의 도구'로 여성에게는 '태아건강'을 강조하며 반대론

---

1) 고 한나, 『일제시대 여성 흡연에 대한 담론 분석 ―1920~30년대를 중심으로』 (서울대학교 대학원 2003년 2월), 19쪽.

을 펴지만 여성에 대한 흡연 반대론은 육아가 모두 끝난 여성들에게도 예외 없이 지속된다. 한편 젊은 여성에게는 금기시 되는 담배가 노인여성에게는 허용되므로 흡연하는 여성들은 몇 살이 되면 할머니대우를 받아 마음놓고 피울지 궁금해한다. 최근 20년간 15~19세의 여성흡연자 수가 약 6배로 급증[2] 하고 있으므로 청소년과 여성흡연이 사회적 교육적 문제로 등장했음을 알 수 있지만 여성흡연자의 증가에도 불구하고 흡연에 대한 성차별은 공공연하게 이루어져 2003년 여름, 한 방송의 대표적인 주부 시사교양 프로그램에서 피서지 풍속도를 그린 '꼴불견 BEST'에 3위로 담배 피는 여자를 꼽았다가[3] '해수욕장에서의 담배'는 남자든 여자든 모두의 잘못된 행위라는 시청자들의 항의를 받은 적이 있다.

1998년 당시 흡연으로 인해 사망하는 사람 수가 전 세계적으로 매년 약 350만 명에 이르는 것으로 추산되며 활발한 금연운동의 영향으로 미국과 서구에서는 흡연률이 줄어드는 추세이지만 아시아를 비롯한 개발도상국 여러 나라에서의 흡연율은 여전히 증가하고 있는 실정이다.[4] 흡연은 각종 질병의 원인적 요인으로서 인류의 건강을 위협하고 있다는 사실은 이미 잘 알려져 있다. 또한 흡연은 음주, 운동부족 등 다른 비건강 행태와 연관되어있어 이런 것들이 합쳐질 때 건강에 더 큰 위협

---

2) 지선하, 한국인의 흡연실태-총 흡연자수 1,250만 명, 담배 없는 세상, 1999 ; 6 (121) : 8~12쪽.

3) 2003년 7월 31일 문화방송 "아주 특별한 아침" 프로그램의 "해운대 꼴불견 BEST"에서 꼴불견 2위는 '잘 안 빠진 몸매'로 비키니 차림의 여성과 배가 나온 채 수영복을 입고 해변에 누워있는 남성의 배경화면이 나갔다고 한다. 이날 방송은 '담배 피는 여성'은 성차별이고 '잘 안 빠진 몸매'는 외모지상주의라고 시청자들로부터 항의를 받았다.

4) American lung association. American lung association fact sheet-international tobacco use. 1998 Sep. Available from : URL : http://www.lungusa.org

이 된다. 담배를 끊으면 모든 암의 3분의 1을 예방할 수 있고 폐암은 90% 예방이 가능하다고 한다.[5] 또한 담배를 20년 이상 피운 여성은 폐암 위험이 10배 이상 높다고[6]하며 부모가 담배를 피우는 가정의 아이들은 중요한 항산화 물질인 비타민C가 결핍될 위험이 있다는 연구결과도 있다.

그런데 아무리 담배가 건강을 해친다고 하더라도 개인이 담배를 피울지 여부를 결정하는 요소는 흡연에 대한 개인의 태도와 신념이라고 한다. 흡연자들의 경우 담배가 생각보다 몸에 해로운 것이 아니거나, 담배를 피우면 두뇌회전이 잘 되어서 문제를 해결하는데 도움이 된다던가 하는 흡연에 대한 개인의 태도 때문에 계속된다는 것이다.[7] 우리나라 여성흡연자[8]들은 다량 흡연자이거나 소량 흡연자이건 간에 스트레스를 받거나 불안하거나 짜증스러운 상황 등 신체적으로 높은 각성수준을 유지하고 있는 상황보다는 지루하거나 피곤하고 반복적인 단순한 작업을 수행하고 있어 매우 권태롭고 신체적으로 낮은 각성수준 상

---

5) 의료계에서 담배의 폐해와 관련하여 특히 관심을 모으는 것은 만성폐쇄성 질환(COPD)인데 이는 흡연으로 기관지가 좁아지고 호흡이 어려워지며 나중에는 가벼운 일상생활까지 어렵게 한다. COPD에 걸릴 위험율은 남성은 비흡연자보다 3.4배 여성은 5.5배나 높다고 하는데 이유는 모르지만 여성의 폐 면적이 남성보다 좁기 때문에 폐의 단위 면적 당 끼치는 담배의 악영향이 더 크기 때문으로 추측한다. 폐활량도 여성이 남성보다 15~20%적다고 한다.
6) 워싱턴 UPI=연합뉴스 skhan@yonhapnews.co.kr(2003년 12월 13일)에서는 미국 메이요 클리닉 연구팀이 의학전문지 '역학 저널' 최신호에 발표한 연구보고서에서 4만1천명의 폐경여성들을 대상으로 실시한 조사분석 결과 담배를 하루 한 갑 이상 20~39년 피운 여성들은 담배를 피우지 않은 여성에 비해 선폐암 위험이 10배 이상 높아진다는 사실이 밝혀졌다고 전했다.
7) Ajzen. I., & Fishbein, M.(1980). "The prediction of behavior form attitudinal and normative variables." *Jounal of Experimental Social Psycology*, 6, 466~487쪽.
8) 신 효정, 「여성흡연자의 흡연 욕구 및 성역할 태도」(이화여자대학교 대학원 석사학위 청구논문, 2001). 28쪽.

황에 놓여있을 때 흡연욕구를 보인 것으로 나타났다. 그러므로 흡연자들은 근무도중 담배를 피우게 되는데 2003년 7월 1일 시행된 개정 국민건강증진법은 일정 규모 이상의 건물 전체를 금연구역으로 지정하거나 금연구역과 흡연구역을 구분하도록 하고 있다. 이에 대형 건물주들은 환기 시설 및 흡연 편의 시설을 갖춘 독립된 흡연구역을 설치하는 대신 건물 전체를 금연구역화하는 '금연건물'을 택하는 경우가 대부분이며 기업들도 사원들의 건강 증진이란 차원에서 건물 전체를 금연 건물로 지정해 건물내 흡연 적발시 벌점 등 인사고과에까지 반영하는 조치를 취한다는 것이다.

흡연자들은 이에 대해 "흡연의 자유를 침해하는 것"이라며 "금연건물 지정은 담뱃값 인상보다 더 가혹하다"고 반발한다. 반면, 비흡연자들은 "국민건강을 위한 바람직한 조치"라며 금연건물 지정을 환영하는 분위기이다. 그런데 공공장소에서의 흡연이 자유롭지 못한 우리나라 여성흡연자들은 건물내 화장실에서조차 흡연이 금지되는 현 상황에서 건물 밖으로 나올 수밖에 없는데 아직 사회분위기가 공공장소에서의 여성흡연을 용납하는 수준에 이르지 못하므로 숨어서나마 피울 수 있었던 조선시대 보다 더 차별 받는 처지가 되었다. 따라서 한꺼번에 여러 개피를 집중해서 피운다든가 밀폐된 공간에서 급하게 피우므로 정신적 신체적인 스트레스는 더욱 가중된다.

그런데 늘어나는 여성흡연에 대해 여권의식을 갖게 된 여성들이 흡연을 마치 여성해방과 사회적 지위 향상의 상징인 것처럼 생각하는 경향 때문에 흡연율이 급격하게 증가된다고 지적[9]하여 여성해방운동을 매도하고있다. 그러나 이런 시각은 성차별의 내재화에서 나오는 것으로

---

9) 김 일순, 『여성 및 청소년흡연의 문제와 대책』, 보건사회부, 보건주보, 제853호 (1992).

여성흡연이 우리의 역사와 문화 속에 오랫동안 전통으로 존재해왔으며 여성해방 차원에서 새롭게 나타난 현상만은 아니다. 오히려 1980년대 민주화와 자유화의 유입으로 사회가 개방되었기 때문에 수면으로 들어난 현상이지 남성전유물인 담배에 여성이 갑자기 도전한 것은 아니다.

여성흡연이 남성이 얻는 질병이외에 여성 고유의 질환 위험율을 증가시킨다고 하며 임신부의 흡연행위는 심각한 태아문제를 일으킨다는 보고가 있지만 간접흡연의 피해 역시 만만치 않다고 하므로 흡연은 주위사람과 남녀 모두의 건강에 해로운 행위인 것이다. 그런데도 남성들은 태아에게 해롭기 때문에 여성의 흡연만을 반대하며 생명을 탄생시킬 "거룩한 여성의 몸"에 나쁜 영향을 미치기 때문에 반대한다는 아부성 발언에서부터 "여자는 애를 낳아야 되잖아요… 그리고 막 가래침을 뱉는거 그런거 더럽잖아요."를 서슴치 않는다. 자신은 흡연을 하면서도 남학생들은 흡연여성과 결혼 할 수 없을 것이라고도 한다. 본 논문에서는 담배는 남녀모두의 건강에 해로운 기호품이라는데 동의하며 우리나라에 도입된 담배의 역사와 문화, 전통사회에서 여성흡연과 관련된 기록 및 여성흡연에 대한 이미지를 살피고 현재 여성흡연의 실태, 여성흡연의 동기 그리고 여성흡연과 관련된 제반 요인들을 검토 분석한다. 또한 담배라는 재화가 언제 어떻게 남성의 전유물로 변하게 되었는지를 알아보고 여성흡연자들에 대한 부정적 이미지를 상쇄시켜 흡연에서의 사회적 차별이 부당함을 밝히고자 한다.

우리의 토속적인 표현인 '호랑이 담배 피우던 시절'이라는 말은 짐승조차도 마음대로 담배 피우던 시절 즉 남녀노소 신분에 따른 담배 예절이 갖추어지기 전의 그리움을 담고 있는 것이라고 한다. 사실 일정 행위나 인간의 가치실현에 있어 남성이 단지 남성의 성을 가지고 태어났다고 해서 여성보다 특권을 누려서는 안 된다. 그럼에도 불구하고 너무나 오랫동안 여성을 남성권력 중심의 사회구조와 환경 속에 억제로 제한시켜 살게 했기 때문에 현 상태의 남녀차별이 자연적이며 천부적인 것으로 의식화 되어버린 문제가 있음을 밝혀내는 남녀차별 철폐 작업에도 본 논문이 일조 하게 되리라고 믿는다.

Ⅱ. 담배의 역사와 문화

1. 세계 담배의 역사와 문화

서양인들에게 있어 최초의 담배는 500여 년 전인 1492년 스페인의 탐험가 콜럼버스가 신대륙을 발견하고 원주민들이 피우는 담배를 처음으로 본 이후부터 알려진 식물이다. 기록상으로는 콜럼버스가 미주대륙을 발견한 당시 원주민들이 그 일행을 신의 사자라 믿고 여러 진귀품을 선사했는데 그 중 잎담배가 포함되어 유럽에 전해 졌다고 한다. Goodman에 의하면 이렇게 발견된 담배는 전 유럽으로 50년 안에 급속도로 전파되어 1570년까지 포르투갈, 벨기에, 스페인, 이탈리아, 스위스, 영국과 같은 나라로, 16세기에는 필리핀, 인도, 자바, 일본, 서아프리카, 중국, 몽고, 티벳, 시베리아까지 전파되었다. 세계적으로 여러 경로를 밟고 번져나간 담배는 세계문화전파역사에 있어 그 어떠한 것 보다 빠르게 전파된 것이라고 한다.

담배를 언제부터 인류가 즐겼는지 정확한 역사적 기록은 없으나 서기 700년대 멕시코의 인디오족들은 유카탄 반도 서쪽에 장엄한 석조 신전을 만들었고 석벽에는 제사장이 흡연하고 있는 모습의 조각품을 새겨 놓았으므로 담배는 그 이전부터 종교의식과 밀접한 행사와 문화적 의식으로 승화 발전되었다고 보고 있다.

아시아에 담배가 처음 들어온 시기는 1575년경 스페인이 마닐라에 무역을 위해 멕시코로부터 담배종자를 사서 가져왔을 때이며 중국에는 1600년을 전후하여 일본에는 1605년 경 처음으로 문서에 남아있었다.[10]

원주민들에 의해 귀중하고 신성하며 또한 효험 있는 약초로 사용되었던 담배는 17세기까지 유럽인들에게는 흡연이라기보다 마시는 기호품이었으며 그 종류는 오늘날에 이르러 다양하게 발전하였다. 담배 제조[11]는 잎담배를 원료로 하여 사용 목적에 적합하게 가공 제조하는 것으로서 흡연용이 대부분이나 씹는담배, 냄새 맡는 담배 등도 있다. 흡연용은 형태에 따라 궐련, 엽궐련, 각연초 등으로 나누어지는데 지궐련이 유행한 것은 비교적 역사가 짧고 그 전까지는 엽궐련이나 각연초가 애용되었다. 근래에 와서는 종이에 말아 피우는 필터담배가 세계적으로 유행하고 있다. 시가는 흡연방법 중 가장 자연적인 흡연법으로 제일 먼저 유럽 세계에 소개된 방법이다. 시가는 콜럼버스가 발견한 신대륙 쿠바의 한 작은 섬의 원주민들로부터 목격을 했으며 실제로 미주 대륙 원주민들 중에서는 흔하게 사용하는 방법은 아니라고 한다. 따라서 16세기까지 유럽에선 스페인, 포르투갈에서만 사용해 왔으며 주로 시가를 사용하는 계층과 신분은 직위가 높은 귀족이나 부유한 계층들이었으며 시가 전파는 화란에서 독일, 스위스 그리고 스칸디나비아 제국으로 번져 나갔고 궐련이 나오기까지 가장 많이 애용되었다.

파이프 담배는 원주민들이 가장 많이 사용했을 것으로 여겨지며 뼈와, 돌, 나무 그리고 흙 등 여러 가지 재료를 써서 만들었고 아시아로 전래되어서는 다시 많은 변형을 하여 담배연기가 물을 통하여 나오게

---

10) Jordan Goodman, *Tobacco In History: The cultures of dependence* (London and New York: Routledge, 1993).
11) 사단법인 한국 담배 소비자 보호협회 (www.dambae.or.kr).

하므로 연기를 냉각시켜서 흡연하는 방법까지에 이르렀다.

유럽인들은 주로 진흙으로 만든 파이프를 쓰다가 19세기 중엽에는 쇠나 나무 뿌리로 만든 것을 사용하게 되었다고 한다. 영국인들은 궐련이 나오기 전까지는 주로 파이프로 흡연을 하였다. 흡연 방법 중에서 시가와 파이프 그리고 냄새 맡는 담배가 있는데 담배를 피우는 것이 불법화되어 있는 나라에서는 냄새맡는 코담배가 가장 인기가 높은 흡연방법이었고 18세기 유럽에서 코담배는 고위 성직자, 군주, 귀족과 귀족부인 등 상류계층의 상징품이었다.12) 이러한 냄새 맡는 담배는 미주 대륙 원주민 인디오족의 일부 종족이 사용했으나 포르투갈 주재 불란서 대사가 처음으로 불란서에서 소개하였기 때문에 불란서에서 냄새 맡는 담배가 가장 유행하였으나 불란서 혁명으로 인하여 완전히 자취를 감추었다고 한다.

씹는담배는 20세기초에 미국에서 대유행한 때가 있었다. 원래 아메리카 인디언인 원주민들 중 한 종족들 중에서 시작되었다고 하는데 일부 배를 타는 선원들 세계에서 많이 애용되었었다. 어떤 이유에서인지 확실치 않으나 지금은 거의 볼 수 없으며 특히 화재예방을 위하여 설치된 금연 지역에서 노동하는 노동자가 애용하는 경우가 간혹 있을 뿐이다. 씹는담배 감소 추세는 여러 가지 흡연 방법 중에서 건강에 가장 해를 많이 주기 때문인 것으로 믿어진다고 한다.

원래 담배 전래 및 도입과정이 가난하고 어려운 계층부터 시작한 것이 아니라 좀 여유가 있는 귀족층과 부유층으로부터 시작되었기 때문에 담배 값이 비싸 접하기가 어려운 가난한 사람들은 담배를 잘게 썰어

---

12) Wolfgang Schivelbush, *Tastes of Paradises, Social History of Spices, Stimulants, and Intoxicants*, English translation David Jacobson, 1992. 울프강 쉬블부시, 「기호품의 역사」, 이 병련·한 운석 옮김(서울: 한마당, 2000).

서 종이에 싸서 피우기 시작했는데 이는 스페인 사람들과 포르투갈 사람들로부터 연유되었다. 특히 이것은 가난한 사람들이 부유층이나 여유있는 사람들이 피우다 버린 시가를 주워서 얇게 썰어 종이에 말아 피운 것에서 시작되었다고 한다. 그런데 이것은 선원과 상인들을 통하여 지중해 전지역과 소련, 오스트리아, 헝가리 등으로 전파되어 곧 파이프 담배 다음으로 유행이 되었으며 다시 영국, 프랑스로 전해지고 1808년의 반도전쟁에서 돌아온 군인들에 의하여 1854년에 일어난 크리미아 전쟁 후 보편화되어 지금은 제일 많이 피우는 담배가 되었다.

처음에 궐련은 영국에서 이민자들이 손으로 만들었는데 1880년대 들어와 브라질이 처음으로 궐련 제작을 기계화하여 세계적으로 보급되게 되었다. 그러므로 담배보급의 기계화로 인하여 가격도 싸게 되었을 뿐 아니라 흡연하기에도 편이해져 흡연인구를 증가시키게 하였으며 흡연으로 인하여 건강에 대한 피해가 각종 질환으로 나타나기 시작하였다. 궐련에 필터를 붙이기는 1950년대 초에 미국에서 시작되었으며 필터를 통해 담배 속에 유해한 물질을 많이 여과 시켰다고 하나 근본적인 문제해결에는 효과가 없다고 본다. 1950년대에 생산된 담배의 50%가 필터 담배였고 1970년대에는 70%, 현재에는 100% 필터가 부착되어 생산되고있다.13)

2. 우리나라 담배의 역사와 문화

1) 담배의 역사

우리나라에 담배14)가 전래된 연대와 경로에 대해서는 고정된 설이

---

13) 사단법인 한국 담배 소비자 보호협회, 윗글.
14) 우리말의 '담배'어원은 포루투칼의 '타바코'에서 왔는데 담배가 일본을 통해

없다. 다만 국내 문헌에 단편적으로 나타난 기록들을 종합하여 본다면 1608년부터 1618년 사이에 일본에서 들어왔다고 하며 현재 품종은 95종으로 알려지고 있다. 어떤 문헌에서는 임진왜란을 전후하여 명나라 병사들에 의해 전래되었다고도 하며 쓰시마 사람들이 나가사키를 드나들면서 담배를 알아 조선에 전해주었다고도 한다. 1653년 제주에 표류하여 조정에 붙잡혀있던 하멜은 표류기에서 50~60년 전까지만 해도 조선에 없던 흡연 습관이 일본에서 왔다고 적고 있다. 또한 지봉유설에서는 광해군 6년 1614 년을 전후해서 왜국으로부터 들어 왔다고 전해지기도 하는데 1614년에 발간된 지봉유설과 1635년에 저술된 계곡만필을 종합하면 1615년 정도에 유입된 것으로 추측된다. 담배용도에 대해서는 조선 제14대 선조 때부터 인조 때까지 석학이었던 지봉 이수광이 발간한 지봉유설에서 "담배초의 다른 이름을 남령초라고도 하며 근세 왜국에서 왔다." "병든 사람이 대롱을 가지고 연기를 마시면 능히 담과 하습을 제거하며 또한 술을 깨게 된다. 그러나 독이 있으므로 경솔하게 사용하면 아니 된다."와 같이 기록하였다. 조선후기의 기년통고(紀年通考)와 대동기년 등 문헌에서는 광해군 10년(1618)에 전래되었다고도 하며 인조실록에 의하면 1620년이 지나면서 점차 흡연이 유행한 것으로 나타난다.

한편 정조 4년(1708) 박지원은 태학유관록(太學留館錄)에서 중국학자와 문물을 논하던 중 "담배는 만력 연간에 일본으로부터 들어왔지요. 지금 나라안에서 생산되는 담배는 중국과 거의 다름이 없습니다."고 한 것으로 미루어 담배가 일본으로부터 유입되었다고 볼 수 있다.[15]

들어와서 경상도 지방에 많이 퍼져있었기 때문에 이 지방에서 담배를 '담바구'라고 하였으며 '담바구 타령'까지 생겨났다.
15) 한편 일본에 있어서 저자미상의 '연초기'라는 문헌에는 연초의 게이초 연간에 처음 조선에서 흡연법을 배워 일본에 전파하였다고 지적한 것도 있으며 1877년

다만 원산지인 아메리카에서 유럽으로 전파된 담배가 서양인들의 내왕에 따라 바다를 건너 동방으로 전해진 것만은 확실하다. 담배가 우리나라에 유입되자 찬반여론이 대립하였으나 흡연 풍습은 곧 우리 민중의 대중적 기호품으로 삽시간에 퍼져나갔으며 남녀노소의 구분없이 큰 위안작용의 구실과 외로움과 근심을 달래는 친구의 역할을 했다.

16세기 초 유럽에서 만병통치 약재로 인식되었던 담배의 의학적 전통은 17세기 초 우리나라의 의약품이 발달하지 못할 때 유입되었던 관계로 초기에는 기호품이 아닌 의학적 요인에 의한 사용이 권장되었다. 그러나 유럽에서의 담배에 대한 의학적 논의가 체액이론을 중심으로 이해된 것에 비해[16] 한의학 전통에서는 음양의 조화를 건강한 상태로 여기므로 주로 기를 내리거나 올리는 효과를 중시하여 사용했다. 담배가 유익한 점은 더위를 당해서는 기를 내리므로 더위를 씻어주고,[17] 가래가 목에 걸려 떨어지지 않을 때와 비위가 거슬리고 소화가 되지 않을 때 유익하고,[18] 회충에 의한 복통, 충치예방과 치통에 담배연기를 입안에 물어 진통을 하는 등 구제에 효과가 있다고 믿었다. 더 나아가 곤충에 물렸을 때, 상처의 지혈, 화농 방지제로 사용했으며 담을 치료한다고 믿어 어린아이들이 치료제로 피웠으므로[19] 하멜의 '표류기'에는 어린아이들까지 곰방대를 물고 있었다는 기록이 있으며, '승정원일기'에

영국인 A.M사토가 쓴 "연초기"에서도 도요토미의 부하가 조선 침공 때 그 종자도 전래 운운하였다.

16) Goodman, 윗글.
17) 신 규환·서 홍관, "조선후기 흡연 인구의 확대 과정과 흡연문화의 형성", 『의사학 10권』 1호(2001).
18) 이 익, 『성호사설』(서울: 한길사, 1999).
19) 김 호, "18세기 후반 居京 士族의 衛生과 의료-欽英"(서울: 서울학연구소, 1988). 재인용. 영조 51년부터 정조11년까지 서울지역 사대부의 일기에 나타난 가족들의 병과 이에 대한 치료방법을 토대로한 것이다.

는 5인 가족의 한달 담뱃값이 '불하십문전(不下十文錢)'이라 하였고 흉년 때는 나라에서 받은 배급 쌀을 담배와 바꿔 먹기까지 했다고 한다.

2) 우리의 담배문화

전통적으로 "엽연초"는 귀한 물건으로 잘 보관하였다가 선물용으로 사용해왔으며, 담배는 기호품으로 사랑을 받아왔다. 유입되자 말자 빠른 속도로 번져나간 흡연 풍습은 나라 안에 여러 가지 문제를 야기시켰는데 좋은 땅에 담배를 과다하게 경작해 곡창지대가 위협받을 정도가 되었는가하면 담뱃불로 인한 화재 발생의 위험이 커졌으며 과도한 흡연으로 나태해지는 사람이 많아져서 종일 담뱃대를 입에 물고 노동에 관심을 보이지 않는 사람이 생겨났다고 한다.

담배가 조선사회에 널리 퍼지기 시작하던 17세기초에는 상하존비와 남녀노소가 가리지 않고 임금과 신하, 주인과 하인, 훈장과 서당아이들 등 남녀노소 신분의 귀천을 막론하고 서로 함께 피우는 경우가 많았다. 피우는 방법은 파이프를 사용하여 연기를 빨고 다시 내뱉었다고 한다. 이어서 담뱃대가 보급되었는데 담뱃대의 길이는 사회적 지위와 깊은 상관관계를 가지고 있어서 어느 나라 문화에도 없는 예절의 역할을 담당하기도 했다. 담배가 권련으로 발달하기 이전에 담뱃대의 길이에 따라 노소의 예를 가름하였던 것이다. 다시 말해서 담뱃대의 길이는 연장의 표시가 되었고 담뱃대는 타르 걸름장치의 역할로 니코틴의 해독을 약화시켜주는 구실을 하면서도 길이가 짧으면 연소하고 담뱃대가 길면 연로함을 의미하였다. 따라서 담뱃대의 길이를 보고 노소를 인식할 수 있었다. 또한 긴 담뱃대는 당시양반 권위의 상징이기도 했으며 중인과 상인에게는 짧은 것을 쓰게 했고 긴 것을 장죽, 짧은 것은 곰방대라고 불렀는데 곰방대는 차차 휴대 할 만큼 짧아졌다. 조선시대에는 담배의 고가와 피우는 모습으로 유교 질서의 권위를 나타내었고 장유유서 및 남녀차별로 인하여 어린이와 여성의 흡연은 공개적으로 금지되기 시작하였으며[20] 젊은이가 긴 장죽의 담뱃대를 이용하면 무례하고 불손한 사람으로 여겨졌다. 이러한 전통예절은 담배문화에 대한 관습을 낳아 현대 권련의 경우에도 젊은이가 어른 앞에서 담배를 물고 연기를 뿜어대는 일이 없다. 이는 서양에 없는 미풍양속이라고 말하는 사람도 있겠지만 서양 문명의 눈으로 보았을 때 한국의 흡연문화는 한국문화의 후진성을 대표하는 비생산적인 삶의 일부로 비쳤을 수 있다.

조선후기에 남아있는 담배에 대한 기록들은 주로 개항이후 외국선교사들의 눈에 비친 하느님의 축복이 결핍된 피선교지의 작은 나라, 가난과 질병, 문명과 문화가 낙후된 이상한 땅의 것이었다. 19세기말까지 서구의 흡연문화가 노동하는 가운데 잠시의 명상이나 휴식을 위한 것이었다면 우리나라의 흡연문화는 그들의 눈에 온종일 담뱃대를 물고 있는 게으르고 나태하며 무기력한 낭비의 한 형태로 비쳤을 것이다. 또한 계층간의 담배예절 역시 그들의 관점에서 보면 비합리적이면서 교정되어야할 부분이었을 수 있다.

3) 전통사회에서의 여성흡연

전래 초기에 어느 나라에나 그렇듯이 담배는 거의 밀수품이거나 엄청나게 고가였기 때문에 사대부들의 전유품이었을 것이다. 담배가 평민들에게까지 널리 파급된 것은 농민들이 직접 담배경작을 하게 되면서부터이며, 곧 담배는 만백성들의 기호품이 되어 온 가족이 함께 즐기는

---

20) 경상북도교육청웹메일(http://mail.gyo6.net).

것이었고 어린이까지 곰방대를 물고있었다고 하멜은 "표류기"에 적었다. 이렇게 남녀노소 온 백성이 즐기다보니 문제점이 생겨났는데 그 가운데 과다하게 담배를 피우는 어른들이 일할 생각을 하지 않고 "남녀노소 가릴 것 없이 한 시도 쉬지 않고 담배 구하기에 힘쓴다."21) 또는 "근래 습속이 남녀노소가 모두 즐겨하여 겨우 아이만 면하면 연죽을 물게 되어 팔진미(八珍味)를 폐할지언정 남초는 폐할 수 없다 하니 비록 금지하려하되 어쩔 수 없다."22)고 걱정하는 것으로 미루어 니코틴에 중독된 증상이 우리민족에게 집단적으로 나타나고 있음을 알 수 있다. 고하나23)는 위와 같은 자료들이 당시 전체 여성 흡연의 풍습과 이에 대한 대중적인 관점을 구체적으로 설명하기에는 부족하지만 "상하남녀노소", "부녀자에서 어린이까지", "아이만 면하면" 같은 서술로 미루어 흡연에 있어서 당시 흡연을 여성에게 어떤 금기조항이 필요한 특별한 영역으로 설정한 것으로 인식되지 않았던 것을 알 수 있다고 한다.

그러나 조선후기로 갈수록 양반사회에서 상하존비(上下尊卑) 남녀노소(男女老少)의 유교 논리가 사회 논리가 되고 또 철저한 신분사회였던 만큼 지배 계층인 양반 유학자들은 새로운 서양문물인 흡연행위에 대해서 일종의 규제와 예의규범을 만들기 시작했다. 형과 아버지는 물론 연장자 앞에서 흡연하는 것은 예의에 어긋나고 양반 앞에서 평민은 담배를 피워서 안되며 양반의 담뱃대는 길어도 괜찮으나 평민과 천민의 담뱃대 길이는 짧아야 한다는 것 등이다. 더 나아가 여자가 남자 앞에서 흡연하는 것이 무례가 된다고 하여 급기야 숨어서 피우게되는 시기가 오게되는데 어른이 여자에게 담배를 피우느냐고 물으면 설사 흡연을

---

21) 이 익, 『성호사설』(서울: 한길사, 1999).
22) 순조실록 동왕 8년(1808) 11월 19일, 고 한나, 『일제시대 여성흡연에 대한 담론분석』(서울: 서울대학교 석사학위논문, 2003년 2월), 78쪽에서 재인용.
23) 고 한나, 윗글.

한다해도 안 피운다고 대답하는 것이 좋다고 하기에 이르렀다.24) 당시 유교적인 행위규범이 여성의 흡연 행위에 영향을 미치기 시작한 근거의 하나로 보여지는 "담배를 피우는 것은 부덕을 크게 해치는 일이니, 정결한 버릇이 아니다. 그것은 담배 냄새에 훈습되면 흐르는 침을 제대로 가누지 못하기 때문이다. 또 담배가루가 음식에 한번 떨어지면 다 된 음식전체를 죄다 버려야 하는데 어찌 부인이 가까이 할 물건인가? 계집종이 담배 피우는 도구를 가지고 가마 뒤에 따르는 것을 볼 때마다 밉살스럽다.(吸煙大害婦德菲精潔之習也以基長襲 葷臭唾 律不收故也且烟屑 一涉飮食全 烹盡棄豈 婦人之所可近也常惡轎後婢子特煙具而隨之也)"25)라는 기록이 있으나 저자는 여성흡연에 대한 부적절성을 단순하게 언급하고 있을 뿐으로 당시의 구체적인 인식과 관념을 설명하는 것은 아니라고 해석된다.

그러나 이 글로 미루어보면 오히려 음식을 장만했던 젊은 여성들과 연비(煙婢)를 대동하고 나들이 나갔던 마님들의 흡연이 공공연하게 이루어졌음을 알아낼 수 있다. 담배를 피우면 부덕을 크게 해친다는 말은 유교문화권의 제례와 같은 특수 상황아래에서 음식을 담당하는 여성이 조리 과정 중에 흡연을 하면 부덕을 해치는 결과를 야기할 수 있다는 주의를 엿볼 수 있다. 즉 독한 담배 냄새로 인해 신성한 예식인 제사절차에서 조상신에게 어떤 나쁜 영향을 줄 수도 있고 잘못하여 음식에 담뱃재라도 떨어진다면 "다 된 밥에 담뱃재 뿌리는" 엄청난 결과를 초래할 수 있다고 우려한 것으로 보인다고 하겠다.26)

---

24) 사단법인 담배 소비자 보호협회, 윗글.
25) 이 덕무, 『사소절』, 청장관전집6, 민족문화추진회편(솔출판사, 1997).
26) 고 한나, 윗글.

4) 여성흡연에 대한 이미지

조선후기로 갈수록 여성행위규범은 성리학의 음양논리를 기초로 하여 여성의 바깥출입을 제한하였으므로 여성의 흡연 행위 규범 역시 그 영향을 받아 여성 흡연은 집안 내에서만 허용되도록 공간적인 제한을 받았다. 따라서 양반여성에 비해 행동이 자유로웠던 여성집단인 기생들의 흡연은 집밖에서도 허용되었을 뿐 아니라 남성들과 마주앉아서 맞담배를 피워도 상관이 없었다. 또한 상민과 천민사회 및 주막집 여자들의 여성흡연은 여전히 아무런 제재(制裁)를 받지 않을 만큼 자유로웠으나 여염집 여성들은 남의 눈에 띄지 않게 숨어서 몰래 피웠다. 즉 유교 문화 속의 양반규수들은 신분이 높은 남성 앞에서 기호품인 담배를 피워 대는 것은 예의에 어긋난다고 생각하게되었던 것이다.

기생들은 노래와 시에 있어서 교육받은 여성임에도 조선 후기로 오면서 기생에 대한 사회적 시각은 향락적 부정적이란 관념 때문에 기생들이 공개적으로 사용한 흡연의 이미지가 오늘날까지 여자들의 흡연행위를 제약하는 중요한 요인으로 작용하는 것 같다. 그러므로 후기 조선 사회로 오면서 여성이 담배를 피우는 것이 곧 신분사회 하에서 상민이나 천민이었음을 드러내는 상징처럼 보이게 되었기 때문에 여성흡연을 금기시하는 관념이 근대화 과정에서 자연스럽게 생겨났다고 보겠다. 특히 개화기 이후 한국의 흡연 풍속도는 30세 이하 여성들의 흡연을 천시하며 어린 사람이 흡연할 경우 기생이나 천업자로 비유 당했다. 또한 천업자들의 흡연횟수와 일반 부녀자들의 흡연 횟수가 달랐으며 흡연여성에게 왜 담배를 피우느냐고 묻는 행위는 옳지 않은 일로 간주되었고 시부모가 살아있을 경우 보통 몰래 옆집에서 피우거나 시부모에게 보이지 않는 곳에서 어렵게 하루 1대 정도를 피우는 여성이 많았다[27]는 사실은 여성이 담배를 피우지 않았다는 것이 아니라 가족 속에서조차 허용되어질 수 없는 행위로 인식되어가고 있었다는 것이다.

개화기당시 한국에 살았던 외국인들은 주로 선교사들이어서 여성흡연에 대해 관심을 가지고 기록했고 그 가운데 한사람[28]은 조선여인들이 노예보다 나을게 없고 남자들은 노예를 얻기 위해 결혼을 하는데 여인들을 위로 할 수 있는 유일한 친구[29]는 담뱃대인 것 같다고 서술하여 여성들의 흡연풍경이 목격되었음을 알 수 있다. 한편 여성 연장자의 흡연은 그 당시에서부터 지금까지도 공개된 장소에서 허용되고있다. 한 외국인의 자료[30]는 대감에게 결혼 첫 날부터 자신의 외모로 인해 소박맞아 따로 살다가 환갑 날 찾아온 여성이 모든 사람들이 보는 가운데 당당히 담뱃대를 꺼내 물음으로 보상 받고자하는 장면을 그리고있다.

> 대감의 집 앞에서 부인이 왔노라고 알리게 하고 가마에서 내린 그녀는 너무나도 의연한 태도로 잔치 집에 모인 대감 쪽 일가 친척의 마님을 쓱 한번 훑어보고는 그 중 제일 상석에 앉아 모든 사람이 할 말을 잃고 쳐다보는 가운데 당당히 담뱃대를 꺼내 점잖게 불을 붙이는 것이었다.

이런 내용들을 접하면서 담배가 '술집여자'들의 전유물만은 아니었으나 굳이 남 앞에서 담배를 피워 출신성분을 격하시켜 보이고 싶지 않은 욕망이 여성스스로 담배를 멀리하거나 주위에서 삼가하도록 권유하는 큰 동기가 되었을 것이다. 여성흡연을 금기시하는 관념이 나타난 이

---

27) 경기도 과천군 연초조사복명서, 1909, 고 한나, 윗글에서 재인용.
28) 서울학 연구소에 소장된 독일인 헤세 바르텍의 1894년 서술.
29) 민중들이 담배를 외로움과 근심을 달래는 친구로 여기며 형상화한 문학작품들이 생겨나기 시작했다.
30) Varat. C.L & Chaille-L.C 2001, 고 한나, 윗글에서 재인용.

유는 남초가 약초에서 기호품으로 대중화되면서 의학적 인식이 흡연인 구의 확산과 함께 사라지고 기호품의 성격이 강하게 나타났기 때문이다. 그 당시 남존여비사상으로 인해 남성에 비해 권위가 없었던 여성이 담배라는 기호품인 재화에 접근하는 것을 차단하기 위해서 여성흡연을 금기시하는 풍습이 생겨난 것이며, 현재까지 여성들의 공개적인 흡연이 금기시 되는 것도 알고 보면 여성흡연자에 대한 사회 문화적 인식이 술집여자, 기생이나 첩, 상민이나 천민이 담배를 더 즐겨 피운 풍습 때문에 여성스스로 공개적인 흡연을 자제했기 때문으로 본다.[31]

그런데 흡연여성의 이미지와 관련해서 중요한 사실은 우리민족의 최대수난기인 일제 강점기의 몇몇 사건들과 깊은 관계가 있다. 1907년 1월 대구에서 일어난 국채보상운동은 민중스스로 흡연을 금하고 모금한 금액으로 민족의 차관을 갚고자 하였다. "아아, 우리 이천만 동포는… 3개월간 기한 하여 담배 피우는 것을 폐지하고 그 대금으로 개인에게서 매달 이삼전 씩을 거둔다면 계산해서 거의 일천 삼백만원이 되겠습니다."와 같은 일제에 대한 민족적 저항과 단결의 표시로 담배라는 재화를 선택하였다. 또한 "… 지금 이후로 일반국민 중 비록 여항의 어리석은 지아비, 지어미라도 한 모금의 담배도 불가함을 결함이오 혹여 담배를 피우거나 담배를 사는 자가 있다면 이는 국가의 죄인이요 동포의 원수임을 면하지 못할지니…"[32]와 같은 절규로 국가 존망의 위기 앞에 금연운동이 언급되었다.

이렇듯 일제 식민 통치시기에 민족주의자들에 의해 선택되어진 담배는 민족의 해방과 발전을 위한 "민족 발흥의 어머니"에게 도덕적으로 올바르지 않기 때문에 소비 할 수 없는 재화로 규정되었다. 일제강

---

31) 아이러브 스모킹(www.ilovesmoking.co.kr)
32) 대한매일신보 1907년 3월 1일. 고 한나, 윗글에서 재인용.

점기 동안 일본은 궐련을 끊임없이 선전하면서 식민통치재원으로 담배를 사용하기 위해 한국인들의 오랜 담배 생산과 소비 방식의 기초였던 자가 경작제도를 폐지하면서 경작자에 대한 허가제를 실시하였다. 그러므로 전매제도를 비롯한 직·간접적으로 소비를 부추기는 일제의 행동에 대해서는 첫째, 민족의 어머니로서 지켜야 할 도덕성을 강조함으로 담배의 소비에 제한을 가하였다. 둘째, 서구의 근대과학 지식은 흡연이 아이에게 해롭다는 단순한 정보의 수준을 넘어 윤리와 규범으로 여성흡연을 부정시 했던 규제를 정당하게 해주는 기제로 작용하였다. 즉 아이의 건강을 위한 조건으로 니코틴의 독소가 아기에게 미칠 영향을 생각하면서 여성흡연자들을 비판하였음을 알 수 있는데 여성은 '도덕적'이어야하고 '육아를 위한 안전함'을 추구해야하였다. "부인의 담배질이 인류번영에 해독이며 유아 사망율이 많아진다."라는 언설 앞에 담배를 피우는 "신여성"이란 자신을 위한 삶을 추구하는 생활방식과 사고를 가졌다고 판단하였으며 서구를 모방하는 줏대 없는 여자일 수도 있었다. 따라서 한 사회가 요구하는 이상으로서의 여성성과 이에 반하는 여성성과의 만남이 특정재화를 소비하는 소비자의 행동에 문화적 규제를 가하게됨으로 이루어졌던 것이다.

흡연여성에 대한 이미지를 분석해 볼 때 조선시대 유교적 예법을 토대로 한 흡례가 생성되어 흡연시 남녀사이에 공간적 분리가 있었던 것은 사실이나 그 자체에서 여성흡연에 대한 부정적 관념을 찾아볼 수 없었다. 그러나 일제시대 공개적 여성흡연자들에 대한 인식이 기생의 소비품이라는 '천박함'과 연결되어 부녀자들 스스로 공개적인 흡연을 자제해왔음을 알 수 있었다. 이러한 사실은 여성흡연자들이 지속적으로 존재해왔으나 드러나지 않도록 하는 요인으로 작용하였다.[33]

---

33) 고 한나, 윗글. 85~86쪽.

Ⅲ. 여성과 흡연

1. 여성흡연의 실태

 우리나라는 여성의 흡연을 사회적으로 용납하지 않았기 때문에 상당기간 억제되어 왔으나, 1980년대 이후 여성에 대한 기존 가치관이 변화되고 경제적인 여유로 인해 젊은이들과 여성층의 흡연인구가 급속도로 증가하였다.34) 사회적인 금연 운동이 확산되고 있기는 하지만 흡연할 권리도 있는 만큼 여성 흡연만 금기시하는 사회 분위기는 문제라고 하는 지적이 나오고 있는 가운데 성차별이 남아있는 사회 정서상 주로 건물 안에서 담배를 피우던 여성들이 국민건강증진법 시행규칙 개정으로 2003년 7월 1일부터 공개적인 '거리흡연'을 하게되었다. 특히 개정 시행규칙에 따라 연면적 3천㎡ 이상 사무용 건물과 2천㎡ 이상 복합건축물 등이 금연구역으로 지정됨에 따라 실내 흡연을 금지하는 곳이 늘다보니 여성이 많이 찾는 백화점과 패션몰에서 이런 경향이 두드러진다. 여성들이 주 고객인 현대백화점 압구정 본점은 각층에 있던 흡연실을 없앤 대신 2003년 7월부터 '옥상 흡연실'에 칸막이를 쳐 남성용·여성용 흡연실을 각각 마련했다. 패션몰이 밀집한 동대문 상가도 동대문 상가 상인 중 여성 흡연자가 적지 않으므로 야외 몇몇 장소에서 담배를 피우는 모습이 자주 목격된다고 한다. 여성 흡연자를 위해 헬로apm 뒤편과 두타 앞 야외광장. 특히 헬로apm 뒤편은 20평 남짓한 공간에 의자가 10여 개 마련돼 있고 동대문운동장 앞 도로에서 보이지도 않아 여성 애연가들이 모인다고 한다. 이들은 번번이 밖으로 나와 흡연하는 번거

---

34) 박 명윤, 「청소년 흡연 실태와 대책」(한국 청소년 연구, 제14호, 1991).

로움을 피하려고 2, 3시간마다 한번씩 나와 몇 대를 몰아서 피운다고 말한다.35) 삼성동 현대백화점 무역센터점 코엑스 앞 광장에서도 여성 흡연자들이 담배를 피우는 모습이 자주 눈에 띄는데 금연구역 확대조치가 흡연 여성들을 '음지에서 양지로' 이끌어 내는데 기여했다고 한다.36) 한국 보건 사회연구원에 의하면 우리나라 성인 남성 흡연율은 줄어든 반면 청소년과 여성 흡연율은 급격히 증가추세를 보여왔다.37) 전체 흡연 인구 중에 여성은 7.9%이고 하루 반갑 이상 피우는 남성 다량 흡연자(83.7%)가 여성(57.9%)보다 많으며 연령에 따른 흡연양상도 20-30대에 가장 높고(69.5%) 연령이 증가 할 수록 감소하였다. 남성은 여성보다 지루한 상황에서 더욱 흡연을 원하고 여성은 스트레스 상황에서 흡연을 더 원하는 것으로 보고되었다.

여대생들의 흡연 비율은 조사마다 그 방법과 대상이 달라 흡연비율이 1.3%~32.5%까지 다양하게 나와있으며38) 1986년 소비자 연맹의 19.1%, 1987년 연구39)에서 흡연경험율 22.5%, 같은 해 또 다른 보고40)에서는 흡연경험율 28.6%로 차츰 증가하고 있는 실정이다. 여대생의 흡연실태 분석41)에서 1995년에는 흡연자가 19.8%, 흡연경험자가 20.6%,

---

35) 옥상에서 혹은 도로에서 세찬 바람을 맞으면서 흡연을 하게 하는 것이 옳을까? 날씨가 추워지면서 실내에도 흡연구역을 만들어야 한다는 주장이 나오고있다.
36) (서울=연합뉴스) 임 주영기자 = zoo@yna.co.kr, 2003년 7월 7일.
37) 지 선하, 윗글.
38) 서 일 외, 흡연과 건강, 의료보험연합회, (1988).
39) 이 수경,「일부 여대생의 흡연실태와 그에 따른 요인 분석」,(이화여자대학교 석사학위논문, 1987).
40) 송 미숙,「여대생에 있어서 흡연양상과 흡연이 영양섭취 및 식습관에 미치는 영향」, 연세대학교, 석사학위논문(1987).
41) 송 미령,「女大生의 家庭環境과 吸煙과의 關係研究」(인하대학교 교육대학원, 1995년 8월). 78쪽.

비흡연자는 59.6%였다. 최초흡연시기는 대학에 들어와서가 67.0%로 가장 많았고 흡연횟수는 하루 5회 이상이 38.7%로 가장 많았고, 흡연량은 하루 1~5개피가 가장 많았으며, 흡연 장소는 레스토랑이나 카페를 가장 많이 이용하였다. 금연 의사 여부를 조사한 결과는 끊을 수 있다는 경우가 49.1%로 가장 많았고, 끊을 생각이 없다는 경우도 14.2%나 되었으며, 금연을 하려는 이유는 74.5%가 건강상의 이유였다.

우리나라 여자 고등학생의 경우 흡연경험률은 1989년 12.9%[42], 1990년 29.4%[43], 1992년 33.5%[44]로 계속 증가추세이며, 1993년 보건사회부 보고에 의하면 담배를 피우는 학생은 25.1%로 나타났고, 그 중 여학생의 경우 중학교 때의 경험률은 5.4%, 고등학교학생의 경험률은 8.4%로 나타나 담배를 피우는 여학생이 점차 증가하고 있는 것으로 나타났다. 매일 흡연하는 여학생은 그 가운데 21.9%로 조사되었다.[45] 흡연율은 조사방법에 따라 차이가 나지만 1998년의 한 보고[46]에서는 여자고등학생의 흡연율은 5.0%였고 흡연 경험율은 7.8%였다. 실업계 여고 2학년을 대상으로 한 1990년의 보고[47]에서는 흡연경험 여학생이 29.4%였다. 1992년의 연구[48]에서 고등학교 2~3학년 여학생 중에서 습관성 흡연자

---

42) 심 은희, 「서울특별시 여고생의 흡연실태」(연세대학교 석사학위논문, 1989).
43) 이 혜경, 「도시청소년들의 흡연동태에 관한 비교 연구」(고려대학교 석사학위논문, 1990).
44) 이 계은, 「여고생의 흡연실태와 이에 영향을 미치는 요인」(이화여자대학교 석사학위논문, 1992).
45) 송 미령, 「女大生의 家庭環境과 吸煙과의 關係硏究」(인하대학교 교육대학원 1995년 8월), 17쪽.
46) 심 은희, 「서울특별시 여고생의 흡연실태」(연세대학교 석사학위논문, 1989).
47) 이 혜경, 「도시청소년들의 흡연동태에 관한 비교 연구」(고려대학교, 석사학위논문, 1990).
48) 이 계은, 「여고생의 흡연실태와 이에 영향을 미치는 요인」(이화여자대학교, 석사학위논문, 1992).

가 12.0%로 나타났다. 또한 1993년의 연구[49]에서는 여자고등학교 2학년 학생의 흡연율은 12.3% 흡연중단율은 18.9%로 나타났다. 이와 같이 흡연을 하는 청소년 수는 해마다 증가하고 있고 여학생의 경우도 계속적으로 흡연율이 증가하고 있어 문제가 되고 있다.[50]

최근 한 대학신문사에[51] 따르면 여학생 100명을 상대로 흡연 여부에 대해 설문조사를 한 결과 전체의 19%가 흡연을 하고 있다고 답했고, 흡연자 가운데 53%는 금연구역이 아닌 곳에서는 당당히 흡연을 한다고 한다. 나머지 47%의 학생은 '여자이기 때문에 주위의 시선이 신경 쓰인다'는 등의 이유로 당당하지 못하다고 답했다. 여성흡연에 대한 찬반여부는 29%만이 성(性)을 떠나 흡연은 자유이기 때문에 찬성했고 나머지 71%는 "건강에 해롭기 때문에", "아직 우리사회에서 여성흡연은 좋지 않은 시각으로 비춰지기 때문에" 등의 사유로 반대하는 것으로 나타났다. 또한 '여성이라는 이유로 나쁘게 보는 시각에 대해 어떻게 생각하는가'라는 설문에는 "성(性)의 차이를 두고 생각하는 것은 옳지 않다"는 응답이 59%였다. "남성 우월주의가 팽배한 우리사회에서 성(性)에 의한 차이는 부당하나 어쩔 수 없다"고 32%가 답했으며 6%는 "흡연은 남성의 전유물이므로 여성흡연은 당연히 나쁘다"고 했다.

한국금연운동협의회와 보건복지부가 한국갤럽에 의뢰, 만 20세 이상 1천520명(남성 749명, 여성 771명)을 대상으로 실시해 2003년 9월에 발표한 흡연율 조사에 따르면 성인 남성의 흡연율은 56.7%이고, 여성은

---

49) 이 성희,「일부 여고생의 흡연실태」(경북대학교 석사학위논문, 1994).
50) 송 미령,「女大生의 家庭環境과 吸煙과의 關係硏究」(인하대학교 교육대학원, 1995년 8월).
51) 2003년 6월 대구 경일대학교 신문사 조사로서 흡연율이 비교적 낮게 나온 것 같은데 대구지역의 보수성 때문이 아닐까 생각되어진다.

3.5%로 나타났다.

〈흡연유무 - 만 20세 이상/성별〉

성별	사례수	피운다	안피운다	계
남자	749	56.7%	43.3%	100.0
여자	771	3.5%	96.5%	100.0

표 3 한국금연운동협의회 · 보건복지부-한국갤럽 (2003. 09)

〈흡연유무 - 만 20세 이상/성별 · 연령별〉

성별	연령별	전체사례수	피운다 %	안피운다 %	계 %
남자	18~24세	(85)	71.2	28.8	100.0
	25~29세	(95)	61.7	38.3	100.0
	30~34세	(99)	65.3	34.7	100.0
	35~39세	(97)	57.4	42.6	100.0
	40~44세	(96)	54.6	45.4	100.0
	45~49세	(78)	57.0	43.0	100.0
	50~54세	(39)	53.3	46.7	100.0
	55~59세	(57)	43.9	56.1	100.0
	60세이상	(103)	41.5	58.5	100.0
여자	18~24세	(84)	4.6	95.4	100.0
	25~29세	(88)	4.4	95.6	100.0
	30~34세	(96)	.8	99.2	100.0
	35~39세	(91)	.8	99.2	100.0
	40~44세	(103)	4.6	95.4	100.0
	45~49세	(65)	4.4	95.6	100.0
	50~54세	(59)	4.4	95.6	100.0
	55~59세	(70)	3.8	96.2	100.0
	60세이상	(115)	4.5	95.5	100.0

표 4 자료:한국금연운동협의회 · 보건복지부-한국갤럽 (2003. 09)

연령별로는 20대 흡연율이 2002년 71.1%에서 2003년 66.2%로 4.9%포인트 감소했으며, 30대와 40대는 지난해보다 흡연율이 각각 5.1%포인트 줄어들었다. 20세 이상 여성 흡연율도 2002년 6%에 비해 올해 3.5%로 2.5%포인트 낮아졌다. 협의회는 또 2003년 추정된 우리나라 20세 이상 흡연인구는 1천26만 명으로 지난해 1천95만 명에 비해 69만 명 줄었다고 밝혔다. 이는 지난 2000년 흡연인구 약 1천300만 명에 비하면 274만 명이나 감소한 것이다.[52]

2. 흡연의 동기

사람마다 담배를 피우는 이유와 동기가 다르지만 담배를 피울 때 입에서 느끼는 쾌감을 어머니 품에 안기어 젖을 빨던 때의 안정감과 만족감에서 유래되는 것이라는 주장이 있다. 한편 부모-자녀 관계 특히 모친과의 관계에서 의존적인 성향이 강한 사람이 성장하여 환경에서 오는 좌절이나 스트레스를 받을 때 약물 같은 것에 의존한다는 점을 강조하는 학자도 있다.[53] 최근의 한 연구논문에서[54] 우리나라 20대 여성 흡연자의 절반은 '호기심' 때문에 흡연을 시작한 것으로 조사됐으며 첫째로 태어난 자식이면서 흡연하는 여성은 29.3%인 반면, 둘째인 경우는 42.2%가 흡연을 하고 있다고 응답하여 첫째보다는 둘째가 흡연을 많이 하는 것으로 분석됐다. 첫째 자녀보다 일반적으로 저항의식이 더 강한 둘째가 부모의 권위의식에 도전하듯 흡연을 한다는 말인 데 부모의 권

---

[52] (서울=연합뉴스), 김 정선 기자, 2003년 10월 1일.
[53] Knight R.P. (1937). The Psychodynamic of Chronic Alcoholism. *Journal of Nervous and Mental Disease*, 86:538~548쪽.
[54] 김 애숙, 「흡연군과 비흡연군간의 우울 및 스트레스 비교분석연구」(경희대학교 행정대학원 사회복지석사논문, 2003년 8월).

위의식과 자녀흡연에 관해서는 이미 선행 연구들[55]에 의해 밝혀진 바 있다. 즉 젊은이들이 부모 권위의 상징으로 흡연을 인식하고 있고, 권위적인 부모로부터 독립하고자 하는 시도와 청소년들이 빨리 성인이 되고 싶은 사회적 자기성장에 대한 욕구 표현과 권위적인 부모를 모방하는 증오적인 동일시에서 흡연을 시도한다는 것이다. 또한 기분 좋게 내뿜는 담배 연기 속에 만족을 얻으려는 호기심 및 청소년 흡연을 금지하는 사회적 제제에 대한 반항 심리에서 비롯된 도발적인 행위로 흡연을 한다고 본다. 담배를 피우는 이유에는 여러 가지가 있겠으나 주요 동기로서는 쾌락, 사교, 긴장완화, 자신감, 자극성 등이 알려져 있다.[56] 여대생들의 최초 흡연 시기는 대학에 들어와서가 67.0%로 가장 많았고, 흡연 동기로는 심리적 갈등과 스트레스를 해소하기 위함이 47.2%로 가장 많았으며, 흡연 이유는 만족을 얻기 위함이 35.8%로 가장 많았다.

송미령[57]에 의하면 흡연을 시작하게된 동기에 관한 국내 연구결과는 남자 대학생의 경우 동료집단에서의 모방심, 유혹, 등이 가장 큰 동기로 나타났고 그 다음 호기심, 친구의 권유 등으로 대별되고있다고 한다. 고등학생의 흡연에 관한 조사에서는 호기심, 친구들과 어울리기 위해서 등의 순이었다. 또한 서울위생병원 금연학교 수료생 2천 여명의 청소년들은 설문조사에서 흡연동기로 어른이 된 기분을 느끼기 위해서, 호기심, 친구의 권유 등의 순으로 대답하였다. 청소년기는 희망과 절망의 교차 속에 인생의 눈을 뜨는 정서적 격동기로서 충동과 갈등을 적절히

---

55) Diehl H. S:(1964). Healthful living. 7th ed. New York Megrawhill book Co, pp.256~262. 민 병근·이 길홍, 「한국청소년의 흡연양상」(민 병근 교수 논문집 Ⅱ, 1976).
56) 송 미령, 「女大生의 家庭環境과 吸煙과의 關係硏究」(인하대학교 교육대학원, 1995년 8월).
57) 송 미령, 윗글, 17~19쪽.

해소시키지 못할 때 주위 환경에 심한 마찰을 보이며 반항적이고 공격적인 반응을 보이기도 한다. 또한 많은 것을 느끼고 알고자 하는 의욕과 호기심이 절정에 달하는 시기이며 감수성이 예민한 때이므로 주어진 환경이 만족스럽지 못할 때 예기치 않던 부적응 현상을 보인다고 한다.[58] 뿐만 아니라 청소년기는 기분변화가 심하고 우울 반응이 많고 성인이 되기 위한 준비과정으로 사회적 민감도가 높은 시기이며 독립성을 찾고 주체성을 확립하기 위해 투쟁하는 동시에 외로움과 괴로움을 많이 느끼는 시기이므로 약물 의존에 취약성을 갖는 시기이며, 자존심이 낮거나 소외감을 가졌고 대인관계나 현실 상황에 처리능력이 부족한 청소년들에게 담배나 약물남용의 위험이 많다고 보고되고 있다.[59]

또한 김 애숙[60]의 조사에 의하면 우리나라 20대 조사대상 여성 342명 중에서 비흡연자는 66.1%(226명), 흡연자는 33.9%(116명)로 흡연자 비율이 상당히 높은 것으로 나타났다. 특히 조사에 참여한 여성 흡연자의 46.2%는 처음 흡연을 하게된 동기로 '호기심'을 꼽았으며, 우울과 스트레스 해소(20.7%), 친구의 권유(19.0%), 친구들과 어울리기 위해(6.9%), 멋으로(3.4%), 체중조절(1.7%)을 들었다. 이들 여성이 주로 흡연하는 때는 친구와 어울릴 때(29.3%)라는 답변이 가장 많았고, 기분이 나쁠 때(20.7%), 고민이 있을 때(13.8%), 심심할 때(12.1%) 등의 순이었다. 흡연을 계속하는 이유에 대해서는 응답자의 70.7%는 '특별한 이유없이 버릇처럼'이라고 응답했고, 화를 달래기 위해(10.3%), 기분이 좋을 때(8.6%), 긴장해소(3.4%), 피우는 게 즐거워서(3.4%) 순이었다. 이와 함께

---

58) 민 병근·김 헌수, 「청소년의 약물남용」(신경정신의학, 제26권 제4호, 1987).
59) 김 헌수 외, 「청소년과 약물문제」(중앙의대지, 제13권, 제3호, 1998, 재인용).
60) 경희대 행정대학원 사회복지전공 김 애숙씨는 28일 서울시내 20대 흡연·비흡연 여성 342명을 대상으로 설문조사 결과를 분석한 석사학위 논문 「흡연군과 비흡연군간 우울 및 스트레스정도 비교 분석 연구」에서 이 같이 밝혔다.

흡연. 비흡연 여성의 성장환경을 비교 조사한 결과, 권위적이고 엄격한 가정에 자란 여성 중에서 흡연자 비율이 51.5%인 것으로 조사된 반면, 개방적이고 자유로운 가정에서 성장한 여성 가운데 흡연자 비율은 29.1%로 조사됐다. 여대생의 가정환경과 흡연과의 관계를 연구한 논문[61]에서 대부분의 여대생들은 대학에 들어와서 흡연을 하기 시작하였고, 학년이 높을수록 흡연율이 높았으며, 흡연동기가 심리적 갈등과 스트레스해소 때문이었다고 나타났다.

3. 흡연과 관련된 요인들

개인의 흡연 행동을 형성하는 발달과정[62]은 이론적으로 1)성인의 흡연을 모방하거나 광고 등으로부터 받은 인상에 의해 흡연에 대한 태도와 지식을 획득하는 준비단계 2)흡연 여부를 또래 혹은 가족 등의 사회적 압력에 의해 영향을 받으며 지속적인 흡연 여부를 결정하고 흡연에 대한 지식과 신념을 형성하는 실험적 시작단계 3)흡연의 빈도가 급격히 증가하고 흡연을 하는 상황 또는 장면이 이전 단계에 비해 다양해지는 정기적인 흡연가 단계 4)다양한 심리적 요소에 의해 영향을 받는 유지단계 등의 흡연 행동 형성과정을 거쳐 흡연 행동이 습관적으로 발전하게 된다는 것이다. 아젠[63]은 개인이 담배를 피울지 여부를 결정하는 요소로 흡연에 대한 태도와 신념을 들고 있다. 따라서 담배를 피우는 경우는 담배가 생각보다 몸에 해로운 것이 아니거나 혹은 담배를 피우면

---

61) 송 미령, 윗글.
62) Leventhal, H., & Cleary, P. D. (1980). The smoking problem: A review of the research and theory in behavior risk modification, *Psychological Bulletin*, 88(2), 370~405쪽.
63) Ajzen. I., & Fishbein, M.(1980). The prediction of behavior form attitudinal and normative variables. *Jounal of Experimental Social Psycology*, 6,466~487쪽.(신 효정 2001, 재인용).

세련되어 보일 것이라는 등과 같은 태도를 가지고 있을 때이다. 또는 자기 주위 사람들 중에 부모, 교사, 의미 있는 타인 등이 흡연을 하고 있는 경우로써, 예를 들어 그런 사람이 담배를 피우고 있으니까 담배를 피우는 것이 결코 나쁜 것이 아니고 경우에 따라서는 효과를 가지고 있을 것이라는 믿음에서 흡연을 하게 된다는 것이다. 또 다른 학자[64]에 의하면 청소년의 흡연을 자신의 연령 집단의 규범으로부터 벗어나서 성인의 행동으로 옮겨가고자 하는 조숙 행동으로 보고 있다. 개인의 흡연 행동을 설명하는 변인으로 학업 성취, 독립심 및 일탈에 대한 인내 같은 개인적 변인과 부모와 동료들로부터의 지지인 지각된 환경을 들고 있다. 결과적으로 주어진 동일한 환경에 대해 개인이 어떤 식으로 지각하는가의 여부가 흡연 행동을 결정하는 주요 변인으로 보는 것이다. 예를 들어, 심리적 자유 및 강한 통제감을 경험하는 경우에는 그렇지 못한 경우보다 더 높은 흡연 욕구를 보여주게 된다. 또한 자신이 속한 환경 내의 구성원들이 어느 정도 흡연을 하고 있는가 하는 자신이 주관적으로 지각하고 있는 흡연자의 수를 의미하는 것이다.

우리나라 여대생의 가정환경과 흡연과의 관계연구[65]에서 첫째, 부모 간의 관계가 화목하지 못하고, 부모가 자녀의 의견을 무시하며, 부모가 자녀에게 무관심한 가정에서 자라난 여대생들에게서 상대적으로 흡연률이 높았다. 이러한 가정의 여대생들은 담배를 피우는 것이 문제가 안 된다고 생각하고 있거나 기회가 되면 흡연할 생각을 하고 있었다. 눌째, 아버지가 흡연을 많이 하거나 보통정도의 흡연을 하는 가정의 여대생들이 상대적으로 흡연율이 높았고, 어머니가 흡연을 하는 가정의 여대

---

64) Jessor, R., Donavan, J. E., & Costa, F. M. (1991). *Beyond adolescence: Problem behavior and young adult development*. Cambridge, UK: Cambridge University Press.
65) 송 미령, 윗글, 76~78쪽.

생은 담배를 피우는 것이 문제가 안 된다고 생각하거나, 기회가 주어지면 흡연할 생각을 많이 갖고 있었다. 셋째. 가정의 경제적 수준이 「하류층」인 여대생들이 「중류층」이나 「상류층」인 여대생들에 비해 흡연율이 높았고, 「상류층」인 경우 「중류층」이나 「하류층」인 여대생에 비해 여대생 입장에서 담배를 피우는 것이 문제가 안 된다고 생각하거나, 기회가 주어지면 흡연할 생각을 더 많이 하고 있는 것으로 나타났다. 부모의 학력은 어머니의 학력이 「국졸이하」인 가정의 여대생들이 흡연율이 높았다. 넷째, 계열별로는 인문계열 여대생들의 흡연율이 상대적으로 높았고, 학년별로는 학년이 높을수록 흡연율이나 흡연 경험률이 높았으며, 종교에 따라서는 종교가 없는 경우가 흡연율이 높았다. 그리고 여대생 흡연에 대해서는 1, 2학년이 3, 4학년보다 여학생 입장에서 담배를 안 피우는 것이 좋다는 생각을 상대적으로 많이 하고 있었다.

다섯째, 흡연 여대생들은 흡연이 인체에 미치는 영향에 대해 해로운 면도 있고, 유익한 면도 있다는 생각을 많이 하고 있었으며, 여성흡연이 자녀 교육에 미치는 영향에 대해서도 해를 끼치지 않는다고 응답한 경우가 훨씬 많았다. 흡연의 심각성 인지여부는 1학년 학생들이 흡연은 비행과 문제 행동의 초기 증상이라는 점에서 심각하다는 반응을 훨씬 많이 한 것으로 나타났고, 흡연 후 행동 및 태도 변화에 대한 인식은 비흡연 여대생의 경우, 흡연 후 음주와 퇴폐성 행위가 나타날 것이라는 생각을 상대적으로 많이 하고 있는 것으로 나타났다.

한편 흡연행동에 영향을 주는 요인으로 흡연이 긴장감, 각성증진, 인지적 정보를 처리하는 과정에서의 집중력과 문제 해결 능력에 도움을 줄 수 있는 것이라는 지각이다. 두뇌활동과 관계되는 연구 결과를 볼 때 일부 흡연자들은 두뇌활동을 자극하기 위해 담배를 사용하는 데 실제로 두뇌활동이 자극을 받아 일의 수행 증진과 주의 집중을 불러온다

는 것이다.66)

또한 흡연을 통해 스트레스와 불안감을 해소 할 수 있다는 주관적 지각 및 인지적 정보처리 과정의 측면에서도 흡연 행동을 살펴볼 수 있다. 피험자가 소음에 의해 스트레스를 받을 때 흡연행동이 증가하며 전기 쇼크 상황에서 피험자들은 높은 불안으로 흡연이 증가하는 것으로 보고되었다. 최근 여성 흡연이 증가하는 현상에 대해서도 여성이 흡연을 함으로써 전통적인 성역할 고정관념을 탈피하려는 동기가 내재되어 있다는 연구가 있다.67)

또한 성별과 연령에 따라 흡연 양상이 다르게 나타나 우리나라 흡연 인구 중에 여성은 7.9%이고 하루 반갑 이상 피우는 남성 다량흡연자(83.7%)가 여성(57.9%)보다 많으며 연령에 따른 흡연양상도 20-30대에 가장 높고(69.5%) 연령이 증가할수록 감소하였다.68) 그런데 우리나라 성인여성들의 흡연양상 및 흡연과 관련된 요인들을 파악한 황승주와 연구진69)들은 흡연자들의 흡연양은 모든 연령층에서 하루 10개피 이하가 제일 많고(64.6%) 다음은 11~20개피였다.(29.1%) 전반적으로 여성이 남성보다 흡연량이 적다. 성인 여성흡연자의 흡연과 관련된 요인으로

---

66) Wesnes, K., Warburtion, D. M.(1978). The Effects of Cigarette Smoking and Nicotine Tablets upon Human Attention. In R.E. Thornton (ed.) *Smoking Behaviour: Physiological and Psychological Influences*.
67) Chassin, L., Presson, C. C., Sherman, S. J., & Edwards, D. A, (1992). The natural history of cigaret smoking and young adult social roles. *Journal of Health and Social Behavior*, 33, 328~347쪽.
68) 한국산업경제연구소, 1992.
69) 황 승주 외,『성인 여성흡연자의 흡연양상 및 흡연과 관련된 요인들』(가정의학회지 제21권 제3호 2000). 1995년 5월부터 1999년 4년 동안 서울대학교 건강증진센터를 방문한 20세 이상의 여성 수진자들에게 흡연여부를 응답한 여성 중에서 흡연자 492명과 비흡연자 가운데서 연령별로 짝짓기를 하여 무작위 추출한 984명을 대상으로 조사하였다.

젊은층에서는 음주여부, 직업의 판매서비스직여부, 결혼생활여부, 높은 스트레스여부, 자기 인생에의 불만족여부의 5개 변수가 있었다. 중년층에서는 음주여부, 직업의 판매서비스직여부, 결혼생활여부, 운동여부, 높은 스트레스여부, 자기 인생에의 불만족여부의 6개 변수가 의미 있게 나타났다. 노년층에서는 음주여부, 운동여부, 교육여부의 3개 변수가 의미 있었다. 모든 연령층에서 공통적으로 가장 강한 관련성을 가진 것으로 나타난 것은 음주여부였다. 성인 여성흡연과 관련된 주요 요인 중 교정 가능한 변수는 음주, 스트레스, 불만족, 운동 등으로 나타났다.

흡연과 음주의 관련성은 그동안 남성에서 잘 알려져 왔는데 여성에서도 존재한다는 것이 위의 연구에서 나타났다. 젊은층과 중년층에서 음주 다음으로 높은 관련성을 보인 것은 직업의 판매서비스직 여부였다. 따라서 여성의 판매 서비스직 종사는 흡연의 고위험 요인이라고 평가할 수 있으며, 이것은 직업적 스트레스가 많고 흡연을 유혹하는 기회에 자주 노출되기 때문이라고 생각된다. 노년층에서는 직업을 가진 수가 너무 적고, 판매서비스직은 더욱 적어 의미 있는 결과를 기대할 수 없었다.

젊은층과 중년층의 경우 세 번째로 의미 있는 변수는 결혼생활여부였다. 미혼이거나, 결혼했지만 별거중이거나, 이혼했거나, 사별한 여성들이 결혼하여 부부가 같이 생활하고 있는 여성들에 비하여 안정된 결혼생활을 하지 못하고 있는 것이 중년층이하 여성들의 흡연에 중요한 위험요인이었다. 노년층만 따로 보았을 때 이러한 관련성이 없고, 사별한 노년층만 떼어 분석해 보아도 의미 있는 관련성이 없는 것은 노년층의 흡연은 대부분 그 이전의 흡연 습관의 지속이고 결혼생활의 변화에 의한 충격에 덜 민감하기 때문이라고 해석하고있다.

다음으로 중요하게 나타난 관련요인은 스트레스였다. 그 동안 남성에 있어서 흡연과 스트레스와의 관련성에 대해서는 여러 연구보고가 있었는데 일단 흡연이 습관화된 경우 흡연이 스트레스를 해소하는 방편으로 이용됨을 보고하였고, 스트레스가 중요한 흡연동기가 되며, 금연실패의 원인으로 스트레스가 중요한 요인이라고 보고 된 바 있다. 스트레스에 대한 자기처방의 일환으로 흡연을 지속하게 되며 흡연으로 완화된 기분은 머지않아 내성을 일으켜 더 많은 흡연을 하게되고, 금연을 시도하더라도 금단증상과 스트레스 등이 겹쳐 성공하기 힘든 것으로 기술하고 있다. 흡연 할 때의 동작과 그 과정 자체가 스트레스를 주는 상황에서 불안에 대한 자기방어수단으로 작용한다고 한다. 스트레스와 흡연과의 관련성은 여성의 경우에도 그대로 적용된다고 본다.

그 다음 자기 인생에 대한 불만족여부가 중년층이하에서 흡연과 관련성이 있는 것으로 나타났다. 중년층과 노년층의 경우 또 하나의 의미 있는 변수는 운동여부였다. 이들은 젊은층보다 자신의 건강에 더 많은 관심을 가져 규칙적으로 운동을 하고 흡연을 덜하는 것으로 생각된다. 중년남성을 대상으로 시행한 한 연구에서도 격렬한 운동을 하는 사람들이 흡연을 적게 한다고 하여 비슷한 결과를 보이고 있다. 그러나 운동여부가 흡연과 관련이 있다는 결과는 연령에 의한 교란일 가능성도 있다.

교육과 흡연의 관련성에 대하여 캐나다와 미국 여성 연구에서는 교육수준이 높아질수록 흡연율이 일반적으로 낮아져 고등학교 교육을 받은 여성이 대학교육을 받은 여성보다 3배 높은 흡연률을 나타내는 것으로 보고되었다. 또한 국내 중년 남성을 대상으로 한 연구에서도 교육수준이 높을수록 흡연대응위험도가 낮은 것으로 보고되었으나, 위의 연구에서는 노년층에서만 이와 같은 결과가 나타났고, 젊은층이나 중년층에서는 통계학적으로 의미 있는 교육수준과의 관련성이 없었다. 산업체

근로여성을 대상으로 행한 연구에서는 국졸과 대학재학이상의 학력자에서 다른 교육정도보다 흡연자가 많았다.

수입과의 관련성에 있어서 젊은층의 경우 흡연자가 수입이 많고, 노년층은 반대이며, 중년층은 관련성이 없다. 이것은 젊은층 흡연자는 사회활동이 활발하여 수입이 많고 경제적으로 여유가 있어 흡연에 노출되기 쉬운 사교적 활동이 빈번하며 흡연에 대해서도 개방적인 사고 방식을 가지고 있는 반면에, 노년층은 저소득층이 어려운 생활의 스트레스를 흡연으로 해소하는 습관을 가지고 있는 것으로 보여 각 연령층이 주로 활동하던 시대의 사회적 상황과 사고방식 및 생활방식의 차이에서 비롯되는 것으로 해석하고 있다.

식이습관중 염분섭취와의 관련성은 중년층 경우만 나타나 흡연자의 염분섭취가 비흡연자보다 많았다. 이것은 중년남성을 대상으로 한 연구에서 젓갈류를 먹는 사람들의 흡연대응위험도가 그렇지 않은 사람들보다 높다고 한 것과 유사한 결과이다. 과다한 염분섭취는 흡연과 함께 위암발생이나 고혈압에 관련성이 있는 것으로 알려져 있다.

비만과의 관련성에 있어서는 중년층의 경우만 흡연자에서 과체중이나 비만한 여성들이 많은 것으로 나타났고, 젊은층이나 노년층은 그렇지 않았다. 과거 미국의 한 연구에서는 비흡연구에서 과체중이 더 많다고 보고되었으나, 우리나라에서 흡연자와 비흡연자사이에 유의한 차이가 발견되지 않았다. 여성은 남성에 비하여 특히 젊을 수록 더욱 더 자신의 체중과 신체 이미지에 대한 관심이 높으므로 여성들 중에는 흡연이 체중을 줄여준다고 믿고 있는 사람들이 있으나 이것이 흡연을 시작하는 동기가 된다는 데는 증거가 없다.

IV. 맺음말

　여러 연구의 결과를 토대로 정리해 볼 때 흡연에 있어서의 성차별은 역사적 문화적인 이유와 신체건강상으로 여성이 남성보다 더 취약하며 육아에 해롭기 때문이라는 전제를 읽을 수 있다. 우리나라의 전통적인 흡연문화는 유교적 예법을 토대로 흡연예절이 생성되어 흡연 시 남녀 사이에 공간적 분리가 있었던 것은 사실이나 그 자체에서 여성흡연에 대한 부정적 관념을 찾아볼 수 없었고 담배가 남성전유물이었던 것은 아니다. 담배가 조선사회에 널리 퍼지기 시작하던 17세기초에는 상하존비와 남녀노소 신분의 귀천을 막론하고 서로 함께 피우는 경우가 많았다. 그러나 조선후기로 갈수록 양반사회에서 상하존비(上下尊卑) 남존여비(男尊女卑)의 유교 논리가 사회 논리가 되고 또 철저한 신분사회였던 만큼 지배 계층인 양반 유학자들은 새로운 서양문물인 흡연행위에 대해서 일종의 규제와 예의규범을 만들기 시작했다. 전해오는 기록으로 미루어보면 당시 음식을 장만했던 젊은 여성들과 연비(煙婢)를 대동하고 나들이 나갔던 마님들의 흡연이 공공연하게 이루어졌음을 알 수 있으나, 반면 음식을 담당하는 여성이 조리 과정 중에 흡연을 하면 부덕을 해치는 결과를 야기할 수 있다는 주의가 엿 보이기도 한다. 즉 독한 담배 냄새로 인해 신성한 예식인 제사절차에 나쁜 영향을 줄 수도 있고 음식에 담뱃재라도 떨어진다면 "다 된 밥에 담뱃재 뿌린다"는 말이 나올 수 있었던 것이다.

　조선후기에는 여성행위규범이 성리학의 음양논리를 기초로 하여 여성의 바깥출입을 제한하였으므로 여성의 흡연 행위 역시 그 영향을 받아 집안 내에서만 허용되도록 공간적인 제한을 받았으며 비교적 행동이 자유로웠던 기생들의 흡연은 집밖에서도 허용되었다. 상민과 천민사회 및 주막집 여자들의 흡연 역시 아무런 제재(制裁)를 받지 않을 만큼 자유로웠으나 여염집 여성들은 남의 눈에 띄지 않게 숨어서 몰래 피웠다. 즉 유교문화 속의 양반규수들은 신분이 높은 남성 앞에서 기호품인 담배를 피워 대는 것이 예의에 어긋난다고 생각하게되었던 것이다.

우리민족의 최대수난기인 일제 강점기로 접어들면서 1907년 1월 대구에서 일어난 국채보상운동은 민중스스로 흡연을 금하고 모금한 금액으로 민족의 차관을 갚고자 하였으니 민족적 저항과 단결의 표시로 담배라는 재화가 선택되었다. 이렇듯 일제 식민 통치시기에 민족주의자들에 의해 선택되어진 담배는 민족의 해방과 발전을 위한 "민족 발흥의 어머니"에게 도덕적으로 올바르지 않기 때문에 소비 할 수 없는 재화로 규정되었다. 일제강점기 동안 일본은 궐련을 끊임없이 선전하면서 식민 통치의 재원으로 담배를 사용하기 위해 한국인들의 오랜 담배 생산과 소비 방식의 기초였던 자가 경작제도를 폐지하고 전매제도를 통한 소비를 부추겼다. 한편 일제시대 공개적 여성흡연자들에 대한 인식이 담배가 기생의 소비품이라는 '천박함'과 연결되어 부녀자들 스스로 공개적인 흡연을 자제해왔음을 알 수 있었다. 이러한 사실은 여성흡연자들이 지속적으로 존재해왔으나 드러나지 않도록 하는 요인이 되었다.

아무리 담배가 이웃과 자신의 건강을 해친다고 하더라도 개인의 흡연선택 여부를 결정하는 요소는 흡연에 대한 개인의 태도와 신념이라고 한다. 따라서 여성의 흡연 금지는 차별과 강요로 이루어지기보다 본인 스스로의 자율적 판단에 맡겨야 할 것이며, 또한 우리나라의 여성 흡연율은 아직 서구 여러 나라에 비하여 낮은 편이지만 젊은 여성들의 흡연율이 증가하고 있으므로 여성흡연 및 금연에 대한 연구와 금연운동이 시급하다고 하겠다. 국내의 연구 결과는 성인 여성흡연과 관련된 주요 요인은 젊은층이나 중년층의 경우 음주, 판매서비스직 종사, 미혼이나 이혼·별거·사별상태, 높은 스트레스, 자기 인생에의 불만족, 운동 안함 등이었고, 이것들 중 교정 가능한 변수로는 음주, 스트레스, 불만족, 운동 안함이므로 이러한 교정가능한 요인들을 중심으로 흡연의 예방과 금연교육 등의 대책이 수립되어야 하겠다. 또한 교육과 흡연의 관련성에 대하여 미국과 캐나다 여성들은 교육수준이 높아질수록 흡연율이 낮아져 고등학교 교육을 받은 여성이 대학교육을 받은 여성보다 3배 높은 흡연률을 나타내는 것으로 보고되어 있으므로 금연교육이 제대로 이루어지면 국내에서도 서구형으로 변하게 될 것이다.

여성은 남성에 비하여 자신의 신체 이미지와 체중에 대한 관심이 높으므로 젊은 여성들 중에는 흡연이 체중을 줄여준다고 믿고 있는 사람들이 있는데 이것이 흡연을 시작하는 동기가 되었다는 증거는 아직 없다. 그러나 젊은 여성들이 체중조절을 위하여 흡연을 시도할 위험이 있으므로 잘못된 생각을 교정할 수 있는 방법의 보급이 필요하다.

또한 부모가 자녀에 대해 관심이 많은 가정의 여대생들 보다 부모간의 관계가 불화가 잦거나, 부모가 자녀의 의견을 무시하고 자녀에 대해 무관심한 가정의 여대생들에게서 흡연율이 높다는 점을 감안할 때, 부모가 자녀의 의견을 존중해 주고 자녀들의 욕구와 필요문제를 수시로 파악함으로써 바람직한 인격형성에 힘쓰는 가정 분위기의 조성이 이루어져야 할 것이다. 특히 흡연은 한번 시작하면 중단하기가 어려워 평생의 문제로 남게 되는 경우가 많고, 여성의 경우 임신과 육아시 많은 역기능을 초래하게 되므로 여러 요인들을 고려하여 보다 긍정적인 생활습관 형태의 방향으로 나아가도록 하고, 여성흡연으로 인한 피해를 최소화하기 위한 다양한 여성강좌의 필요성이 요구된다. 대부분의 여대생들은 대학에 들어와서 흡연을 하기 시작하였고, 흡연동기가 심리적 갈등과 스트레스해소 때문이었다는 점을 감안할 때 신입생을 대상으로 정신 건강, 신체 건강, 약물 오남용 등에 관한 교양강좌를 통해 흡연의 건강 유해 영향을 집중적으로 교육, 홍보한다면 흡연율을 감소시킬 수 있으리라 생각되며, 대학생들이 흡연을 하게 되는 당면한 문제들과 걱정거리의 원인들을 보다 효과적으로 처리하도록 도와주는 여대생 상설 상담소의 설립이 큰 힘이 되리라 생각한다.

우리나라 20대 여성 흡연자의 절반은 '호기심' 때문에 흡연을 시작한 것으로 조사[70]됐으며 권위적인 가정에서 자란 여성이 개방적인 환경에서 성장한 여성 보다 흡연율이 두 배 가까이 높으며 첫째로 태어난 자식보다는 둘째가 흡연을 많이 하는 것으로 분석됐다. 부모에게 반항적이거나 거역을 하지 못하는 첫째 자녀보다 도전과 저항의식이 강한 둘째의 흡연율이 높다는 말은 흡연이 여성의 성 역할 고정관념을 거부하고 사회규범이나 부모의 권위에 도전하는 방편으로 채택된 것일 수 있는데 이미 많은 연구들이 부모의 권위의식과 자녀흡연에 관한 상관관계를 밝혀내었다. 즉 청소년들이 부모로부터 독립하고자 하는 시도와 빨리 성인이 되고 싶은 사회적 자기성장에 대한 욕구 표현과 권위적인 부모를 모방하는 증오적인 동일시에서 흡연을 시도한다는 것이다. 또 다른 연구에서는 권위적이고 엄격한 가정에서 자란 여성 중에서 흡연자 비율이 51.5%로 조사된 반면 개방적이고 자유로운 가정에서 성장한 여성가운데 흡연자 비율은 29.1%로 나타났는데 이는 억압과 제재를 느낄 수록 흡연을 더 많이 하게된다고 볼 수 있다.

여대생들의 흡연 동기로는 심리적 갈등과 스트레스를 해소하기 위함과 흡연 이유로는 만족을 얻기 위함이 가장 많았으며 남자 대학생처럼 동료집단에서의 모방심, 유혹, 등이 높은 이유가 되지 않음으로 남성중

---

[70] 김 애숙, 윗글.

심의 성 차별적 사회관행이 여성흡연의 원인으로 작용한다고 보는 것이다. 따라서 여성흡연을 비난하고 담배의 해악을 나열하며 차별적인 시선을 보낼 일이 아니라 성 역할 고정관념에서 벗어나 여성의 능력이 제대로 파악되고 인정받는 평등한 사회적 분위기가 조성된다면 계속되는 여성흡연자의 증가도 멈출 수 있을 것이라 생각한다.

주제어: 성차별, 여성흡연, 담배, 남녀평등(혹은 남녀불평등), 흡연과 성차별

참고문헌

고 한나, 「일제시대 여성 흡연에 대한 담론 분석 – 1920-30년대를 중심으로」 (서울대학교 대학원 2003년 2월)
김 애숙, 「흡연군과 비흡연군 간의 우울 및 스트레스 비교분석연구」(경희대학교 행정대학원 사회복지석사논문, 2003년 8월)
김 일순, 「여성 및 청소년흡연의 문제와 대책」, 보건사회부, 보건주보, 제853호 (1992)
김 헌수 들, 「청소년과 약물문제」(중앙의대지, 제13권, 제3호, 1998, 재인용).
김 호, 「18세기 후반 居京 士族의 衛生과 의료-欽英」(서울: 서울학연구소, 1988).
민 병근·김 헌수, 「청소년의 약물남용」(신경정신의학, 제26권 제4호, 1987).
민 병근·이 길홍, 「한국청소년의 흡연양상」(민 병근 교수 논문집 Ⅱ, 1976).
박 명윤, 「청소년 흡연 실태와 대책」, (한국 청소년 연구, 제14호, 1991)
송 미령, 「女大生의 家庭環境과 吸煙과의 關係研究」(인하대학교 교육대학원, 1995년 8월)
송 미숙, 「여대생에 있어서 흡연양상과 흡연이 영양섭취 및 식습관에 미치는 영향」, 연세대학교, 석사학위논문, (1987).
신 규환·서 홍관, "조선후기 흡연 인구의 확대 과정과 흡연문화의 형성", 「의사학 10권」 1호(2001).
신 효정, 「여성흡연자의 흡연 욕구 및 성역할 태도」(이화여자대학교 대학원 석사학위 청구논문, 2001)
심 은희, 「서울특별시 여고생의 흡연실태」(연세대학교 석사학위논문, 1989).
이 계은, 「여고생의 흡연실태와 이에 영향을 미치는 요인」(이화여자대학교 석사학위논문, 1992).
이 덕무, 「사소절」, 청장관전집6, 민족문화추진회편 (서울: 솔 출판사, 1997)
이 성희, 「일부 여고생의 흡연실태」(경북대학교 석사학위논문, 1994)
이 수경, 「일부 여대생의 흡연실태와 그에 따른 요인 분석」(이화여자대학교 석사학위논문, 1987)

이 익, 「성호사설」(서울: 한길사, 1999).
이 혜경, 「도시청소년들의 흡연동태에 관한 비교 연구」(고려대학교 석사학위논문, 1990).
황 승주 들, 「성인 여성흡연자의 흡연양상 및 흡연과 관련된 요인들」(가정의학회지 제21권 제3호 2000).

Ajzen. I., & Fishbein, M.. "The prediction of behavior form attitudinal and normative variables", *Jounal of Experimental Social Psycology*, 6권(1980).
Chassin, L., Presson, C. C., Sherman, S. J., & Edwards, D. A, "The natural history of cigaret smoking and young adult social roles", *Journal of Health and Social Behavior*, 33호(1992)
Diehl H. S., *Healthful living*(7th ed). (New York: Megrawhill book, 1964)
Goodman, Jordan, *Tobacco In History: The cultures of dependence* (London and New York: Routledge, 1993)
Jessor, R., Donavan, J. E., & Costa, F. M., *Beyond adolescence: Problem behavior and young adult development*. (Cambridge: Cambridge University Press, 1991).
Knight, R. P, "The Psychodynamic of Chronic Alcoholism",. *Journal of Nervous and Mental Disease*, 86호(1937)
Leventhal, H., & Cleary, P. D., "The smoking problem: A review of the research and theory in behavior risk modification", *Psychological Bulletin*, 88권 2호 (1980)
Schivelbush, Wolfgang, *Tastes of Paradises, Social History of Spices, Stimulants, and Intoxicants*, (David Jacobson 옮김), 1992. [역서: 울프강 쉬블부시, 「기호품의 역사」 (이병련·한운석 옮김) (서울: 한마당, 2000)].
Wesnes, K., Warburtion, D. M.X. The Effects of Cigarette Smoking and Nicotine Tablets upon Human Attention. In R.E. Thornton (엮음) *Smoking Behaviour: Physiological and Psychological Influences*.

대한매일신보 1907년 3월 1일
경상북도교육청웹메일(http://mail.gyo6.net)
사단법인 한국 담배 소비자 보호협회 (www.dambae.or.kr).
아이러브 스모킹(www.ilovesmoking.co.kr)
워싱턴 UPI=연합뉴스 skhan@yonhapnews.co.kr(2003년 12월 13일)

Ⅲ. 정보사회, 바이오테크 사회에 있어서의 빈부 문제와 차별

디지털 디바이드, 정보차별인가 정보자유인가?*

박 창 호
•
숭실대학교 정보사회학

I. 문제적 시각 – 디지털 디바이드

　디지털 디바이드란 개념은 정보사회의 등장과 함께 나타났다. 정보사회는 근본적으로 정보매체에 기반한 네트워크 사회로서 자본주의 사회의 근본적인 재구조화 과정을 가능하게 한다.[1] 정보사회라는 것은 오늘날 사회를 조망하는데 일정한 가치를 가지고 있지만, 규정적인 개념으로 받아들이기에는 부정확하다는 주장이 있다.[2] 그럼에도 불구하고 산업사회 이후 정보사회의 등장은 자본주의사회의 근본적인 사회의 여러 현상을 변화시켰을 뿐 아니라 새로운 개념을 만들어냈다. 디지털 디바이드 역시 우리가 쉽사리 규정하기 어렵지만 정보사회와 함께 우리에게 익숙하게 다가오는 새로운 개념인 것은 틀림없다. 디지털 디바

---

* 이 논문은 숭실대학교 교내연구비로 이루어졌음.
1) Manuel Castells, *The Rise of The Network* (Oxford: Blackwell, 1996).
2) 프랭크 웹스터, 「정보사회이론」(조 동기 옮김) (서울: 나남, 1997), 2장을 볼 것. 원제는 Frank Webster, *Theories of the Information Society* (London, Routledge, 1995).

이드는 산업사회의 사회불평등을 정보사회의 용어로 나타낸 것으로 이해할 수 있다. 정보불평등(information inequality)으로 대변되는 디지털 디바이드는 정보격차로 번역되어 쓰이기도 한다. 정보불평등이든 정보격차이든 정보사회라는 새로운 사회의 변화 속에서 갖게 되는 불균등한 정보의 배분과 이용은 사회불평등을 가져온다는 것을 기본 전제로 디지털 디바이드의 개념을 사용하고 있다. 그렇지만 디지털 디바이드란 개념은 불평등한 현상을 정책적으로 해소코자 하는 이념을 담고 있는 용어로서 이데올로기적 측면을 포함하고 있는 듯하다.

정보사회에서 사회불평등이 완화되는가 아니면 오히려 확대되는가 하는 문제는 오랫동안 학자들 사이에 논의가 되어왔다. 미래사회에 대한 낙관론과 비관론으로 엇갈린 이러한 문제는 사회불평등이라는 인류역사의 해결지향의 문제로 관심거리가 되는 것은 당연하다. 그러나 정보사회의 불평등은 산업사회의 불평등과 근본적으로 다르다는데 초점이 모아진다. 물질적 자산의 과소가 불평등을 결정짓는 것이 아니라 정보를 가진 자(information haves)와 정보를 못 가진 자(information have nots) 사이의 관계가 불평등을 결정짓는 중요한 요인이다. 그래서 정보를 가질 수 있는 접근성의 문제가 불평등에 있어서 핵심이 된다. 따라서 산업사회와 달리 정보가 풍부하게 제공되고 배포됨에도 불구하고 실질적인 이용에 있어서 사회구조적으로 배제 당하도록 구조화되어 있다면 정보사회는 산업사회보다 더욱 패쇄적이고 닫힌 사회로서 사회불평등을 체화시키는 사회인 것이다. 더구나 정보의 수용과 접근에 대한 배제뿐만 아니라 정보를 생산하는 사람들이 특정부류에 속한 사람들로 국한되면서 정보생산이나 분배에 참여하지 못하는 사람들이 생겨난다면 그 사회 역시 정보생산의 불평등으로 인한 정보불평등의 사회이다.[3]

---

[3] 허버트 실러, 「정보불평등」(김 동춘 옮김)(서울: 민음사, 2001). 원제는 Herbert

정보사회의 불평등의 특성은 단적으로 각종 정보기술과 정보 통신 네트워크, 그리고 데이터베이스 등 정보화사회의 중심적인 사회자원의 이용과 점유기회의 불균등한 배분에서 나온다고 할 수 있다. 즉 지식 및 정보에의 접근과 이용, 그리고 점유수준에서의 격차로 인해 불평등이 발생하고 구조화되는 것이다. 디지털 디바이드는 곧 정보불평등을 낳는 현상으로서 정보의 접근이나 이용이 여러 사회집단간 동등한 수준으로 이루어지지 않는 현상에 대한 포괄적인 용어이다. 디지털 디바이드는 분명 존재한다. 산업사회에서 불평등구조를 해결할 수 없는 현상으로서 존재하듯이 정보사회에서도 불평등구조가 존재한다. 그러나 이 글에서는 정보사회의 불평등을 낳는 디지털 디바이드를 사회문제적 시각으로 바라봐야 하는가 하는데 초점을 둔다. 디지털 디바이드의 간극을 줄이는 것은 국가적 과제이고, 국가간에 있어서도 디지털 디바이드를 줄이고자 하는 노력들은 디지털 디바이드가 가져오는 파생적인 문제를 심각하게 받아들이는 데서 나온 것이다.

대부분의 학자들이 갖는 견해는 계급, 계층간의 불평등은 단순히 경제적 측면에서만이 아니라 교육수준, 문화, 사회적 네트워크 등의 사회적 측면을 포함하기 때문에 계급, 계층간 사회적 불평등 조건이 디지털 디바이드로 이어질 개연성을 충분히 지니게 된다고 보는 것이다. 여기에 다시 이러한 디지털 디바이드는 새로운 불평등 구조로 굳어지면서 정보접근과 이용에 유리한 사람들은 더욱 자신들의 유리한 계층적 위

Schiller, *Information Inequality* (London: Routledge, 1996). 실러는 정보라는 것이 특정 집단에게만 제한적으로 제공되었을 때 정보위기(information crisis)를 불러오게 되고 이것은 사회불평등을 심화시켜 사회적 위기의 강도를 높인다고 말한다. 특히 정보를 생산하고 분배하는 사람들이 정보를 저질화 시키면서 정보생산자들만의 특권을 가지고 정보를 다루는 것에 그는 주목하고 오늘날 미디어의 메시지와 이미지의 저질화가 바로 그런 경우라고 지적한다.

치를 굳게 만든다는 것이다. 이것은 기존의 디지털 디바이드가 줄어들기도 전에 새로운 디지털 디바이드를 만들어 냄을 말한다. 급속히 진행되는 정보화과정으로 인한 산업사회의 부정적인 불평등 사회구조를 예단한 학자들 주장의 연장으로 이해할 수 있다. 이미 존재하고 있는 정보기술 이용의 불평등, 즉 지식, 정보의 격차가 존재하는 상황에서, 새로운 정보기술의 채택은 높은 수준의 지식과 정보를 가지고 있는 집단이 새로운 정보기술에 접근하는 데 상대적으로 용이하게 하도록 하여 불평등 구조를 더욱 심화시킨다고 우려한 이야기들이다.

우리나라의 경우 정보화수준이 낮은 단계에 있다고 볼 수 없기 때문에 계층간 디지털 디바이드를 이제 의미 있게 바라봐야 할 때이다. 통신기기 소유의 측면에서 격차는 분명히 존재하며 학력이나 소득배경에 따른 상대적 디지털 디바이드도 확인되고 있다. 최근 들어 컴퓨터통신 가입자수나 인터넷 접속자수가 급격히 증가하고 있지만, 그것이 대부분 상업적 통신망을 중심으로 확대되고 있기 때문에 앞으로 비용지불능력이 없는 사람들의 경우 정보기기에의 접근이나 사용에 있어서 뒤떨어질 가능성이 매우 크다.

디지털 디바이드와 관련된 대부분의 연구들은 주로 성, 세대(연령), 지역, 계층이라는 네 가지 차원에서 파악하고 있다. 이들 변인을 중심으로 각각의 차원에서 지식과 정보가 창출, 유통, 축적되는 전자공간에 대한 접근기회를 얼마나 갖고, 이 전자공간을 얼마만큼 친숙하게 접속하고 있으며, 그리고 일상적인 생활과정 속에 전자공간이 차지하는 비중이 양적으로 어느 정도이며 또한 질적으로 얼마나 중요한 위치를 차지하는가에 따라 경계를 그어 물리적인 구분을 통해 정보격차를 보여주면서 디지털 디바이드를 사회문제적 시각으로 바라보는 것이다.

이 글은 한국의 디지털 디바이드에 대해 연구나 조사한 내용을 기술적으로 살펴보는 것을 답습하면서도 논의의 전개를 위해 디지털 디바이드의 쟁점을 정리하려고 한다. 따라서 우리사회의 디지털 디바이드가 갖는 모습 속에서 우리는 탈근대사회의 사회문화적 불평등을 디지털 디바이드란 이름으로 볼 수 있는지 탐색하고 디지털 디바이드란 이름으로 접근했을 때 정보시대의 인간의 진정한 자유와 평등권이라는 측면은 어떻게 평가해야 하는지 고민하고자 하는데 그 목적이 있다.

II. 디지털 디바이드의 논의와 쟁점

인터넷은 의사소통의 기본적인 수단이면서 동시에 정보의 처리과정에 중요한 도구이다. 뿐만 아니라 경제와 사회의 모든 영역에 파고들면서 사회적 영향력도 막강하게 되었다. 이러한 인터넷이 우리의 사회에 공평하게 제공되지 못하고 불균등하게 확산되어 있다는 인식에서 디지털 디바이드의 쟁점은 발생하고 이를 근거로 논의를 전개하게 되는 것이다. 디지털 디바이드의 개념은 어떻게 보면 우리 사회의 정의와 평등의 관점에서 중요한 이슈가 되고 있는 것이다. TV, 신문 그리고 라디오 등과 같은 미디어의 보유와 활용의 차이를 통해 정보불평등의 간극이 벌어지고 있다고 보는 조사가 있긴 하지만, 어디까지나 컴퓨터와 인터넷의 등장으로 시작된 것이라고 볼 수 있다. 컴퓨터와 인터넷은 다른 미디어와 달리 비용 면에서 부담스러우면서 동시에 이용 면에서 기술적인 폭이 넓다고 하는 특이성을 가지고 있다. 따라서 디지털 디바이드를 어떻게 접근해야 하며 어떻게 풀어갈 것인가에 대한 논의는 복잡할 수밖에 없다.[4]

---

4) 디지털 디바이드의 논의는 최근 활발해지고 있다. 이에 대한 포괄적인 관점과 경험적 조사틀을 제공해주는 것으로 다음을 볼 것. Compaine, Benjamin M. (엮

한국사회의 디지털 디바이드에 대해서는 1988년 한국정보문화센터(현 한국정보문화진흥원)에서 <정보화사회 및 수용도 조사>라는 이름으로 시작된 이래 거의 매년 국민정보생활실태란 이름으로 조사보고서가 나오면서 관심을 갖게 되었고, 대부분의 연구들도 한국정보문화진흥원의 조사자료를 이용하고 있다. 조사보고서의 내용은 크게 컴퓨터이용, 인터넷이용, 정보화 인식 및 태도 그리고 정보화교육 등을 다루고 있다. 디지털 디바이드는 사실상 정보이용의 차이를 보여주는 정보격차보다는 훨씬 복합적인 다차원의 개념이다. 디지털 디바이드라는 말을 쓰는 것은 디지털 환경의 사회적 분열을 여러 가지 차원에서 표현하는 것이기 때문에 엄밀히 말해 정보격차(information gap)와는 다른 것이다. 따라서 단순히 정보의 접근과 이용에 따른 차이만을 디지털 디바이드라고 보기는 어렵다.

디지털 디바이드의 유형으로는 정보에 쉽게 접근할 수 있는지에 관한 접근격차, 정보를 얻기 위해 비용을 지불할 수 있는지에 관한 활용격차, 그리고 정보를 삶의 이용수단으로 인식하고 받아들이는가 하는 수용격차로 나누기도 한다. 접근격차는 경제적 이유로 인해 정보매체에 접근할 수 없는 경우를 말한다. 활용격차는 정보를 활용할 능력이 개인적 이유이든 사회적 이유이든 간에 정보교육을 받은 사람과 그렇지 못한 사람간의 차이로 발생하는 것인데, 개인적인 경제적 능력의 차이 못지 않게 사회적 지원과 교육도 이 차이에 한 몫 하게 된다는 것이다. 수용격차는 정보사용자들이 정보의 효용성을 깊게 인식하고 얼마나 심도

음), *The Digital Divide: Facing a Crisis or Creating a Myth?* (Cambridge: MIT Press, 2001) Pippa Norris, *Digital Divide: Civic Engagement, Information Poverty, and The Internet Worldwide* (Cambridge: Cambridge University Press, 2001), Bernaldez, Pedre B., "Civic Networking: Bridging the Digital Divide", *Peace Forum*, Vol. 16, No. 28 (2000), 57쪽~64쪽.

있게 받아들이는가에 따른 차이를 말한다.[5]

사실상 접근격차는 활용격차나 수용격차와 달리 불평등한 경제구조를 통해 정보불평등이 발생한다는 네오맑시스트들이 주장과 같은 맥락에서 이해할 수 있다.[6] 컴퓨터의 보급이 시장 메커니즘에 의존하기 때문에 경제적 지불능력이 안되는 저소득층의 경우는 컴퓨터라는 미디어에 접근하기가 매우 제한적일 수밖에 없다. 컴퓨터는 기기의 구입뿐만 아니라 통신비용과 기타 장비비용이 함께 들어가는 운영유지비가 들기 때문에 저소득층은 정보이용에 불편한 위치에 놓이게 되는 것이다. 이에 반해 활용격차와 수용격차는 사회문화적 구조 속에서 수용자들의 관심과 활용에 영향을 받는다는 것이다. 즉 수용자들의 교육수준과 직업에 따른 사회문화적 능력이 정보불평등을 가져온다는 주장이다.[7] 경제적 차원에서 바라보는 접근격차와 사회문화적 차원에서 보는 활용격차나 수용격차는 정보수용자들의 입장에서 보는 디지털 디바이드에 대한 접근이다.

한편 기술확산론적 관점에서 디지털 디바이드를 바라보기도 한다. 이것은 정보를 매개하는 미디어의 기술이 빠르게 발전하면서 확산시간이 짧아짐에 따라 정보불평등이 일어난다는 주장이다. 인터넷 기술이 빠르게 변화하고 인터넷 미디어의 운용에 따른 능력이 복잡하게 됨으로써 정보수용자들의 활용정도가 이러한 것에 따라잡지 못한다는 것이

---

5) 김 문조·김 종길, "정보격차(Digital Divide)의 이론적·정책적 재고", 「한국사회학회」, 제 36집, 4호, (2002).

6) Peter Golding, and Graham Murdock, "Unequal Information: Access and Exclusion in the New Communications Markets Place", In M. Ferguson (엮음), *New Communication Technologies and the Public Interest: Comparative Perspective on Policy and Research*, (Beverly Hills: Sage, 1986), 71~83쪽. 우리글로는 "계급과 소득분배에 따른 정보불평등 현상", 「정보사회 정치경제학」(김 승현 편역), (서울: 나남, 1990).

7) 윤 영민, 「전자정보공간론」(서울: 전예원, 1996).

다.8) 인터넷 미디어 기술이 손쉽게 익숙해질 때쯤이면 또 다른 새로운 기술이 나타나게 되면서 정보를 손쉽게 이용하는 사람과 그렇지 못한 사람의 간극은 더욱 벌어지는 것이다. 미국의 상무성 보고에서 신기술에 접근한 자와 접근하지 못한 자 사이의 분할을 디지털 디바이드라고 정의한 바 있다.9) 일견 이러한 정의가 신기술의 출현이 디지털의 기술환경에 초점을 둔다는 점에서 기술확산론점 관점에서 이해할 수 있다. 새로운 기술이 등장하는 속도는 엄청나게 빠르게 진전된다. 무어의 법칙대로라면 매 18개월마다 컴퓨터 칩의 속도는 2배 늘어나고 성능이 개선되는데 비해 인간의 활용능력은 그렇지 못하다는 것이다.10)

선진기술을 가진 국가를 기반으로 본다면 디지털 디바이드는 개인들 간의 정보이용의 차이만이 아니라 정보산업의 대자본화를 통한 문제의 발생으로 국가간 정보유통의 불균형과 문화종속의 문제로 이어질 수도 있다.11) 디지털 디바이드는 단순히 인터넷 접근에 대한 개인적 차원의 권리나 수월성에 관한 문제가 아니다. 여러 가지 목적으로 인터넷을 사용할 수 있는 능력도 포함되며, 인터넷에 접근할 권리가 박탈당한 사람

---

8) Everett M. Rogers, *Diffusion of Innovations* (New York: Free Press, 1995).
9) NTIA. *Falling Through the Net: Defining the Digital Divide*, U.S. Deparment of Commerce, (1999).
10) 고든 무어는 인텔사의 공동창업자로 마이크로 칩에 저장할 수 있는 데이터 양이 매 18개월마다 2배로 증가한다고 주장한다. 따라서 데스크탑, 노트북, PDA 등과 같은 컴퓨터 성능은 매 5년마다 10배, 10년마다 100배, 15년마다 1000배씩 개선되는데 반해 컴퓨터의 가격은 떨어진다는 것이 무어의 법칙이다. 따라서 무어의 법칙대로라면 디지털 디바이드는 네오맑시트적 관점보다는 확산론적 관점으로 접근할 수밖에 없다.
11) 권 기현, 「정보사회의 논리-지식정보사회와 국가경영의 논리」(서울: 나남, 2000), 3장 4장. 특히 아시아 국가가의 디지털 디바이드에 대해서는 다음을 볼 것. David C. Michael, & Greg Sutherland, *Asia's Digital Dividends: How Asia-pacific's corporations Can Create Value From E-business*, (Singapore: John Wiley & Sons, 2001).

까지도 그들의 요구에 맞게 인터넷을 접할 수 있게 하는 내용을 포함하는 것이다.12) 정보에 대한 접근만이 아니라 새로운 정보를 만들어내는 것까지도 디지털 디바이드는 관여하는 것이다.

그러나 일반적으로 디지털 디바이드를 주체, 대상, 심화정도, 그리고 메커니즘에 따라 다음의 유형으로 나눌 수 있다.

○ 디지털 디바이드의 주체 - 성/계층/세대/지역/민간과 공공/장애인과 일반인/국가간
○ 디지털 디바이드의 대상 - 일상생활과 비즈니스업무
○ 디지털 디바이드의 심화정도 - 정보단절/정보취약/정보계층화
○ 디지털 디바이드의 메커니즘 - 정보접근/정보활용/정보생산

디지털 디바이드에 관한 조사는 대부분 주체에 따라 메커니즘이 어떻게 달라지는가 유형화시키기 위한 것으로 나타난다. 쉽게 말해 디지털 정보에 쉽게 접근해서 이용하는 집단과 그렇지 못한 집단 사이의 차이를 보여주고 하는 것이 디지털 디바이드를 연구하는 목적이다. 성별에 따라 디지털 디바이드가 발생되고, 계층에 따라, 지역에 따라, 그리고 국가간에 디지털환경이 달라서 사회적 분열이 발생함을 보여주는 것이다. 정보로부터 소외되는 집단군을 찾아내어 정부정책과 법제도를 개선하고자 하는 정책적인 면이 디지털 디바이드에 관한 연구 속에 내포되어 있다.

따라서 주체에 따라 컴퓨터의 보유율, 인터넷 가입율, 인터넷 이용율의 차이를 분석하면서, 이를 측정한 결과를 오늘날 디지털 디바이드의 단면으로 보게 된다. 미국 호주 등 대부분의 국가의 경우 디지털 디바

---

12) Lisa J. Servon, *Bridging the Digital Divide: Technology, Community, and Public Policy* (Oxford: Blackwell, 2002), 1~23쪽.

이드에 대한 보고서를 제출하는데 이들 나라 역시 컴퓨터보유 유무, 인터넷 가입과 이용 정도를 가지고 디지털 디바이드를 설명한다. 디지털 디바이드는 정보 접근과 이용을 둘러싼 사회적 분열이다. 이러한 분열이 왜 발생하는가? 크게 다음의 세 가지로 보고 있다. (1) 사회경제의 불평등한 구조가 디지털 디바이드를 낳는다 (2) 정보를 담고 전달하는 매체의 확산이 순식간에 이루어져서 확산의 시간적 차이가 디지털 디바이드를 낳는다 (3) 수용자가 갖는 관심에 따라 달라지는 정보이용의 필요집단이냐 아니냐는 디지털 디바이드를 낳는다.[13]

- 산업사회의 불평등 (빈부차이) / 디지털 디바이드 − (문제적 시각)
- 매체의 전달속도 (시간적 확산차이) / 디지털 디바이드 = (중립적 시각)
- 수용자의 관심 (사회인구학적 차이) / 디지털 디바이드 + (자연발생적 시각)

위의 첫 번째의 경우, 사회경제적 불평등 구조가 여전히 디지털 디바이드를 초래하며 궁극적으로 컴퓨터 구입비와 운영비 또는 통신비용 등이 비싸기 때문에 저소득층에서는 정보에 접근할 기회가 자동 차단당하여 정보불평등으로 이어진다는 것이다. 미국의 클린턴 행정부에서의 정보화지원정책은 바로 이러한 배경에서 이루어진 것이고, 우리나라의 경우도 정보격차 해소를 위해 많은 예산을 투입하는 것은 같은 맥락에서 이해할 필요가 있다(한국의 경우 2000년과 2001년의 경우 정보접

---

[13] 이러한 세 가지의 입장을 정치경제학적 입장, 확산론적 입장, 사회구조적 입장으로 정리해서 보기도 한다. 이에 대해서는 다음을 볼 것. 유 지열, "우리나라의 정보격차에 관한 지수(Index) 접근", 「한국사회학회」, 제 36집, 1호, (2002), 그리고 윤 영민, 「사이버공간의 정치」, (서울: 한양대학교 출판부, 2000), 175~181쪽.

근 기회를 확대하기 위해 3천7백억 원을 투입했으며, 정보이용능력의 향상을 위해 각 부처별로 정보화교육에 4천6백 억원을 투입했다).

두 번째의 경우, 새로운 커뮤니케이션의 기술이 급속도로 발전함에 따라 이에 적응하는 습득정도에서의 차이가 디지털 디바이드를 낳는다는 것이다. 대체로 기술의 초기 단계에서는 디지털 디바이드가 확산되는 경향을 보이지만, 시간이 지날수록 그 간극이 줄어든다는 주장이 있다.14) 그러나 컴퓨터의 기술은 쉽게 그 간극을 줄일 수 없는 자기증대적 기술이기 때문에 단순히 텔레비전의 문화 리터러시 정도로 보아서는 안 된다. 새로운 기술 개발은 사이클이 짧고 급속해진다고 볼 때, 디지털 디바이드는 감소되는 것이 아니라 심화된다.

세 번째의 경우, 수용자의 교육정도 그리고 직업의 종류에 따라 정보를 필요로 하고 이용하는 정도가 달라지게 되면서 디지털 디바이드가 발생한다는 것이다. 즉 수용자의 관심정도를 유발하는 수용자의 계층적 위치, 직업적 위치, 교육적 위치가 디지털 디바이드를 발생하는 요인인 것이다.

세 가지의 요인에서 볼 때, 첫 번째의 경우는 다분히 문제적이다. 산업사회가 보여준 불평등에 대한 문제적 시각에서 디지털 디바이드를 접근하는 것이고, 두 번째의 경우는 중립적이며 세 번째의 경우는 디지털 디바이드 자체를 사회 문제적으로 바라보는 부정적 시각에 의한 접근이 아니라 하나의 사회현상으로 인식하는 것이라고 볼 수 있다. 따라서 지금까지 정보격차, 정보불평등, 디지털 디바이드란 개념에서의 부정적 의미는 바로 첫 번째의 경우에서 보고자 한 것으로 이해할 수 있

---

14) 로저스는 새로운 기술은 확산초기에는 정보격차를 확대하지만, 나중에는 감소하는 방향으로 작용한다고 주장한다. Everett M. Rogers, *The New Media in Society: Communication Technology* (New York: Free Press, 1986).

다. 이 글에서도 부정적인 의미로 접근하기보다 하나의 사회현상인 정보접근과 이용의 차이를 어떻게 우리가 받아들여야 하는가를 살펴보고자 할 것이다.

Ⅲ. 우리사회의 디지털 디바이드와 현실

1. 우리사회의 디지털 디바이드

디지털 디바이드를 정보접근과 이용의 집단간 차이에 따른 사회적 분열로 규정한다면 정보를 다루는 주체, 즉 정보를 이용하는 주체에 따라 디지털 디바이드는 다양하게 나타난다. 대체로 앞서 살펴본 것처럼 크게 성, 세대, 지역, 계층에 따라 정보의 접근과 이용에 차이를 보이게 된다. 여기서 계층별로 구분할 기준이 따로 없기 때문에 학력, 직업, 소득의 기준에 따라 나누어 볼 수 있는데 구체적으로 나타낸 것이 <표1>이다.

<표1>은 우리 사회의 컴퓨터 보유정도와 인터넷 이용정도의 비율을 성, 연령, 지역, 계층(학력, 직업, 소득)에 따라 나타낸 한국정보문화진흥원의 조사보고서를 토대로 1999년과 2002년의 자료를 비교 구성한 것이다. 1999년과 2002년을 기준으로 삼은 것은 1996년에 수립된 '정보화촉진기본계획'에 따라 1단계 기본조성단계(1996~2000)와 2단계 정보활용확산단계(2001~2005)를 구분해서 살펴보는 것이 의미 있다고 보았으며, 특히 1단계 마무리 직전인 1999년의 경우와 2단계의 초반을 마무리하는 2002년이 비교기준으로 우리사회의 디지털 디바이드를 보는데 적절한 것으로 생각했기 때문이다. 두 시기를 비교해 보면 전반적으로 컴퓨터의 보유율과 인터넷 이용률이 급격히 늘어난 것을 알 수 있다.

<표1> 한국의 컴퓨터 보유율 및 인터넷 이용률[15]

구분	연도		컴퓨터	인터넷	인터넷컴퓨터
성별	남성	53.4	16.0	84.7	79.1
	여성	50.1	9.8	83.0	77.2
연령	10대	61.2	13.5	93.8/95.8	87.5/93.8
	20대	54.1	19.6	85.2	81.1
	30대	45.8	10.8	85.5	79.7
	40대	60.6	11.6	88.7	84.2
	50대 이상	38.7	6.7	75.7/44.8	64.7/36.2
지역	대도시	54.2	13.9	86.2	80.4
	중소도시	52.9	13.4	84.5	79.7
	읍면	45.6	10.4	70.4	61.9
학력	중·고 재	61.9	12.9	78.3	72.2
	대학(원) 재	79.5	35.8	—	—
	중졸 이하	31.8	3.4	78.4	70.2
	고졸	45.6	7.6	83.1	77.7
	대졸이상	67.8	26.8	93.9	89.7
직업	농·임·어업	22.9	2.9	55.7	45.1
	자영업	52.7	10.8	83.5	76.8
	블루칼라	40.4	8.6	76.7	70.4
	화이트칼라	63.6	23.7	92.1	89.3
	가정주부	43.3	5.7	76.9	69.4
	중·고등학생	61.9	12.9	96.7	95.0
	대학생	79.2	35.7	?	?
	무직	39.4	10.3	72.8	63.9

---

15) 다음의 자료를 가지고 표를 재구성한 것임. 한국정보문화센터, 「국민생활 정보화실태 및 정보화인식 조사」, 조사보고 99-01 (1999), 한국정보문화진흥원, 「2002 국민 정보생활 현황 조사」, 조사보고 02-04 (2003). <표1>에서 2002년의 경우 연령구분에서 10대가 둘로 나누어진 것은 초등학생 10대와 초등학생 이상의 10대를 구분하는 것이고, 50대 이상의 경우도 50대와 60대를 구분해서 나누어 표기한 것임. 학력의 경우는 2002년의 경우 대학재는 따로 구분되어 있지 않으며 직업에서는 중고등 대학생 모두를 합쳐 계산 것임.

소득	100만원 미만	35.3	7.4	53.5	39.1
	100~200만원	49.0	10.5	74.4	67.2
	200~300만원	64.7	18.3	88.4	84.0
	300~400만원	80.0	35.6	92.3	87.4
	400만원 이상	87.8	41.5	94.2	91.3
	전체	51.8	16.1	83.8	78.1

남녀 성별의 경우, 1999년이나 2002년 두 시기를 비교해 보면 컴퓨터 보유율은 남녀 모두 53.4%와 50.1%를 차지하던 것이 84.7%와 83.0%로 크게 늘어났고 인터넷 이용률은 16.0%와 9.8%에 불과하던 것이 79.1%와 77.2%로 크게 늘어났다. 그러나 컴퓨터 보유율이나 인터넷 이용률에 있어서 모두 남자가 여자보다 더 높다. 연령별로 보면 컴퓨터 보유율이 젊은 세대인 10대와 경제력이 있는 40대가 높으나 인터넷 이용률은 대체로 젊은 층인 10대 20대가 높은 비율을 보인다. 지역별로 살펴보면 대도시가 중소도시나 읍면보다 높으며, 직업은 학생과 화이트칼라층이 컴퓨터 보유율과 인터넷 이용률에서 높다고 할 수 있다. 소득별로 보면 저소득층보다 고소득층이 더 높게 나타났다. 1999년과 2002년을 비교했을 때 디지털 디바이드의 측면에서 정보접근과 정보이용은 큰 폭으로 증가한 차이를 드러내고 있다. 그러나 컴퓨터 보유와 이용에 앞서던 변인이 시간이 지나면서 바뀌는 경우는 발생하지 않았음을 보여준다. 따라서 배경변인별로 볼 때 격차순위에 있어서는 별다른 변화가 없다는 것을 알 수 있으며, 다만 표에서 확인할 수 있듯이 컴퓨터 보유율과 인터넷 이용률이 크게 높아지고 있는 것은 분명하다.

컴퓨터 보유와 인터넷 이용의 증가가 꾸준히 늘어나고 있다는 것은 국가정보화백서에서 보여준 <표2>의 2000년 자료에서도 잘 나타난다.

<표2>의 컴퓨터 보유나 인터넷 이용률은 1999년과 2002년의 경우와 비교하면 중간적 비율을 보여준다. 다만 <표2>에서 우리가 눈여겨볼 것은 컴퓨터 보유와 인터넷 가입·이용이 집단간 격차를 보인다는 것이다. 성별로 볼 때 컴퓨터 보유는 남녀간 격차가 3.7인데 비해 인터넷 가입과 이용이란 것으로 살펴보면 7.3과 16.3으로 증가하고 있다. 이것은 남자가 여자보다 컴퓨터 이용을 많이 한다는 의미인데, 보유보다 이용 면에서 남녀 차이가 크다는 것이다. 연령별에서는 50대와 10대의 비교를 통해 볼 때, 컴퓨터 보유율은 26.3포인트의 차이를 보이지만, 인터넷 이용률에 있어서는 68.4로 크게 증가한다. 나이가 많을수록 컴퓨터 보유와 달리 이용에서는 큰 격차를 보이는 것이다. 그러나 소득별로 봤을 때 컴퓨터 보유는 큰 차이를 보이지만, 인터넷 이용에서는 그 격차가 줄어들고 있어 경제적 여유로 인한 컴퓨터 보유는 소득수준 간 차이가 많지만 이용 면에서 그 격차가 덜하다고 할 수 있다. <표2>의 수치에서 인터넷 이용률에 따른 격차만을 놓고 보았을 때 각 배경 변인별로 직업의 격차(86.8)가 제일 크고 그 다음이 연령(68.4), 학력(60.5), 소득(28.9) 순으로 나타난다. 연령(16.3)과 지역(7.9) 상대적으로 격차가 인터넷 이용률에 있어 다른 변인들 보다 크지 않게 나타났다. 여기서 보면 직업, 연령, 학력은 모두 50% 포인트 이상의 격차를 보여 다른 변인보다 큰 차이를 나타낸다. 이러한 격차는 다른 연구에서도 대체로 직업, 연령, 학력이 큰 차이를 보이고 있음이 나타났다.[16]

---

16) 김 정석·심 상완, "한국의 정보격차 추이(1995~2000)분석", 『동향과 전망』, 제 50호, (2001).

<표2> 2000년 집단별 컴퓨터보유, 인터넷 가입 이용률 격차[17]

(단위; %)

구분	컴퓨터 보유	인터넷 가입률	인터넷이용률
남자	67.8	42.8	45.1
여자	64.1(3.7)	35.5(7.3)	28.8(16.3)
중졸 이하	46.3(34.4)	16.3(46.5)	1.9(60.5)
대졸 이상	80.7	62.8	62.4
가정주부	59.1	25.3	11
농/임/어업	45.1(40.8)	19.5(54.6)	7.3(86.8)
대학생	85.9	74.1	94.1
50세이상	51.2(26.3)	19.8(38.2)	4.9(68.4)
10대	77.5	58	73.3
1백만원이상	36.1(43.4)	20.7(41.8)	24.5(28.9)
4백만원이상	79.5	62.5	43.4
대도시	69.1	43.4	39.4
읍?면지역	58.4(10.7)	28.6(14.8)	31.5(7.9)
전체	66	39.2	37.1

1999년과 2002년의 경우도 배경변인 가운데 격차가 작을 것 생각되는 성별, 그리고 격차가 클 것으로 생각되는 연령과 직업을 중심으로 이용지수에 따른 정보격차를 살펴보면 <표3>과 <표4>처럼 나타난다. <표3>과 <표4>는 <표1>을 기준으로 각 변인의 1순위를 차지하는 집단을 비교기준집단으로 해서 그 값을 100으로 했을 때 다른 변인이 갖는 값을 표시한 것을 지수로 삼았고 최저 지수와의 차이를 격차지수

---

17) 한국전산원, 「2001 국가정보화백서」(2001), 297쪽.

로 나타냈다. 디지털 디바이드에서 정보격차를 이용지수별로 보았을 때 점차 시간이 지날수록 간극은 줄어들면서도 변인별로 여러 속성이 드러나고 있다. 전반적으로 컴퓨터의 보급과 이용자들의 인터넷 사용은 크게 늘어나도 앞선 수위의 변인이 다른 변인에 다시 전복되는 경우는 없다. 예를 들어 여자가 남자보다, 노인층이 젊은층보다, 그리고 농/임/어업의 직종이 학생보다 컴퓨터보유나 인터넷이용에서 앞서지는 않는다는 것이다. 그러나 그 격차의 변동에 대해서는 우리가 주의 깊게 살펴볼 필요가 있다. 우선 <표3>과 <표4>에서 성별, 연령별, 직업별로 분석하였다.

성별	남자	100	38.7
	여자	61.3	
연령별	20대	100	65.8
	10대	68.9	
	40대	59.2	
	30대	55.1	
	50대이상	34.2	
직업별	대학생	100	91.9
	화이트컬러	66.4	
	중?고등학생	36.1	
	자영업	30.3	
	무직	28.9	
	블루칼라	24.1	
	가정주부	16.0	
	농/임/어업	8.1	

성별	남	100	2.4
	여	97.6	
연령별	13세-19세	100	61.4
	7세-12세	93.3	
	40대	89.8	
	20대	86.5	
	30대	85.0	
	50대	69.0	
	60대이상	38.6	
직업별	학생	100	52.5
	전문관리/사무직	94.0	
	초등학생	91.8	
	서비스/판매직	80.8	
	생산관련직	74.1	
	주부	73.1	
	무직/기타	67.3	
	농/임/어업 종사자	47.5	

<표3>의 1999년에는 남성과 여성의 경우 여자들이 상대적으로 이용지수의 수치가 61.3으로 낮았으며 성별 격차지수가 38.7로 나타났다. <표4>의 2002년에는 여성들의 인터넷 이용률이 크게 증가해서 격차지수가 2.4로 크게 줄었다는 것을 알 수가 있다. 그러나 연령별로 보면 1999년의 경우 20대를 기준으로 볼 때 격차지수가 65.8인데 비해, 2002년의 경우 기준이 10대로 낮아지게 되고 더구나 중·고등학생 연령층인 13세에서 19세가 인터넷 이용률이 제일 높으면서 연령별 격차지수는 61.4를 나타낸다. 직업별로는 1999년은 대학생이 기준이 되고, 2002년은 학생이 기준이 되는데, 이는 학생들이 인터넷이용을 가장 많이 하게 된다는 것이다. 직업의 경우 격차지수가 1999년은 다른 변인보다 크게 나타나 91.9를 보였으나, 2002년은 다소 줄어 52.5를 나타내고 있다. 1999년은 직업에 따른 격차지수가 크게 나타났으나, 2002년은 연령에 따른 격차지수가 가장

크게 나타났다. 특이한 것은 2002년에 성별에 따른 격차지수가 엄청나게 줄었음을 보여준다.

앞서 우리는 소득이 사실상 컴퓨터 보유에 미치는 영향이 큰 것을 보았다. 고소득층과 저소득층간의 컴퓨터 보유와 인터넷 이용을 비교했을 때 컴퓨터 이용보다 보유에 더 큰 차이를 나타냈다. <표5>는 소득이란 변인의 측면에서 1999년과 2002년의 인터넷 이용에 따른 격차지수를 직접 비교해서 나타낸 것이다.

년도 구분	1999년	2002년
100만원 미만	17.8	42.8
100-200만원	25.3	73.6
200-300만원	44.1	92.0
300-400만원	85.8	95.7
400만원 이상	100.0	100.0
격차 지수	82.2	57.2

소득에 따른 격차지수는 줄었다는 것을 <표5>에서 알 수 있으며 대체로 소득간 비교를 보면 2002년은 1999년과 비교해 격차가 많이 좁혀져 있음을 보여준다. 즉 100만원 미만인 저소득층의 경우 1999년은 이용률이 17.8로 낮게 나타났지만, 2002년은 42.8로 절반 수준에 가까이 이르고 있다.

인터넷 이용률은 시간경과에 따라 각 변인별 측정치는 늘어났음을 우리는 보았다. <표6>은 '정보화촉진기본계획'의 1단계 막바지의 1999년과 2000년의 분기마다 인터넷 이용률이 어떻게 변화하고 있는가를 인터넷 이용자에 관한 설문조사를 통해 세밀하게 보여주고 있다. 표에서 보는 바와 같이 성별과 지역별 격차에서는 다소 미미하지만, 연령

학력 소득 직업간 인터넷 이용률은 격차가 심화되고 있음을 보여준다. 성별 격차가 줄어드는 것은 여성들의 정보이용의 관심이 이미 1995년 베이징에서 열린 세계여성대회에서부터 시작되었다고 볼 수 있으며[18] 우리나라도 여성들의 정보이용이 크게 늘면서 그 차가 줄어들고 있는 것이다. 그리고 지역간의 격차가 크지 않는 것은 이미 우리나라의 통신망 인프라가 지역간 차이를 크게 줄이고 있기 때문으로 보인다.

  디지털 디바이드를 정책적으로 노력으로 해결하려는 우리사회의 모습 속에서 그러한 정책이 실효를 거둔 결과인지는 알 수 없지만, 컴퓨터 이용률이 전반적으로 높아진 것은 사실이다. 그러나 정보격차는 변인 간에 차이가 커지는 것도 있고 작아지는 것도 있다. 디지털 디바이드는 산업사회의 불평등의 연장으로서 마치 정보사회의 불평등으로 바라보는 시각이 있다. 그러나 디지털 디바이드를 초기에서는 정보복지라는 차원에서 정책적인 해결의 노력이 필요하겠지만, 궁극적인 디지털 디바이드의 해소를 위한 재정적인 투입이 해결할 수 있는 문제는 아닌 것으로 이해될 수 있다. 왜냐하면 전체적인 컴퓨터 보급율과 정보 이용률은 높아지고 있으나, 변인 속성에 따른 차이인 정보격차 지수는 줄어드는 것만은 아니다. 오히려 위의 경우 연령별 이용 지수는 크게 늘어났다. 디지털 디바이드는 결국 수용자의 관심과 그 특성에서 나오는 것이라고 할 수 있다.

---

[18] Chonchanok Viravan, "The Digital Divide and its Impact on Women in Asia", *Asian Women*, Vol. 10 (2000), 71~79쪽.

<표6> 인터넷 이용률 변화 추이[19]

(단위: %)

구분	'99. 10	2000. 3	2000. 8	2000. 12
남성	30	41.5	44.4	50.9
여성	14.8(15.2)	24.8(16.7)	32.8(11.6)	38.6(12.3)
20대	41.9	59.1	65.9	74.6
50대 이상	2.9(39)	3.3(55.8)	4.3(61.6)	5.7(68.9)
중졸 이하	0.5(36.6)	1(51.2)	1.9(57.5)	2.8(64.7)
대졸 이상	37.1	52.2	59.4	67.5
150만 원 미만	18.4(11.2)	24.1(16.4)	30.4(17.9)	35.2(20.8)
250만 원 이상	29.6	40.5	48.3	56
농/임/어업	0.5(41.9)	1.9(58.9)	3.4(68.4)	4.1(74.6)
자영업	11.1(31.3)	15.7(45.1)	20.7(51.5)	24.6(54.1)
블루칼라	7.4(35)	13.4(47.4)	20.2(51.6)	25(53.7)
주부	5.1(37.3)	9.2(51.6)	15.4(56.4)	19.6(59.1)
학생	42.4	60.8	71.8	78.7
대도시	–	–	41.3	47.5
군단위	–	–	27.3(14)	33.3(14.2)
전체	22.4	33	38.5	44.7

2. 글로벌 디바이드와 우리현실

전세계의 인터넷 이용인구는 2001년 말 5억4천4백만 명이던 것이 2002년 12월에 발표된 조사에서 6억6천5백만 명을 넘어섰다. 일년 사이 1억2천 명이 늘어난 것이다. 인터넷 이용 인구가 2005년에는 10억으로 늘어날 것으로 전망하고 있으나 앞으로 이용자의 증가율은 20% 아래에

---

[19] 한국전산원, 「2001 국가정보화백서」(2001), 298쪽.

머물 것으로 추측하고 있다.

<표7> 2002년 인터넷 이용자수 상위 15개국[20]

순위	국가	인터넷이용자수(단위: 천명)	비율(%)
1	미국	160,700	24.13
2	일본	64,800	9.73
3	중국	54,500	6.71
4	독일	30,350	8.18
5	영국	27,150	4.08
6	한국	26,900	4.04
7	이탈리아	20,850	3.13
8	캐나다	17,830	2.68
9	프랑스	16,650	2.50
10	인도	16,580	2.49
11	브라질	15,840	2.38
12	러시아	13,500	2.03
13	호주	10,450	1.57
14	스페인	10,390	1.56
15	대만	9,510	1.43
상위 15개국			74.48496,000
전세계			100665,910

그러나 국가간 디지털 디바이드는 심각한 수준이다. 현재 인터넷 이용자수는 <표7>에서 보는 것처럼 상위 15개국이 74.48%를 차지하고 있다. 2003년 12월 스위스 제네바에서 개최 예정인 '정보화에 관한 세계정상회의'의 프로젝트는 이를 해결하기 위해 전세계를 2015년까지 인터넷으로 연결한다는 계획을 세워놓고 있다. 한국은 전세계 인터넷

---

20) 자료 Computer Industry Almanac Inc. 2002년 12월 보도자료를 이용.
http://www.c-i-a.com/pr1202.htm.

이용인구의 규모면에서 6위를 차지하고 있다. 한국은 영국과 비슷한 수준으로 2천6백만 명의 이용자로 전체 비율에서 4.04%를 차지해 세계 6위의 인터넷 이용국으로 나타났다. 그러나 <표8>에서 보는 것처럼 1999년의 경우만 해도 우리나라는 천명 당 인터넷 이용자수를 조사한 결과 세계의 상위 15개국에도 들지 못했다. 인터넷 이용률이라는 측면에서 본다면 세계 여러 나라와 비교해 볼 때 우리사회는 짧은 기간 동안 괄목하게 성장한 것이다.

디지털 디바이드를 측정하는 방법이라고 하는 것은 근본적으로 디지털 디바이드가 디지털 정보 혹은 디지털 경제에 접근하여 이용할 수 있는 집단과 그렇지 못한 집단의 차이를 설명하는 것이다. 따라서 컴퓨터, 인터넷, PC통신, 전자우편 등의 보유나 이용을 성별, 연령별, 지역별, 계층별로 차이를 측정하기 위한 것이다. 우리 사회에서도 이러한 변인간에 차이는 분명히 보이고 있다. 여기서 우리는 각 변인의 차이가 삶의 방식이나 질에 있어 영향을 미치는 불평등 구조를 고착하는 것으로 이해해서는 안된다는 것이다.

그리고 산업사회의 불평등이 인간 삶의 질을 결정했다고 해서 정보사회의 불평등 역시 인간 삶의 질을 결정하는 중요한 현상으로 이해해서는 곤란하다. 모든 인간이 자유롭지 않듯이 모든 인간에게 정보접근과 이용의 기회를 균등하게 제공할 수는 없다. 정보사회의 디지털 디바이드는 사회적 산물로 볼 수 있다. 탈근대사회에서 권력의 비통합성, 다원성, 문화의 이질성을 그 특징으로 생각한다면 우리사회의 디지털 디바이드는 실제로 존재하지만 문제적 인식으로만 바라봐서는 안될 것이다.

<표8> 인구 천명 당 인터넷 이용자수[21]

1999년 순위	1997년 순위	국가	1999년
1	7	캐나다	428.20
2	8	스웨덴	414.15
3	1	핀란드	408.04
4	4	미국	406.49
5	3	아이슬란드	403.46
6	10	덴마크	395.97
7	2	노르웨이	379.59
8	5	호주	343.27
9	9	싱가포르	310.77
10	6	뉴질랜드	264.90
11	13	네덜란드	255.55
12	11	스위스	245.80
13	12	영국	236.41
14	–	대만	216.82
15	14	홍콩	212.91
328.16총15개국			
46.75전세계			

IV. 마무리 – 디지털 디바이드와 정보자유를 위하여

인터넷 편의성의 증가에 따른 급속한 확산의 이면에는 여러 다른 문제가 함께 등장했다. 인터넷이 빠르게 확산되는 것은 컴퓨터와 인터넷의 이용에 따른 비용이 점차 줄어들고 있으면서 동시에 쉽게 다룰 수

---

21) 자료 Computer Industry Almanac Inc. 2000년 5월 보도자료를 이용.
http://www.c-i-a.com/pr1000.htm.

있는 기술들이 개발되면서 가능하게 되었다. 그렇지만 인터넷에 접속해서 이용하는 인구는 특정 집단에 따라 차이를 드러내고 있다. 이러한 정보이용에 따른 불균형을 불평등의 시각에서 사회문제로 바라보기도 한다.[22] 우리가 앞서 본 것처럼 정보이용에 따른 정보격차는 결코 줄지 않고 있으며, 어떤 배경집단도 이전의 상황과 다른 역전의 상황으로 가지 않고 있음이 확인되었다. 물론 자료의 선택에 따른 차이와 짧은 단편적 조사비교로 한계는 있지만, 분명 정보이용에는 차이가 있었다. 다른 연구에서도 컴퓨터 및 인터넷 이용률 격차 추이를 살펴본 결과 우리 사회는 정보화가 진전됨에 따라 정보격차는 계속 확대되어왔다는 결과를 내놓았으며, 최근 언론보도도 이러한 정보격차가 우리나라에서 심각하다고 진단하고 있다.[23]

정보기술에 접근할 수 있는 사람과 그렇지 못한 사람간의 차이는 크게 벌어져 있다. 우리가 앞서 살펴본 것처럼 성별에 따른 차이는 <표3> <표4>에서 38.7에서 2.4로 크게 줄었지만, 연령별·직업별 인터넷 이용에 따른 격차는 그 간극이 줄어들고 있지 않다. 연령별·직업별 차이를 본다면 이용지수에 따른 정보격차가 1999년에는 65.8, 91.9였으나, 2002년에는 61.4, 52.5로 줄었다. 격차가 줄긴 했지만, 모두 50포인트 이상을 나타내고 있어 디지털 디바이드는 심각하다고 볼 수 있다. 문제는

---

22) 서 이종, "디지털 정보격차의 구조화와 사회문제화", 「정보와 사회」, 한국정보사회학회, 2호 (2000).
23) 1996년에서 2000년까지의 정보격차를 조사한 연구에서 정보격차는 계속 확대되어 왔다고 보고 다만 컴퓨터의 확산으로 대중화에 접어들게 됨으로써 접근격차는 감소되더라도 이용격차는 증가될 것으로 전망하고 있다. 김 정석·심 상완, "한국의 정보격차 추이(1995~2000)분석", 「동향과 전망」, 제50호, (2001). 한편 20대와 50대 이상의 인터넷 이용률 격차는 99년에 39%에서 2003년 들어 올해는 84%로 크게 격차가 늘어나고 있으며 이러한 격차는 영국의 세대간 격차율 12%와 미국의 27.9%보다 훨씬 높다고 보도하고 있다. 「중앙일보」, 2003년 9월 23일.

정보화촉진 기본계획에 따라 격차가 줄어들어야 함에도 우리의 기대와 다르다는 것이다. <표5>에서 소득에 따른 격차도 1999년과 2002년을 비교한 결과 82.8에서 57.2로 줄어들긴 했지만 그 차이가 50포인트를 넘고 있다. 우리는 여기서 디지털 디바이드를 보여주는 이러한 차이가 사회인구학적인 속성에 따른 사회경제적 변인들에 의해 달라진다는 주장에 쉽게 동의하게 된다.[24] 왜냐하면 남자와 여자의 비교에서 격차는 크게 줄었지만, 다른 변인들에서는 50포인트를 여전히 넘고 있으며 더구나 집단변인들의 속성에 따라 정보이용은 뚜렷한 경향성을 보이고 있다. 즉 학생, 전문직, 대도시의 거주자들이 정보 이용률에 있어서 높게 나타났다.

정보격차가 정보화자체의 기술적 속성에 의해 야기되기보다 사회경제적 변인에 따른 차이로 우선 이해해야 한다. 우리는 사회경제적 변인에 따른 이러한 정보이용의 사회적 분열을 디지털 디바이드라고 받아들이게 될 때, 디지털 디바이드를 사회경제적 변인들 간의 단순한 접근(access)의 제한으로만 받아들여서는 안 된다. 디지털 디바이드는 콘텐츠의 문제와 교육의 문제이다.[25] 이러한 콘텐츠와 교육에 보다 관심을 두지 않으면 디지털 디바이드를 해소하기 어려울 것이다.

인터넷을 이용할 수 있는 동기의 중요한 요소는 콘텐츠와 밀접한 연관이 있다. 온라인에서 발견할 수 있는 것이 포르노와 게임뿐이라면 사람들이 인터넷에 접속하는 일은 그리 의미있는 일도 아니며, 인터넷을 이용할 이유도 삶의 질과 크게 관계없이 되는 것이다. 인터넷은 이용하

---

24) 김 정석·심 상완, "한국의 정보격차 추이(1995~2000)분석",「동향과 전망」, 제 50호, (2001), 265쪽.
25) Lisa J. Servon, *Bridging the Digital Divide: Technology, Community, and Public Policy* (Oxford: Blackwell, 2002), 4~8쪽.

고 있는 사람뿐만 아니라 현재 이용하지 않는 잠재적 이용자에게도 무언가 도움이 될 수 있는 콘텐츠를 제공해 줄 때, 우리는 인터넷이 갖는 기술적 의미를 되새겨 보고 적극 이용하게 될 것이다. 젊은 층이 인터넷을 장악해서 정보혜택을 독차지 하는 것은 젊은 층에 맞는 콘텐츠가 많기 때문이다. 노인전용 포털사이트를 개발한다면 연령에 따른 디지털 디바이드는 해소될 수 있을 것이다.

교육의 문제는 인터넷을 이용하는데 따른 훈련의 문제이다. 훈련은 언어에서부터 시작된다. 글을 읽고 해석할 수 있는 능력뿐만 아니라 인터넷을 이용하는데 따른 언어의 습득이 중요하다. 영어를 알면 보다 쉽게 인터넷에 접근가능하다는 주장은 나름대로 설득력 있는 주장이다. 기본적으로 언어습득과 함께 관심의 초점은 IT 문맹을 해결해야 한다는 것이다. 학교교육에서 이러한 것을 습득하기 위한 교육적 기반이 이루어지지 않으면 디지털 디바이드를 해결하기가 쉽지 않다. 왜 인터넷을 사용하며 어떻게 인터넷을 사용하는가에 대한 교육적 훈련이 되어 있지 않으면 디지털 디바이드를 해결하기 어렵게 된다.

디지털 디바이드는 접근의 문제, 콘텐츠의 문제, 교육의 문제 등 세 가지로 요약할 수 있다. 디지털 디바이드는 지금까지 대부분 정보접근(access)의 문제로 이해했다. 정보접근 못지 않게 중요한 것이 정보인식과 정보역량이다. 정보인식과 정보역량도 어디까지나 개인의 관심의 차이로 이어지는 정보접근에 포괄적으로 넣을 수 있다. 수용격차나 활용격차라는 것도 알고 보면 개인의 정보인식과 정보역량으로서 접근의 문제로 볼 수 있다. 우리사회에서 정보격차, 정보불평등, 디지털 디바이드에 관한 문제에 대한 해결책으로 대부분 정보접근과 정보교육에 초점을 두고 있는 것이 사실이다.[26] 따라서 우리사회에서는 콘텐츠 개발

---

26) 「2001 국가정보화백서」에 따르면 정보격차 해소 노력을 위해 ①농어촌지역 정

이 무엇보다 앞으로 중요하다고 볼 수 있다.

우리가 왜 디지털 디바이드를 해결해야 하는가에 대한 명분은 사실 불평등 해소라는 논리에 있었다. 디지털 디바이드를 불평등으로 보고 사회문제적 시각에서 바라보았다는 것이다. 다시 말해 디지털 디바이드에 대한 관심을 기울여 온 것은 대부분 문제적 시각에서 비롯된 것으로 이를 해결해야 한다는 이념적 지향을 깔고 있는 것이다. 그러나 우리가 콘텐츠 개발에 중심을 두게 된다면 디지털 디바이드는 불평등이라기보다 관심의 차이이며 자유의 확대(선택권의 확보)라는 문제로 다가가게 된다. 이러한 자유에서 권력이 나오며 여기서의 권력은 마르크스나 베버의 권력과 다른 새로운 형태의 권력으로 정보불평등의 메커니즘이 될 수 있다.[27]

근대적 형태의 불평등은 자본주의와 산업주의의 연결 속에서 이해되어야 하지만 정보사회의 불평등은 다르게 이해되어야 한다는 의미에서 적어도 디지털 디바이드를 새롭게 봐야 한다. 정보사회의 초기에는 정보의 접근과 이용의 차이가 사회불평등으로 이해될 수 있지만, 정보사회가 계속되면서도 해소되지 않는 디지털 디바이드는 인간의 자유로운 선택과 이성에 따른 합리적 행위의 결과로 나타난 분열로 받아들여야 한다. 즉 정보이용은 곧 정보자유이며, 불확실성의 사회에서 부딪히는 위험을 줄일 수 있는 선택권의 문제이다. 자유란 더 큰 만족과 적은 만족 사이의 선택이며 합리성은 적은 만족보다 더 큰 만족을 고르는 것과

보통신망 구축지원 ②PC보급지원 ③정보화교육지원 ④장애인의 정보접근지원 ⑤정보통신요금지원 ⑥정보이용시설 지원에 관한 것으로 정보접근에 관한 것과 교육에 관한 것이 그 해소정책의 중심이다. 한국전산원, 「2001 국가정보화백서」, (2001), 298~302쪽.

[27] 박 형준, "정보사회에서의 사회적 불평등의 메커니즘", 「정보사회와 사회윤리」, 아산사회복지사업재단 (1996), 351~366쪽.

관련있다고 바우먼은 주장하고, 궁극적으로 자유란 소비의 자유라고 했다.[28] 정보이용은 바로 이러한 소비만족의 차원에서 갖는 자유의 문제이다. 정보를 소비하는 자유가 정보이용이면 정보이용은 곧 소비의 자유이다. 이러한 정보소비가 바로 자유의 확대를 위한 정보이용이다. 다시 말해 정보에 접근하지 못하고 이용하지 못하는 사람들이 사회구조 속에서 소외되고 있다는 시각과 달리 오히려 정보에 접근하고 이용하는 사람들이 보다 많은 정보를 통해 확대된 선택권을 가진다는 점에서 우리는 디지털 디바이드를 정보자유의 측면에서 봐야 한다. 그러나 디지털 디바이드에 관한 대부분의 연구는 디지털 디바이드를 정보사회에서 해소되어야 하는 마치 당위적인 세계적 가치로 보고, 정보이용에 제한을 받는 사람들이 차별 받기 때문에 정책적으로 이를 해결해야 한다는 생각으로 논의를 전개해 왔다. 그러나 이것은 정보이용에 제한을 받는 것이 아니라 정보이용을 외면하는 것이 아닌지 생각해 봐야 한다.

전체적으로 인터넷 이용 인구가 늘어나는 것은 분명하지만, 정보 이용에 있어서 집단간의 차이를 산업사회 구조 속의 불평등의 연장으로 이해해서는 안된다는 것이다. 따라서 정보사회의 차별로 문제적 시각에서 디지털 디바이드를 보는 것은 빈부의 격차가 마치 정보의 접근과 이용에서 나온다고 하는 환원론에 빠질 수 있다. 우리사회의 정보 격차를 시기별로 볼 때 분명한 차이를 보이긴 하지만 우리사회의 불평등이 마치 디지털 디바이드에서 나오는 것으로 이해해서는 곤란할 수 있다는 것이다. 정보이용에서 소외당한 사람이라고 해서 불평등 구조에서 불리한 위치에 있다고 과연 단정할 수 있는가? 쉽사리 동의할 수 없는 주장이다. 그렇다면 정보사회에서 무엇이 불평등인가라는 새로운 딜레마에 빠지게 된다.

---

28) Zygmunt Bauman, *Freedom* (Minneapolis: Univ. of Minnesota Press, 1988).

인터넷은 불평등을 낳는 매개적 도구임에는 부인하지 않는다. 그러나 산업사회의 논리에서 보는 그러한 불평등은 아닌 것이다. 인터넷은 오늘날의 문화논리를 반영하는 도구이다.[29] 정보를 이용하여 보다 많은 선택영역을 넓혀 합리적인 삶의 결정을 할 수 있는 중요한 도구일 뿐이다. 그래서 보다 많은 정보를 가진 사람은 그 만큼 자유롭고, 미래에 갖는 불확실성에 대비할 수 있다. 탈근대의 자유는 근대처럼 질서준수로부터 부여받은 책임있는 자유가 아니라 미래에 부닥치는 불확실성과 위험으로부터 대비할 수 있는 자유이다. 이러한 자유를 줄 수 있는 곳이 인터넷이다. 기든스가 말한 근대의 제조된 불확실성은 인터넷을 통해 대비할 수 있다는 점에서 인터넷은 수단인 셈이다.[30] 자유를 많이 가지는 사람과 자유를 적게 가지는 사람간에 위계가 발생할 수 있다. 정보사회의 인터넷이용의 차이는 결국 불평등이라는 직접적인 현상이기 이전에 불평등을 낳게 될 개연성을 지닌 매체일 뿐이다. 따라서 정보불평등은 산업사회의 불평등과 다르다. 인터넷은 정보자유의 확대를 위한 도구로서 기능하는 것이다. 결국 디지털 디바이드는 정보이용에 따른 사회적 분열로서 정보이용의 차별이라기보다 정보자유를 누가 더 많이 누리는가 하는 정보이용의 차이이다.

결론적으로 우리 사회의 정보차별은 심각하다는 우려 속에 다음의 두 가지 점에서 논의하게 될 때 극복할 수 있다고 본다. 우선 디지털 디바이드에 대한 새로운 시각이 필요하다. 산업사회의 논리 속에서 불평등을 바라본다면 디지털 디바이드는 항상 문제적 시각일 수밖에 없다. 인터넷은 집단간에 접속과 이용에 차이가 있으며 이러한 차이를 사회

---

[29] Simon Cooper, *Technoculture and Critical Theory: In the Service of the Machine?* (London: Routledge, 2002).

[30] James Slevin, *The Internet and Society* (Cambridge: Polity, 2000), 11~26쪽.

인구학적 속성을 통해 보듯 우리사회는 허물지 못하는 경향성을 갖고
있다. 그래서 다른 나라보다 정보격차가 훨씬 심화되어 있다. 인터넷은
초기에는 컴퓨터 구입이나 이용에 따른 비용부담으로 불평등으로 비쳐
질지 모르나, 결국 관심 있는 내용이 있는지에 따른 선택권의 차이로
나타나게 된다. 그래서 정보화의 촉진도 접속이나 이용면에서의 지원보
다 콘텐츠와 교육으로 바뀌어야 할 것이다. 또 다른 하나는 디지털 디
바이드를 성, 연령, 직업, 학력 등 주체에 분석하는 것을 지양하고 대상,
심화정도, 메커니즘에 따라 다르게 분석해야 한다. 주체에 따른 차이는
사회변인에 따른 속성이기 때문에 격차를 줄인다는 것은 이상적일 수
있다. 다만 각 주체에 효용성 있는 정보내용이 제공되어 이들이 자연스
럽게 이용할 수 있게 해야 한다. 따라서 정보생산자들의 노력이 무엇보
다도 중요하다. 다시 말해 정보이용자의 사회적 환경과 능력이 중요하
긴 하지만, 정보제공자들이 실제로 이들을 위한 내용을 만들어내지 못
하면 디지털 디바이드는 해결되지 않는다. 따라서 정보차별은 산업사회
의 논리로 해결될 수 있지만, 정보자유는 정보사회의 논리로 확보되는
것이다.

주제어: 디지털 디바이드, 인터넷 이용률, 정보격차, 정보불평등, 정보자유, 정보차별

참고문헌

권 기현, 「정보사회의 논리―지식정보사회와 국가경영의 논리」(서울: 나남, 2000).
김 문조·김 종길, "정보격차(Digital Divide)의 이론적·정책적 재고", 「한국사회학회」, 제 36집, 4호, (2002).
김 정석·심 상완, "한국의 정보격차 추이(1995?2000)분석", 「동향과 전망」, 제50호, (2001).
박 형준, "정보사회에서의 사회적 불평등의 메커니즘", 「정보사회와 사회윤리」, 아산사회복지사업재단 (1996), 351~366쪽.
서 이종, "디지털 정보격차의 구조화와 사회문제화, 「정보와 사회」 한국정보사회학회, 2호 (2000).
유 지열, "우리나라의 정보격차에 관한 지수(Index) 접근", 「한국사회학회」, 제 36집, 1호, (2002).
윤 영민, 「사이버공간의 정치」(서울: 한양대학교 출판부, 2000).
─────, 「전자정보공간론」(서울: 전예원, 1996).
프랭크 웹스터, 「정보사회이론」(조 동기 옮김) (서울: 나남, 1997). 원제는 Frank Webster, Theories of the Information Society (London, Routledge, 1995).
한국전산원, 「2001 국가정보화백서」(2001).
한국정보문화센터, 「국민생활 정보화실태 및 정보화인식 조사」, 조사보고 99~01(1999).
한국정보문화진흥원, 「2002 국민 정보생활 현황 조사」, 조사보고 02~04 (2003).
허버트 실러, 「정보불평등」(김 동춘 옮김), (서울: 민음사, 2001). 원제는 Herbert Schiller, *Information Inequality* (London: Routledge, 1996).
「중앙일보」, 2003년 9월 23일.

http://www.c-i-a.com/pr1000.htm.

http://www.c−i−a.com/pr1202.htm.

Bauman, Zygmunt, Freedom (Minneapolis: Univ. of Minnesota Press, 1988).

Bernaldez, Pedre B., "Civic Networking: Bridging the Digital Divide", *Peace Forum*, Vol. 16, No. 28 (2000), 57~64쪽.

Castells, Manuel, *The Rise of The Network* (Oxford: Blackwell, 1996).

Compaine, Benjamin M. (엮음), *The Digital Divide: Facing a Crisis or Creating a Myth?* (Cambridge: MIT Press, 2001).

Cooper, Simon, *Technoculture and Critical Theory: In the Service of the Machine?* (London: Routledge, 2002).

Golding, Peter and Graham Murdock, "Unequal Information: Access and Exclusion in the New Communications Markets Place", In M. Ferguson(엮음), *New Communication Technologies and the Public Interest: Comparative Perspective on Policy and Research*, (Beverly Hills: Sage, 1986), 71~83쪽. 우리글로는 "계급과 소득분배에 따른 정보불평등 현상", 「정보사회 정치경제학」 (김 승현 편역), (서울: 나남, 1990).

Michael, David C. & Greg Sutherland, *Asia's Digital Dividends: How Asia−pacific's corporations Can Create Value From E−business*, (Singapore: John Wiley & Sons, 2001).

Norris, Pippa, *Digital Divide: Civic Engagement, Information Poverty, and The Internet Worldwide* (Cambridge: Cambridge University Press, 2001).

NTIA. *Falling Through the Net: Defining the Digital Divide*, U.S. Department of Commerce, (1999).

Rogers, Everett M. *Diffusion of Innovations* (New York: Free Press, 1995).

Rogers, Everett M. *The New Media in Society: Communication Technology* (New York: Free Press, 1986).

Servon, Lisa J., *Bridging the Digital Divide: Technology, Community, and Public Policy* (Oxford: Blackwell, 2002).

Slevin, James, *The Internet and Society* (Cambridge: Polity, 2000).

Viravan, Chonchanok, "The Digital Divide and its Impact on Women in Asia", *Asian Women*, Vol. 10 (2000), 71~79쪽.

생명공학기술에 있어서 '차별'과 윤리적 쟁점

이 경희
·
성신여자대학교 사회학

I. 들어가는 말

2003년 4월 14일, 인간게놈프로젝트(Human Genome Project : HGP)의 주도기관 중 하나인 미 국립인간게놈연구소(NHGRI)는 인간생명의 유전적 청사진인 인간게놈지도를 완성했다고 발표했다. 당초 예정보다 2년이나 빠른 게놈지도의 완성은 유전정보를 담고있는 DNA 발견 50주년[1])에 맞춰 이뤄진 것이다.

---

1) △ 인긴 게놈지도 추진과정과 유전학 略史
   1860년대 : 오스트리아의 수도사인 그레고르 멘델 완두콩 통해 유전법칙 발견
   1953. : 제임스 왓슨과 프랜시스 크릭 DNA의 이중나선형구조 발견
   1979. : 영국에서 세계최초의 시험관 아기 루이스 브라운 양 탄생
   1985. 10 : 미 에너지성(DOE), 인간게놈 연구계획 구상
   1988. 2 : 인간게놈 연구계획 입안. 미국립보건원(NIH)내 인간게놈연구국 신설
   1988. 4 : 인간유전체기구(HUGO)가 미 하버 연구소 내에 발족
   1989. 10 : 인간게놈연구국이 인간게놈연구센터(NHGRI)로 승격
   1990. 8 : 인간게놈 연구계획(HGP) 발표(NIH 5천 950만 달러, DOE 2천 70만 달러 지원)

인간게놈지도의 완성은 21세기 들어 가장 핵심적인 화두로 떠올랐는데, 그 화두란 인류의 불치병과 난치병2)을 정복하게 되었다는 것과 인간 생명의 탄생에 있어 수정단계라는 본질적인 부분까지 인간이 인위적으로 조작해도 되는가 하는 '인간의 존엄성 위기'에 관한 것이 그것이다. 그러나 이미 인간게놈프로젝트가 완성되기 전부터 그 어떤 거대과학 – 원자폭탄 개발을 위한 맨하탄 프로젝트나 우주정복을 위한 아폴로 계획 같은 – 도 그 실천과정에서부터 이토록 뜨거운 관심과 토론이 있던 적은 없었다. 그럼에도 불구하고 각계 – 기업계, 시민단체, 언론계, 종교계, 윤리학계, 과학자, 대중들 – 의 이해관계와 윤리적인 사안에서 한 목소리를 내지 못하고 있다. 사실 역사적으로 '생명의 기원'에 관한 논쟁만큼 오래되고 첨예한 논쟁거리는 없었는데 그 동안 신비의 영역에 놓여있던 '생명'이라는 막연한 개념이 유전자 지도라는 구체적인 형태를 띄고 나타나면서 새로운 국면을 맞이하게 된 것이다.

어쩌면 '생명의 기원과 본질'의 정의에 대해서, 전체가 아닌 일정 부분이라도 합의를 시도하는 것은 순진하고도 불가능한 일인지 모른다. 그럼에도 불구하고 생명의 인위적 조작이 가능한 생명공학기술은 주요

    1996. 7. 5. 스코틀랜드 로슬린 연구소에서 체세포 복제양 돌리 탄생
    1998. : 민간단체 셀레라사 인간 게놈프로젝트 착수 선언
    2000. 6 : HGP와 셀레라 인간게놈 프로젝트 초안(97%) 공동 발표
    2001. 2. 11. : 인간게놈지도 완성 발표
    2002. 12. 26. : 종교단체 라엘리안 무브먼트의 자회사 클로네이드사 복제아기 '이브' 탄생 주장
    2003. 4. 14. : 인간게놈지도 100% 완성(정확도 99.99%) 발표
    2003. 6. 16. : 영국에서 불치성 빈혈인 형 찰리의 조직과 일치하는 세계최초 '맞춤아기' 휘태커 탄생 연합뉴스 국제면, 2003. 4. 15.
2) 당뇨병에서 천식, 암, 심장마비, 환자별 맞춤 치료법이나 정상적인 부분은 손상시키지 않고 질환 부위만 선별적으로 공격하는 유전자 조작, 에이즈나 각종 중독성 질환이나 정신 질환의 치료, 산전진단 내지는 우수한 유전형질만을 고려한 '맞춤아기' 등의 예를 들 수 있다.

국가의 '난치병이나 불치병 극복을 위한 배아연구 허용'을 시작으로 실용화 가능성에 임박해 있고 결국, 어느 수준까지는 합의를 볼 수밖에 없는 시대적 요청에 직면하고 있다. 그러므로 생명의 본질에 대해 특정 집단의 정의만 고집하거나 또는 무조건 배타적인 태도를 보이기보다는 각 집단의 첨예한 대립적 정의가 일부 수정되거나, 상대방 집단의 정의에 대하여 부분적 이해 내지는 수용해야 할 단계에 이르렀다고 생각한다.

이러한 문제 의식을 출발점으로, 본 논문은 오늘날 생명윤리 담론에서 가장 많이 등장하는 '차별'의 문제와 주요한 윤리적 쟁점에서 각 입장들간의 대립과 편견을 최소화하고 포괄적으로 이해하는데 주력하고 있다. 그러기 위해 제2장에서는 선진국 주도의 생명공학기술이 세계적 부의 편중 현상을 가져와 기존의 불평등 사회가 더욱 가속화될 것을 지적함과 동시에 제3장에서는 기존의 차별 개념과는 다른 '유전자 차별'에 대해서 반론과 이견을 함께 살펴볼 것이다. 그리고 제4장에서는 생명공학기술에 대한 사회윤리적 합의가 어려운 이유 5가지 – 유전자의 진실, 생명의 본질, 대립되는 '두 문화'의 문제를 비롯하여 윤리적 가치 판단의 문제, 통제 시스템의 문제 – 를 쟁점화하여 다룰 것이다. 결론에서는 이론이나 원리를 중요시한 기존의 생명윤리 담론이 행위자 중심의 구체적이고 개별적인 생명윤리 문제를 진단하고 처방하는데 한계가 있음을 지적하면서 '새로운 윤리'의 필요성을 요청하고 있다.

Ⅱ. 생명공학산업의 세계화와 불평등 문제

1. 생명공학산업의 세계화와 독점

보통 20세기적인 과학의 특징을 들라면 '거대과학(big science)'을 든다. 거대과학 중에서도 생물학의 '맨하턴 프로젝트(Manhattan Project)[3]' 혹은 '아폴로 계획(Apollo Project)'이라고 불리우는 인간게놈프로젝트(Human Genome Project)는 1988년 미 국립보건원(NIH)과 미 에너지성(DOE)의 주도로 시작되어 현재 프랑스와 일본 등 50여 개 국이 참여하고 있는 인간유전체기구(HUGO)라는 국제 공공 연구기관을 둔 대규모 국제연구프로젝트다.[4]

반세계화에 앞장섰던 단체나 운동세력들은 서구 선진국이 주도하는 산업혁명의 뒤를 이은 정보혁명(IT:Information Technology)이 세계적인 빈부격차를 심화시킨 것처럼, 생명공학 혁명(BT:Bio Technology)도 세계적 빈부격차를 심화시켜 또 하나의 '새로운 남북문제'를 낳을 것을 우려하고 있다. 앤드류 킴브렐(Andrew Kimbrell)은 "세계화라는 경제논리 아래 인류를 줄 세워 놓고, 인류를 넘어서 도덕과 생명까지도 경제 아래에 예속시키려는 움직임이 세계 도처에서 일어나고 있다"고 경고한

---

[3] 2차 세계대전을 계기로 원자폭탄 개발계획이 단행된 소위 '맨하탄 프로젝트(Manhattan Project)'는 기존의 과학과 달리, 거대한 인력, 예산, 시스템을 한 곳에 계획적으로 집중시킴으로써 시너지 효과를 얻는데 있었지만 무엇보다도 거대과학이 중앙 집중적인 특징을 띠면서 과학자들의 자율성과 통제권을 상실, 거대과학이 몇몇 분야에 국한되면서 연구에서 소외된 과학자들의 상대적인 빈곤감, 과학과 기술간의 경계가 모호해지는 문제점도 간과할 수 없었다. 박민아, "거대과학의 성장과 위기", 한양대학교 출판부,『과학기술의 철학적 이해』(서울: 한양대출판부, 2003) 298~300쪽.
[4] 장 대익, "유전공학에 대한 인문사회학적 성찰", 위의 책, 218쪽.

다.5) 그럼에도 불구하고 생명공학 기술을 다루는 기업들은 21세기에 들어서자마자 그들의 목표를 '세계화'로 잡고 있다. 과연 거대조류로 당연시되는 제4의 물결이라 불리우는 생명공학산업의 세계화는 올 것인지 다음의 설명으로 이해될 수 있다.6)

첫째, 현재 거대자본이 인수·합병을 통해 생명공학 사업으로 집중되고 있다. 세계 생명공학 시장은 1990년부터 연평균 30% 이상의 급성장을 해왔고, 1997년의 시장규모는 1990년대보다 8배나 증가한 313억 달러였다. 또 2003년에는 740억 달러, 2013년에는 2100억 달러로 계속해서 성장할 것으로 예상된다.

둘째, 생명공학(BT)은 정보기술산업(IT)에 힙 입어 세계화를 더욱 가속화시킬 것으로 예상된다. 게놈프로젝트의 경우도 슈퍼컴퓨터와 소프트웨어 산업의 IT 분야의 진전 없이는 불가능한 것이었다.7) 특히 미 국립보건원(NIH)의 연구원이었던 크레이크 벤터(Craig Venter) 박사가 1998년 신설된 민간 벤처 셀레라 제노믹스의 회장이 되면서 기존의 게놈프로젝트 팀(HGP)의 방식보다 6~7배나 효율적인 게놈 샷건(Shotgun)방식을 개발하여 슈퍼컴퓨터 DNA 시퀀서(Sequencer)를 300대나 갖추어 해독작업의 완성을 앞당길 수 있었던 것이었다.

셋째, 인간게놈프로젝트의 완성은 이제 시작에 불과하며 그 후속연구와 후속사업으로는 게놈 해독과 게놈 특허 판매 비즈니스, 유전자 기

---

5) 앤드류 킴브렐, 「휴먼 보디숍―생명의 엔지니어링과 마케팅」(서울: 과학세대, 1993)
6) 언스트·영, 『세계 생명공학 리포트』(서울: 김영사, 2002), 32~34쪽. 원제는 *The Biotechnology Report 2002*(Ernst & Young International, 2002)
7) 생명공학기술 연구에 투자하고 있는 소프트웨어의 기업의 예를 들면 IBM, MS, Oracle, Compaq, Motorola, Sun Microsystems, Agilent Technology, Corning 등으로 MS사의 창업자인 빌 게이츠(Bill Gates)와 폴 앨런(Paul Allen)은 수년 동안 생명공학기술에 투자하여 왔다.

능을 밝혀내려는 스닙(SNP)연구[8], 단백질 유전체학과 단백질의 3차원적 구조를 밝히는 '프로테옴 프로젝트'와 개인과 인종간의 유전자 정보를 비교하는 '비교 유전체학', 컴퓨터를 활용하여 생물학적 데이터를 분석하는 '생물정보학(Bio-Informatics)' 등 무궁무진하다.

넷째, IT산업에서도 그랬듯이 생명공학기술을 지닌 선진국과 선진기업들의 유전자 특허 전쟁[9]은 남북간의 경제적 격차를 더 심화시켜 세계적 불평등의 문제를 낳을 것으로 예상된다.

2. 생명공학산업의 가속화 이론

랜디 스콧(Randy Scott)은 생명공학산업의 세계화 이론의 근거로 다음의 세 가지 가속화 법칙[10]을 들고 있다.

---

[8] 인간게놈의 0.1%에 해당하는 600만-3000만 개의 스닙(SNP : Single Nucleotide Polymorphism, 단일 염기 다형)에 의해서 개인마다 체질이 달라지게 된다. 이 염기 다형을 이용하면 질병의 원인이 되는 유전자를 찾을 수 있다.
[9] 월스트리트 저널의 최근 집계에 따르면 1995년까지 전세계적으로 1175건의 인간유전자가 특허화되었고, 1999년까지 미국정부는 388건, 인사이트는 356건, 캘리포니아대학은 265건, 제넨테크는 197건 등으로 인간유전자에 관한 특허가 등록되었다고 한다. 장대익, 앞의 글, 231쪽.
[10] 표에서 볼 수 있듯이, 유전체학의 미래에 영향을 미칠 세 가지 견인차 중에 둘은 정보기술에서 유도되는 것이고, 나머지 하나는 생물학에만 있는 것이다. 언스트·영, 위의 책, 58~62쪽.

<표 1> 생명공학의 미래를 이끄는 세 가지 법칙

	컴퓨터의 세계	생물학의 세계
무어의 법칙	컴퓨터의 용량은 1, 2년마다 두 배로 증가하는 반면 가격은 반으로 하락한다.	유전공학 정보는 1, 2년마다 기하급수적으로 증가하는 반면, 가격은 반으로 하락할 것이다.
메트카프의 법칙	네트워크의 유용성은 제곱으로 증가하는 사용자들과 함께 증가한다.	유전공학 정보 네트워크의 유용성은 제곱으로 증가하는 사용자들과 함께 증가할 것이다.
유한생물학의 법칙		한 가지 문제가 해결되면 유한한 문제들이 풀릴 비율은 기하급수적으로 증가한다.

첫째, 컴퓨터의 용량은 1, 2년마다 두 배로 증가하는 반면 가격은 반으로 하락한다는 컴퓨터 세계의 무어의 법칙(Moore's Law)[11]은 생명공학 산업의 빠른 확산을 설명하는데 적용될 수 있다. 예를 들면, 1980년대에 DNA 서열 분석 작업에 드는 비용은 샘플 당 거의 1천 달러가 들었지만 오늘날 그 비용은 거의 1,000분의 1 수준으로 줄어들었다. 이런 결과는 혈액 검사, 유전자 검사, 단백질 검사가 매우 간단해지고 저렴해져서 결국은 대중화할 것이라는 예측을 가능하게 한다.

둘째, 네트워크의 효용도가 사용자 수의 제곱에 비례할 것이라는 네트워킹의 원리들을 통해 정보의 경제에 영향을 미친 메트카프의 법칙(Metcalfe's Law)[12]을 생물학·의학적 연구에 적용할 수 있다. 기존의 과

---

[11] 무어의 법칙은 인텔(Intel)의 창립자인 고든 무어(Gordon Moore)가 1960년대 중반에 내세운 이론이다.
[12] 밥 메트카프(Bob Metcalfe) 쓰리콤(3Com)의 설립자이며 이더넷(Ethernet)의 개념을 만든 사람이다.

학연구는 외부와 고립된 실험실을 통한 정보확산과 과학 리뷰 저널들을 통해 천천히 이루어져왔지만, 오늘날 대량의 유전 정보는 온라인 데이터베이스와 인터넷 검색논문을 통해 적극적으로 정보를 생산하고 소비하는 네트웍으로 인해 사용자의 광대한 커뮤니티가 형성되고 확산될 수밖에 없다는 것이다.

셋째, '가속화'의 개념으로 유한한 생물학의 법칙이 있다. 이 법칙은 인간 유전자의 암호를 해독하는데 있어서 조각 퍼즐을 풀기 위해선 관계설정부터 해야 하는데 처음에는 너무 복잡해 시간이 걸리지만, 이해되기 시작하면 결국 생물학적 문제를 이해하고 푸는 속도는 점점 빨라져 약과 진단기구의 개발은 특정한 분자 경로들이 각 질병과 이에 상응하는 치료전략을 정의하는 내용이 알려짐에 따라 가속화된다는 것이다.

즉, 위의 세 이론은 생명공학기술이 싼 값에 대중적으로 빠르게 확산될 것이란 점을 밑받침하고 있다. 만약 이렇게 될 경우, 많은 사람들은 오늘날 '시험관아기'와 같은 생식보조기술처럼 생명공학기술도 일반적으로 수용되고 일상화되어 결국에는 '유전자 차별'을 초래할 것을 걱정하고 있다.

Ⅲ. 생명공학기술에서의 '유전자 차별'

인간게놈지도 완성에 따른 인간유전체 연구로 산전 유전자 진단, 유전자 조작, 그리고 배아·체세포복제, '맞춤아기', '맞춤의학'의 시대가 올 것으로 예견된다. 인간유전체 연구의 문제점을 지적하는 사람들은 기존의 '차별'과는 다른 새로운 '유전자 차별'을 걱정한다. 반면, 인간유전체 연구의 효용성을 기대하고 인류복지에 필연적이라고 생각하는 사람들은 자유민주주의 사회에서 '개인의 선택권'은 무엇보다 우선되어야 할 권리이며, '유전자 차별'과 그에 따르는 문제가 두려워 인간유전체 연구를 중단시키고, 국가에서 강제적으로 규제할 경우 전체주의가 다시 등장하게 될 것이라고 경고한다.

1. 유전자검사와 유전자조작에서의 차별

지난 6월 16일 영국에서 희귀 빈혈을 앓는 형의 치료를 위해 인위적으로 선별된 유전 형질을 갖춘 소위 세계 최초의 '맞춤아기'가 태어났는데 이 '맞춤아기'(designed baby)는 30세를 못 넘긴다는 다이아몬드 블랙팬 빈혈을 앓고 있는 4살 짜리 형의 조직과 같도록 '유전자 검색 과정'을 거쳐서 태어났다고 한다.[13]

현재 실시되고 있는 양수검사나 초음파 검사 등과 같은 산전진단과는 달리, 유전자 검사는 단순히 태아의 현재 건강 상태는 물론 미래 건강까지 예측가능하다. 특히 체외수정과 결합하게 되면 유전자 검사는 수정란 단계나 정자・난자 단계에서도 실시하여 가족 대대로 유전될 수 있는 유전적 질병을 사전에 예방할 수 있고, 경제적 여유가 있는 부부는 원하는 성(性)뿐만 아니라 유전적으로 유리한 형질 - 지능, 외모, 체력, 천재적인 예술감각 등 - 을 선택할 수 있게 될 것으로 예측된다. 이렇게 되면 현재의 빈부격차가 생물학적 차원에서 고착화되어 새로운 신분사회가 도래할 지도 모른다. 뿐만 아니라 우생학적인 유전자 조작

---

[13] 이 희귀 빈혈은 조직이 완벽히 일치하는 형제・자매로부터 줄기세포를 이식받는 것이 유일한 치료법이다. 그러나 '맞춤 아기'도 역시 형과 같은 질병을 앓을 수 있고, '검색 과정'도 사실상 유전자 조작의 범위에 속해 윤리적 논란이 이어질 것으로 예상된다. 연합신문 2003. 6. 20.

은 개인 차원뿐만 아니라 '인종개발'이라는 국가적 차원의 우생학 프로그램에 이용될 경우, 한 국가가 지닌 유전공학기술 및 자본의 수준에 따라 국가간 차별이 발생할 우려가 있다.14)

이렇게 경제적으로 부유한 자만 유전적으로 우월한 아이를 얻게 된다는 주장에 대해 그레고리 E. 펜스(Gregory E. Pence)15)같은 사람은 계층간의 불균형이 문제라면 이미 오늘날의 많은 부모들은 자녀들에게 양질의 사교육과 의료혜택, 엘리트 교육을 하고 있는데 이들에 대해서도 비판해야 한다고 이견을 제시한다. 오늘날 자유민주주의 사회는 개인적 자유보호와 사회적 정의 보장이라는 두 가지의 상반되는 정치적 목표를 두는데, 특히 자녀를 갖고 싶어하는 개인의 생식에 대한 권한과 선택권은 지극히 개인적이고 사적인 영역으로서 오늘날 자본주의 체제에서 부모가 열심히 번 돈으로 자녀에게 양질의 삶의 조건을 마련해 주는 것을 국가가 통제할 수 없다면 생명공학시대의 '맞춤아기'를 금지시킬 어떠한 논리적 기반도 없다는 것이다. 또한, 처음에는 부자 유전자(gene-rich) 계층과 가난한 유전자(gene-poor)16) 계층의 격차가 서서히 일어나겠지만 앞장에서 설명한 것처럼 생명공학기술의 가속화 법칙이 빠르게 적용되면 복제 기술의 비용이 낮아져 오늘날 시험관 아기처럼 대

---

14) 구 인회, "유전공학과 인류의 미래", 윤 정로 외,『생명의 위기 : 21세기 생명윤리의 쟁점』(서울: 푸른나무, 2001), 125~141쪽.
15) 지난 20년간 버밍엄 앨러배마대학 의학·예술·인문학 과정에서 철학과 생명윤리학에 관한 강의를 하고 있는 펜스는 20세기 후반부터 인간복제에 대한 첨예한 논쟁에서 몇 안되는 복제 옹호론자 입장을 강력하게 견지해 온 사람 중 하나이다. 그레고리 E. 펜스,『누가 인간복제를 두려워하는가』(서울: 양문, 2001) 원제는 *Who's afraid of Human cloning?*(Maryland : Rowman & Littlefield Books, 1998)
16) '부자의 유전자(rich-gene)'와 '가난한 유전자(poor-gene)'라는 용어는 프랜시스 후쿠야마가 그의 저서 *Our Post-Human Future*에서 제시한 용어이다. Francis Fukuyama(2002).

중적으로 혜택을 받게 될 것이라는 예측도 나오고 있다.

그러나 유전자조작이나 복제기술을 사용하기 이전에, 완벽한 자녀 갖기에 대한 부모의 욕망이 교정되거나 억제되어야 하는 것은 아닌지 점검해보아야 할 때가 아닌가 생각된다.

2. 유전자정보이용에서의 차별

유전자정보이용에서의 차별 – 즉 출생, 보험과 고용, 결혼, 입학, 범인색출 등 – 과 프라이버시 침해에 따른 문제가 예상된다. 무엇보다도, 유전자 산전검사를 통해 장애아가 될 가능성이 있다는 이유만으로도 출생에서 태아의 생명권이 박탈당하는 '태아차별'이 있을 수 있다. 이것은 유전자의 아주 작은 부분적 결함이 장래를 결정한다는 유전자결정론의 발상으로, 특히 남아선호사상이 강한 유교중심국가에서 여아라는 이유만으로 선택적인 낙태를 하는 경우가 있다. 또한 배아 단계에서의 유전자 치료 및 조작으로 우수한 형질만 선택하여 인간특성의 선호와 개량으로 이어지는 '배아차별'의 가능성도 있다.

둘째, 보험과 고용에 있어서 차별의 문제이다.[17] 실제로, 미국의 인간유전학회의 한 보고서에 따르면, 페닐케톤뇨증에 걸린 여아를 가진 부

---

[17] 보험분야는 유전정보의 프라이버시 존중이나 유전자 차별 금지라는 사회적 형평성과 가능한 한 정확하게 위험률을 측정하여 이에 따라 보험료를 책정하려는 보험계리적 형평성이라는 가치가 충돌할 수 있는 가장 현실적인 분야이기 때문에 보험에 있어서 유전정보의 활용 허용 문제는 앞으로 많은 논의가 필요하며 사회적 합의가 필요하다. 고용문제에 있어서도 유전자 정보를 채용 뿐 아니라 승진, 산업재해의 책임회피의 방편으로 활용될 소지가 있어 부적절한 차별의 빌미가 될 수 있기에 심층적인 논의가 필요하다. 이 근창, "보험과 고용에 있어서 유전자 차별", 영남대 산경연구소, 「산업연구」(제10집, 2002) 1~17쪽.

모가 직장 의료보험에 가입할 수 없게 된 사례, 15년 무사고 운전인데도 유전자진단 후 자동차 보험가입을 거절당한 사례, 헌팅턴 무도병에 걸린 부부가 입양 자격을 박탈당한 경우, 독성이 있는 작업장 환경이 개선되기보다는 그 환경에 유전적으로 민감한 사람이 해고된 사례가 있다고 전한다.[18]

셋째, 유전자정보는 친자확인 - 입양아·미아 찾기나 대형 참사 사건 - 과 관련해 유용하게 활용될 수 있다. 과연 누가 아이의 아버지인가를 확정하기 위한 유전자정보는 충분한 기능을 수행한다. 그러나 유전자정보가 유출되면 결혼, 입양, 군입대 및 입학 등에서도 차별적 요소를 제공하는데 이용될 수 있다. 예컨대 암으로 인한 사망률이 높은 가계의 혈통을 가진 사람은 결혼 상대자로서 배제될 가능성이 있으며 범죄인의 유전자를 가졌다는 이유만으로도 잠재적 범죄인으로 취급하는 차별을 일으킬 수도 있다.

넷째, 유전자 정보은행(DNA Data Banks) - 사람들의 유전정보를 담고있는 대규모의 정보은행 - 제도가 실시된다면, 개인의 유전정보를 국가가 관리하고 있다는 사실만으로도 심리적 차별을 유발할 수 있으며 초국가사회(big brother)에 대한 두려움을 가중시키게 될 것이라는 것이다.

---

18) 그러나 본인의 의지나 노력 여부에 상관없이 유전적 결함을 이유로 보험계약의 체결을 거부 받거나 위험에 대한 추가부담금을 요구받을 수 없으며 고용에 있어서도 불이익을 받을 수 없다. 고용을 위한 건강진단은 현재의 건강상태를 파악하는 데 그 목적이 있으며 따라서 미래에 질병에 걸릴 수 있는 소질이나 위험에 목적으로 둔 유전정보에 의한 고용거부는 정당화 될 수 없다. 장대익, 앞의 글, 224쪽.

3. 배아복제·인간복제에서의 차별

생명공학기술의 진전이 가져다 준 새로운 차별적 관점이 있는데, 배아복제와 인간복제 문제를 논의하는 과정에서 생길 수 있는 여성과 장애인, 성적소수자에 대한 차별의 문제가 바로 그것이다. 기존의 담론들이 남성 중심적이고, 유전질환과 난치병 없이 건강한 자, 성적 다수자인 이성애자와 법적 기혼부부의 자녀 갖기 중심으로 이루어져 있어 이미 차별 받고 있는 소수자에게 이중의 차별을 가져다주고 있다는 것이다.

첫째, 복제 담론에서의 여성의 차별을 들 수 있다. 특히 인간복제 과정에서 대리모를 통한 임신에 대해 비판적인 사람들은 자신의 이익을 위해 다른 사람을 도구, 즉 객체로 전락시킴으로써 인간성의 훼손을 가져온다는 점에 주목하고 있다. 이타적 목적에서 대리모가 되기로 하는 여성도 있지만 대부분의 경우는 경제적 약자들이 재정적 목적에서 대리모가 되는 경우가 대부분이기에, 결국 궁핍여성을 착취하게 된다는 것이다.[19] 그리고 매스컴이나 대부분의 공상과학물의 복제 담론에서 여성의 이미지는 마치 배아나 태아를 임신하는 교체 가능한 기계[20]로 그려지고 있어 여성을 소외시키고 있다.

둘째, 기존의 복제기술을 통해 자녀를 갖고자 하는 사람들은 주로 불임부부였는데 무성생식[21] 기술이 알려지면서 개방적인 국가를 중심으

---

19) 이는 대리모를 표현하는데 있어 '출산 운반기', '인간 인큐베이터', '고용된 자궁'이라는 용어가 사용되는 것으로도 충분히 짐작이 가능한 일이다. 박 은정, "생명윤리·여성주의·법"「법철학연구」(제2권, 1999), 242~243쪽.
20) Gena Corea, *The Mother Machine: Reproductive Technologies from Artificial Insemination to Artificial Wombs*(New York: Harper & Row 1985), 231쪽.
21) 체외수정(체외수정이란 여성의 난소에서 난자를 얻어 페트리 접시에서 정자와

로 동성애자와 처녀로 엄마가 되고 싶어하는 독신여성들이 복제담론에 등장하고 있다. 오늘날 법적 이성부부 사이의 자녀만이 허락되는 사회에서는 차별의 범주에 넣을 가치조차 없다고 생각하는 사람들이 대부분이나 실제로 서구에서는 복제담론에 심심치 않게 등장하고 있다. 특히 동성애자 중에서도 레즈비언과 처녀로 엄마가 되려는 여성들은 무성생식기술의 발전으로 정자를 따로 구하지 않아도 그들의 난자만으로 아이를 낳을 수 있어 적극적 활용의지를 보인다. 그러나 복제를 걱정하고 우려하는 사람들은 이 기술이 신의 뜻을 거스르고 자연스럽지도 않을뿐더러 이들의 생식에 대한 개인적 자유와 권리, 자녀 갖기에 대한 열망은 통제해야 한다고 주장하고 있다. 티모시 머피(Timothy F. Murphy)는 동성애자들의 복제희망에 대해 대부분이 오류이지만, 차별과 편견을 받는 사회적 소수들이 새로운 기술을 통해 소외를 극복하려는 열망을 보여준다는 점을 지적하면서 동성애자와 독신여성, 합법적 이성부부면서 무자녀 가정이 받고있는 입양과정에서의 사회적 차별과 편견이 사라진다면, 이들의 복제에 대한 욕구도 사라질 것이라고 주장한다.[22]

셋째, 인간복제나 배아복제 논의에 있어서 각종 유전병으로 인해 고통받고 있는 난치병 환자, 불의의 사고를 당한 장애인과 선천성 장애인에 대한 차별을 들 수 있다. 배아복제나 인간복제를 반대하는 사람들은

수정시켜 며칠동안 배양해 성장시킨 후 여성의 자궁에 착상시킨다)이 유성생식이라면 복제는 무성생식이다. 체외수정은 서로 다른 23쌍의 염색체를 배합시켜서 46쌍의 새로운 염색체를 가진 독특한 개체를 만들어내는 것인 반면 무성생식은 공여자의 염색체 46쌍을 그대로 복제하는 것이다.

22) 티모시 머피, "우리의 아이들, 그리고 우리 자신 : 동성애자를 위한 복제의 의미", 제임스 왓슨 외, 『인간복제 무엇이 문제인가? : 인간복제의 윤리학』(서울: 울력, 2002), 240~253쪽. 원제는 *Flesh of My Flesh : The Ethics of Cloning Humans*(Maryland : Rowman & Littlefield Books, 1998)

인간의 존엄성 위해를 우려하거나 신에 대한 도전이라는 논리로 반대하고 있지만 이미 유전병과 난치병, 장애를 갖고 있는 당사자에게는 생명권에 관한 문제이며 가족들에게는 자신의 가족을 보존하고 보호할 최선의 방법이라고 여겨지기에 새로운 치료방법의 개발에 모든 희망을 걸고 있는 것이다. 이들의 새로운 치료기술에 대한 희망을 외면하기도 힘든 것 같다.

Ⅳ. 생명공학기술에 있어서 윤리적 쟁점

1. 유전자에 관한 문제

오늘날 인간 게놈[23] 지도의 완성으로 각개 부분을 알면 전체를 파악할 수 있다는 환원주의적 사고가 팽배하는 듯 한데, 유전자 구성을 알면 생명체의 본질을 완벽하게 규명할 수 있다는 환상을 대중들에게 심

---

[23] 게놈(genome)이란 유전자(gene)와 염색체(chromosome)의 합성어로써 생물체가 갖고 있는 이들 유전자의 집합체를 말하며 국내에서는 독일어 발음에 따라 게놈이라 표기한다. 생물의 모든 세포 속에는 핵이 있고 핵 속에는 일정한 수의 염색체가 있으며 이 염색체는 23쌍의 염색체로 이루어져 있다. 이 염색체에는 부모로부터 물려받은 유전정보를 가진 이중 나선 모양의 DNA가 있다. 사람의 DNA 속에 들어있는 유전정보는 32억 개의 염기 쌍으로 구성되어 있으며 그 가운데 의미 있는 1%의 염기쌍 3만 5천~4만 개만이 단백질을 만드는 유전자라 한다. 따라서 게놈이란 세포의 정상적인 기능이 가능하도록 모든 유전자를 갖고있는 1세트의 염색체로서, DNA를 담고 있는 그릇의 개념으로 유전정보 전체를 의미한다. DNA는 다시 A(아데닌), G(구아닌), C(시토신), T(티민) 등 4가지 염기의 조합으로 구성되어 있어 이 염기의 배열 순서에 따라 인종, 성격, 체질 등이 결정되는데, 이 염기 배열이 잘못되면 생리 기능에 이상이 생겨 몸에 질환이 발생하게 된다. 결국 인간게놈프로젝트는 바로 32억 개에 이르는 염기의 배열 구조를 판독해 그것을 지도로 만드는 것이다. 김 훈기, 「유전자가 세상을 바꾼다」(서울: 궁리, 2000), 17쪽.

어준 대중매체의 잘못된 흥미위주 보도경향에서 비롯된 것 같다. 사회를 결정하는 것은 개인이며 개인의 궁극적 결정자는 유전자라는 DNA 담론은 복잡한 생명계 현상을 단일 요인으로 일원화시켜 버렸다. 그래서 인류를 괴롭혀 온 결함 유전자들의 위치를 파악해 불량 유전자를 교체하기만 하면 온갖 질병을 극복할 수 있을 것이란 환상에 빠지게 된다. 이에 더해 DNA 염기서열의 해독을 통해 범죄자·실업자·약물중독자 등의 사회적 부적격자들을 가려내는 사회적 우생학이 융성할 것으로 예측되기도 한다.

유전자가 현대 생물학에서 차지하는 높은 비중에도 불구하고 놀랍게도 분자생물학자들이나 발생학자들 간에 유전자의 기능과 역할에 대해서 여전히 논쟁중이다.[24] 대비되는 논쟁으로 '유전자 결정론'과 '환경 결정론'이 있는데, '유전자 결정론'은 인간의 신체, 행동, 심지어 운명마저도 유전자에 의해서 전적으로 결정된다는 견해이다. 이는 결국 영양을 공급하지 않아도 - 즉, 환경 없이도 - 유전자에 의해서 인간의 모든 특성이 결정된다는 모순에 빠지게 된다. 반면 '환경 결정론'은 인간이 어떤 유전자들을 갖고 있는가와 상관없이 환경에 의해 표현형이 산출된다는 것이다. 그러나 오늘날 이러한 두 극단론을 믿는 생물학자는 거의 없다.

오히려 유전자와 환경이 상호작용 하여 특정한 표현형 - 인간의 몸, 마음 그리고 행동 - 을 산출해낸다는 이론이 입증된 지 오래이다. 즉 특정행동을 산출하려면 유전체와 환경이라는 두 변수를 모두 고려하면서 두 변수간의 상호작용이 어떤 방식으로 진행되는가에 관한 것이어

---

[24] P. J. Beurton, R. Falk, and H. J. Rheinberger,. 엮음, *The Concept of the Gene in Development and Evolution: Historical and Epistemology Perspective*, (Cambridge: Cambridge University Press, 2000)

야 하는데 이에 관해서도 아직까지 생물학자들간에 열띤 논쟁이 계속되고 있다.25) 이렇게 전문가들 사이에서조차 유전자의 정의에 대해 합의를 보지 못한 상황인데도 불구하고 오늘날 의 문제는, 잘못된 유전자결정론이 현실적 의식을 벗어난 이데올로기로 탈바꿈하기까지 한다는 데 있다.26)

2. 생명의 본질에 관한 문제

생명공학 기술의 발전은 무엇보다도 생명이란 무엇이며 인간생명의 시작은 언제부터인가라는 생명의 본질에 대한 고전적이고 근본적인 관점으로 우리를 회귀시킨다. 특히 배아복제나 연구용 배아27)를 둘러싼 찬반을 논의하는 과정에서 최고의 관심사로 떠오른다.

'생명이란 무엇인가'라는 물음은 생물학자, 의학자, 종교학자와 철학자는 물론이고 거의 모든 사람에게서도 가장 근원적이고도 가장 절실한 문제이다. 그러나 생명이 무엇인지에 대해서 아직 아무도 누구나 수긍할 수 있는 만족할 만한 해답을 해주지 못하고 있다. 그 이유는 생명

---

25) 이에 대한 자세한 설명은 장 대익, "유전자에 관한 진실을 찾아서: 이기적 유전자 이론에서 발생계 이론까지" *Journal of ELSI Studies*(Vol 1. No.1., 2003), 61~83쪽을 참고할 것.
26) R. C. Lewontin, 「DNA 독트린」(서울: 궁리, 2001) 원제는 *The Doctrine of DNA: Biology as Ideology*(Penguin Books, 1991). 사회생물학의 강력한 비판자이기도 한 하버드 대학의 발생유전학자 르원틴은 초파리의 발생을 연구하며 오랫동안 이 문제와 씨름해왔다.
27) 동물학자들은 배아(embryo)라는 용어를 수정 후 단세포, 2-세포 단계에서부터 사람형태의 팔다리와 얼굴모양이 형성되는 6주에서 8주까지 이르는 모든 과정에 사용하지만 발생학 분야 전문가들은 수정 후 첫 2주 14일까지의 수정란을 말한다.

의 본질이 워낙 깊고 넓은 것이어서 어떤 하나의 관점에서 간단히 다 표현할 수 없는 신비를 품고 있기 때문일 것이다.28)

생명이란 살아있음의 '성격을 추상'한 말이기 때문에, 일상에서 경험하는 생명 현상을 생명체로 이해하는 데에는 무리가 없다. 하지만 생명을 다루는 전문가의 눈에 생명과 생명 아닌 것의 경계선은 분명하지 않다. 생명의 신비 속으로 들어가면 갈수록, 생명공학기술이 발전하면 할수록 생명의 본질에 대한 대답은 불투명하기만 하다.29)

우리가 흔히 사용하는 '생명'이라는 단어는 두 가지 -'보편적 생명'과 '의식이 있는 특수한 생명'- 의미로 쓰이고 있다. '보편적 생명'으로서의 개체란 자기를 특징짓는 정보와 조직체계를 유지하기 위해 에너지를 사용하여 복제와 진화를 하는 산물로 정의된다. '특수한 의미에서의 생명'30)에 대한 정의를 내리기 위해서는 신경계의 기능이 살아있다는 것이 무엇인가를 설명해야 하는 어려움이 있다. 태아의 발생 중 어느 단계에서 신경계가 기능을 하기 시작하는지 그리고 신경계의 작용이 상실된 성인의 어느 단계를 죽었다고 하는지에 대한 생명의 경계에 대해 구분하기 어려운 만큼 수정된 인간의 수정란이 살아있는 것이냐 아니냐를 이야기하기란 쉽지 않다.

발생윤리학자들은 배아는 사람이 될 잠재력을 가지고 있지만, 아직

---

28) 진 교훈, "생명이란 무엇인가?", 한국생명윤리학회, 「생명윤리」(제2권 제2호, 2001), 1~11쪽.
29) 구 승회, "살아있음과 인간의 의미", 윤정로 외, 앞의 책, 27~28쪽.
30) 특수한 의미의 생명과 보편적인 의미의 생명의 차이는 한 생명체가 죽은 후, 즉 심장박동이 멈추고 뇌 기능이 상실된 후 일어나는 두 가지 현상에서 살펴볼 수 있다. 성인남자의 경우, 그가 사망한 후에도 그의 털세포는 상당히 오랫동안 살아있다. 죽은 사람의 얼굴에서 마치 하루 동안 면도를 하지 않은 정도의 수염이 자라난다. 또한 죽은 사람의 장기는 다른 사람을 살리기 위해 이식되기도 한다. 다른 개체에서 유래하는 심장, 폐, 콩팥과 같은 장기를 이식 받게 되면, 한 사람의 체내에 두 사람의 장기가 섞이게 되었지만 이식 받은 사람들을 이식 받기 전과 다른 사람이라고 보지는 않는다.

사람의 모양을 갖추지 않았고 배아 스스로가 생물학적 잠재력을 결코 깨달을 수 없으므로 사람으로 취급되어서는 안 된다고 언급하면서 배아연구의 당위성을 주장한다. 그러나 이러한 견해는, 정자와 난자의 수정과 동시에 인격을 부여하는 대부분의 종교학자나 윤리학자들에게는 터무니없는 주장에 지나지 않는다. 이처럼 생명의 기원에 대한 발생학자와 종교·윤리학자간의 의견일치는 좀처럼 이루어지지 않을 것 같다.

3. '두 문화'의 대립에 관한 문제

김환석은, 오늘날 우리나라의 생명윤리 담론에서 벌어지고 있는 각 집단 간의 갈등에 대해, 무려 40여 년 전 영국에서 스노우(C. P. Snow)가 제기해 큰 관심을 끌었던 자연과학/인문과학(또는 과학문화/인문문화) 사이의 '두 문화' 논쟁을 들어 설명하고 있다.31) 그런데 우리 나라의 생명과학 논쟁에서 두드러진 점이 있다면, 생명과학 논쟁이 과학자/인문학자의 갈등이라는 차원만 지니고 있는 것이 아니라 고급문화/대중문화의 또 다른 '두 문화' 차원이 서로 중첩되어 있다는 것이다. 과학자든 윤리학자든 그들은 전문지식과 명성이라는 '문화적 자본'을 지닌 전문가들(experts)인데 반해, 생명과학 논쟁에는 비전문가인 다양한 층의 시민대중과 시민단체들의 참여하고 있기 때문이다. 이들 전문가와 비전문가는 갖고 있는 지식과 가치지향, 그리고 이해관계는 서로 다르다.32) 이것을 표로 그려보면 다음과 같다.

---

31) 김 환석, "생명과학과 두 문화 문제"「과학기술학연구」(통권 제2집, 2001), 31
1~342쪽.
32) 비과학자들은 과학자가 인간의 조건을 알지 못하며, 천박한 낙천주의자라는 뿌리깊은 선입관을 가지고 있다. 한편 과학자들이 믿는 바로는, 문학적 지식인은 전적으로 선견지명이 결여되어 있으며, 자기네 동포에게 무관심하고, 깊은 의미

<표 2> 두 문화의 교차문화

	과학문화	인문문화
고급 문화	생명과학자(관련 의학자) 생명윤리자문위원회 참여	생명윤리학자(생명윤리학회 소속) 생명윤리자문위원회 참여
대중 문화	담론 생산자로서의 언론/ 수용자로서의 다양한 정체성 지닌 대중	담론 생산자로서 시민단체(시민과학, 여성, 종교, 환경 등)/ 수용자로서의 대중

첫째, 이들 각 문화는 자신의 문화와는 다른 이질적 문화를 인정하지 않는 자기문화 중심주의에 빠져있어 자칫하면 서로 다른 문화간의 충돌과 대립 구조로 이어질 위험이 있다.

둘째, '두 문화' 사이에 의미 있는 의사소통을 할 수 있는 제3의 언어가 없기 때문에 이질적인 문화들간에 참된 의사소통이 거의 부재하다.

셋째, 아직까지 우리나라의 고급문화 집단은, 대중을 기껏해야 자신의 주장을 정당화하기 위한 동원의 대상으로만 여기는 고정관념에 사로잡혀 있기 때문에 일반대중이 적극적으로 의사를 표시하고 참여할 통로가 결여되어 있다.

넷째로, 우리의 문화에는 네 편 아니면 내 편의 단순한 편가르기식의 문화만 있을 뿐, 우리에게 익숙한 패턴을 깨거나 이분법적 범주를 가로질러 넘나드는 혼성문화(cross-culture)가 아직 없다. 예를 들면, 배아복제를 떳떳이 반대하는 생명과학자라든가, 인간복제를 찬성하는 생명윤리학자, 또는 배아연구를 찬성하는 시민단체 등은 찾아보기 힘든 게 우리나라의 현실이다. 따라서 생명윤리와 같은 매우 미묘하고 복잡한 이슈

에서는 반지성적이며, 예술이나 사상을 실존적 순간에만 한정시키려고 한다. 김환석, 위의 글, 317쪽.

라고 할지라도 일단 편가르기가 끝나면 더 이상 생산적인 토론은 불가능한 상태로 빠져들게 된다는 것이다.

4. 윤리적 가치판단기준에 관한 문제

여기에서는 생명공학에 찬성하는 사람-일반적으로 목적론자, 과학계, 기업계, 유전질환자와 난치병환자-과 반대하는 사람들-일반적으로 의무론자, 종교계, 철학자, 윤리학자, 환경운동가 및 시민단체-이 그 윤리적 쟁점에 있어서 서로 첨예하게 대립하는 이유를 윤리적 가치판단기준에서 찾고자 한다.

어떤 문제에 대해 옳고 그름을 판단할 때는 가치기준이 필요하다. 가토 히사다케는 그의 저서『환경이란 무엇인가』에서 이분법적 구조를 통해 생명윤리와 환경윤리의 윤리적 판단 기준이 어떻게 다른지 설명하고 있는데, 논자는 체계이론(System Theory)[33]에서의 가치판단분류기준과 함께 가토 히사다케의 윤리적 판단기준[34]이 생명공학기술에 대한 찬반론자의 윤리적 판단기준을 설정하는데 유용하다고 생각되어 두 기준을 나름대로 혼용하여 아래의 표와 같이 작성해 보았다.

첫째, 의무론적 윤리론자는 인간의 존엄성을 해치고 인간을 수단시하는 생명공학 기술에 반대하는 입장에 있고, 목적론적 윤리론자들은 난치병이나 유전질환을 앓고 있는 사람들의 고통을 덜어주기 위한 생명공학 기술에 찬성하는 입장에 있다.

둘째, 가치판단의 대상에 있어서 생명공학기술에 찬성하는 사람들은

---

33) Ludwig von. Bertalanffy, *General Systems Theory:Foundation, Development, Application*(New York : George Braziller, 1968)
34) 가토 히사다케(加藤尙武),「환경이란 무엇인가」(서울: 중문출판사:1997), 90~98쪽. 원제는『環境倫理學のすすめ』(東京 : 丸善 Library, 1993)

인격/비인격의 이분법에 근거하여 인격에 한정하고, 생존권에 있어서도 인격인 주체에 한정하고 있는 반면에 반대론자들은 인격과 자연물을 포함한 생태계까지 포함하면서 생존권의 범위에 있어서 주체뿐만 아니라 객체까지 확장하고 있다. 결국 이들은 가치판단의 시기에 있어서 현재와 미래로 대립된다.

셋째, 결국 책임의 범위에 있어서 생명공학기술에 대한 찬성론자들은 동세대간의 합의에 두고 있고, 반대론자들은 미래세대에의 의무라는 세대간의 윤리에 기준을 두고 있다.

<표 3> 생명공학기술에 대한 윤리적 가치판단 기준

	찬성론자의 가치판단기준	반대론자의 가치판단기준
기본윤리관	목적론적 윤리관	의무론적 윤리관
가치판단의 대상	인격/비인격 이원론으로 한정	인격과 자연물을 포함한 생태계
생존권의 범위	주체에 한정	주체뿐만 아니라 객체까지 확장
가치판단의 시기와 책임의 범위	현재 동세대간의 합의	미래 미래세대에의 의무(세대간의 윤리)
가치판단결정시스템	공시적(共時的)	통시적(通時的)
가치판단결정기본단위	개인의 자기결정권(개인주의)	지구 전체주의(전체주의)
가치판단의 인지적 필요조건	최소한의 필요 : 사적 개인들인 보통 사람들에게 알맞는 정도로 필요함	최대한의 필요 : 반성적 숙고, 공적 의지형성의 집합적 투입을 요할 정도로 필요함

넷째, 가치판단 결정에 있어서 생명공학기술에 대한 찬성론자들은 개인결정권에 기반하고 있으며 반대론자들의 판단결정 기본단위는 개인이 아니라, 미래의 후속세대를 포함한 지구 생태계 그 자체로 보고 있다.

이렇듯 생명공학기술에 대한 윤리적 가치판단 기준의 대상, 시기, 범위에 있어서 찬성론자와 반대론자의 상이함은 양 입장이 첨예하게 대립할 수밖에 없음을 보여주고 있어 생명윤리 담론에 제3의 윤리, 즉 '새로운 윤리'의 필요성을 느끼게 한다.

5. 통제 시스템에 관한 문제

얼마 전 영국에서 백혈병을 앓는 형과 유전형질이 같게 태어난 맞춤아기는 모국인 영국에서 인간 배아의 유전자 검색 및 선택이 허용되지 않자 미국 시카고의 유전자 복제 연구 기관에서 배아 유전자를 검색하는 과정을 거쳤다고 한다.

현재 라엘리안 무브먼트의 자회사인 클로나이드(Clonaid)사35)는 인간복제에 대한 시장성이 높고 아직 확실한 법안을 만들지 않아 통제력이 없다고 판단한 우리 나라에 지회를 두고 인간복제할 기회만 기다리고 있다.36) 이처럼 배아복제를 금지하는 법안을 시행하는 나라의 불치병

---

35) 인간복제를 표방하고 나선 클로나이드(Clonaid)사는 지구상의 생명체가 엘로힘으로 불리는 외계인류에 의해 DNA의 유전자조작으로 창조되었다고 주장하는 라엘리안 무브먼트(Raelian Movement)의 리더인 끌로드 라엘(Claude Rael)에 의해 1997년 2월에 설립되었다.
 http://www.clonaid.com/korean/pages/home.html
36) 그러나, 우리 나라는 지난 2년 동안 미뤄오던 <생명윤리 및 안전에 관한 법률>이 지난 10월 7일 국무회의를 통과하여 올해 안으로 제정될 가능성이 커졌다. 이 안은 인간을 복제하기 위해 체세포 복제배아를 자궁에 착상, 출산하는 행위를 전면금지하고 있으며 또 임신 외의 목적으로 배아를 생성하는 행위와 특정 성을 선택할 목적으로 정자와 난자를 선별해 수정시키는 행위, 매매 목적으로 정자나 난자를 제공하는 행위, 사망자와 미성년자의 정자와 난자로 수정시키는

환자는 이를 허용하는 나라에 가서 신체 기관, 장기, 내분비 물질을 공급받아 치료하고자 할 것이다.

핵무기 기술과 생식유전학 기술 사이에는 재료나 도구, 자본에 있어 차이점이 있다. 핵무기를 만드는 데 쓰이는 거대한 반응탱크, 우라늄, 플라토늄과 같은 원자재는 정부에 의해 완벽하게 통제되고 있지만 생식유전학에서는 정교하고 작은 실험용 의료기기와 간단한 화학재료들로, 제한 없이 개인에게 판매 가능한 것들이다. 핵무기개발에는 수십조에 달하는 예산이 필요하지만, 생식유전학 클리닉은 작은 사업을 하는 정도로 세계 어디서든 운영할 수 있다. 즉 몇몇 나라에서 생식유전학 사용을 금지한다 해도 한 나라라도 연구가 허용된다면, 금지시킨 나라만 불리하다는 생각 때문에 세계적인 공조시스템이 마련되지 않는 한 거의 통제 불가능하다. 더군다나 문제는 '개인의 결정권'을 중시하는 자유주의국가에서 이러한 기술사용을 제한할 어떠한 이념적 근거도 마땅치 않다는데 있다. 어떠한 경우에도, 많은 전문가들은 생식유전학 기술의 사용을 피할 수는 없을 것이라고 우려하고 있다.

V. 나오는 말

지금 우리는 인류역사상 한번도 경험하지 못한 폭발적인 기술 혁신의 정점에 서 있다. 정보기술과 생명공학기술의 합작으로 이루어진 인간유전체 연구는 윤리적·법적·사회관계뿐만 아니라 인간의 의미, 생명의 본질에 대한 새로운 관점을 요구하고 있다. 그러나 오늘의 세계를

행위 등을 금지했다. 그러나 회귀·난치병 등의 질병치료를 위한 연구목적의 체세포핵 이식행위는 허용하고 있다. 경향신문 2002. 10. 7.

살아가는 현대인들은 충분히 인식하지 못한 채 토론도, 대처할 준비도 안된 듯 하다. 단지 각계의 첨예한 대립된 의견만이 극단을 달리고, 허공을 맴돌고 있을 뿐이다.

그러나 우리 모두가 인정하기 싫다 하더라도 문제는, 생명공학기술에 대한 통제가 거의 불가능하리라는 데 있다. 왜냐하면 생명공학기술이 모든 도덕적 인간 규정, 모든 종교적, 이데올로기적 열정을 넘어서 인간적 한계를 벗어나게 해 준다는 사실이 너무나 매혹적이기 때문이다. 또한 개개인이 무엇을 할 수 있느냐 하는 결정이 기본적으로 개인의 자유와 재산에 의해 결정되는 자본주의 사회에서 생명공학 기술의 사용을 '차별'이나 '소외', '불평등한 분배'라는 이유를 들어 제한하기에는 한계가 있기 때문이다.

이렇게 생명공학 기술이 불가피할 뿐만 아니라 오늘날의 자유주의 체제나 이념만으로 인간의 욕망을 통제할 수도 없다면, 지금까지지 우리가 해왔던 생명윤리 담론과정에서 간과하고 있었던 관점은 없는지 생각해 볼 필요가 있다. 즉, 지금까지 지녀온 윤리적 사고나 가치관에 방향전환이나 부분수정을 해야 하는 것은 아닌지 생각해 볼 필요가 있다는 것이다.

첫째, 생명공학 기술의 성과로 '고통 없는 긴 삶'을 살아가는 것이 무엇을 뜻하는지 생각해 볼 필요가 있다. 즉, 태어나서 죽을 때까지 생의 전과정에서 '젊음과 아름다움과 고통 없음'을 약속 받았다고 해서 이것이 진정 '행복한 삶'인가에 대해서 의문을 가지지 않을 수 없다. 비록 희곡이지만, 차펙(Karel Capek)의 희곡에 나오는 주인공 엘레나 매크로풀리스(EM)는 아버지가 발명한 장수약을 먹고, 젊고 아름답게 342세까지 살다가 인생이 너무 지리하고 건조하고 단조로워 자살했다고 한다. 이제 우리는 어떤 삶이 진정 행복한 삶인지, 그리고 인간의 욕망에 대한 교정이나 방향수정이 있어야 하는 것은 아닌지 생각해 보아야 할 때가 온 것 같다.

둘째, 생명공학기술에 대해 무조건 찬성하는 사람은 자신의 허영된 이기심에 따른 결정이 아닌지 생각해 보아야 한다. 반면, 반대론자 자신도 너무 이분법적 사고-자연은 선이고 인공은 악-에 집착하고 있는 것은 아닌지 생각해 볼 필요가 있다. 생명공학은 엄연한 현실인데 반하여, 도덕가의 경고는 현실을 뛰어넘지 못하는 공허한 당위로만 들리는 부분이 없지 않다. 이제 '생명은 자연적이고, 신의 영역에 속하는 것'이라는 추상적·객관적·절대적인 생명에 대한 이해와 윤리적 정의에 한계가 온 것 같다. 이론이나 원리를 중요시하고 있는 기존의 생명윤리 담론이 오늘날의 구체적이고 개별적인 생명윤리 문제를 진단하고 처방하는데 한계가 있기에 '새로운 윤리'의 필요성이 요청된다.

셋째, 생명윤리 사안의 해결방법이 윤리적 관점에만 치중해서 해결하려고 하는 것은 아닌가 생각해 보아야 한다. 즉, 무엇을 목표로 삼을 것인가 하는 윤리의 문제와 설정된 목표에 도달할 가능성에 관한 기술의 문제는 구분해서 생각해야 하는 것이 아닌가 하는 것이다. 즉, 인간 존엄에 위해되지만 않는다면 그 기술이 허용되는 범위 내에서 인간 삶의 질을 향상하기 위한 책임 있는 기술과 협동작업이 필요한 때라고 생각한다. 따라서 개인이 지닌 유전적 변이로 인하여 불편을 겪는 사람이 있다면 무조건 기술을 배척할 것이 아니라 구성원 모두가 그 불편을 최소화하고 나누어 갖는 태도도 필요하다.

마지막으로, 그 동안 교육기관에서 생명공학 기술의 수혜자인 일반 대중뿐만 아니라 기술을 다루고 배우는 생산자인 자연과학도나 공학도 각각의 집단에게 너무 전공에만 편중된 교육을 한 것은 아닌지 점검해 보아야 한다. 과학을 전공하는 자나 과학을 전공하지 않는 자 모두에게 인문 교양 교육의 기회를 부여하고, 인류역사상 모든 기술적 성취가 언제나 기술에 대한 도덕적 반성과 저항의 역사 위에서만 가능했음을 잊지 말도록 가르쳐야 할 것이다. 특히 생명윤리교육을 담당한 교육자는 일방적인 찬성이나 반대가 아닌, 다양하고 충분한 정보를 제공해 과학의 수혜자나 생산자 모두에게 총체적인 관점에서 판단할 수 있도록 도와주어야 한다.

주제어 : 생명공학기술 '유전자 차별' 생명윤리 담론 생명의 본질 '새 윤리'

참고문헌

가토 히사다케, 「환경이란 무엇인가」(서울: 중문 출판사, 1997) 원제는 「環境倫理學のすすめ」(東京 : 丸善 Library, 1993)
과학철학 교육위원회 편, 「과학기술의 철학적 이해」(서울: 한양대학교 출판부, 2003)
그레고리 E. 펜스, 「누가 인간복제를 두려워하는가?」(서울: 양문, 2001) 원제는 Who's afraid of Human cloning?(Maryland : Rowman & Littlefield Books, 1998)
김 환석, "생명과학과 두 문화 문제", 「과학기술학연구」(통권 제2집, 2002)
김 훈기, 「유전자가 세상을 바꾼다」(서울: 궁리, 2000)
리처드 도킨스, 「이기적 유전자」(서울: 을유문화사, 2002) 원제는 The Selfish Gene(Oxford University Press, 1993)
리처드 르원틴, 「DNA 독트린」(서울: 궁리, 2001) 원제는 The Doctrine of DNA : Biology as Ideology(Penguin Books, 1991)
박 은정 「생명공학 시대의 법과 윤리」(서울: 이화여자대학교, 2000)
―――, "생명윤리·여성주의·법" 「법철학연구」(제2권, 1999)
송 상용 외, 「생태문제와 인문학적 상상력」(서울: 나남 출판사, 1999)
앤드류 킴브렐, 「휴먼 보디숍 ― 생명의 엔지니어링과 마케팅 ― 」(서울: 김영사, 1993)
언스트 & 영, 「세계 생명공학 리포트」(서울: 김영사, 2002) 원제는 The Biotechnology Report 2002(Ernst & Young International, 2002)
윤 정로 외, 「생명의 위기:21세기 생명 윤리의 쟁점」(서울: 푸른나무, 2001)
이 근창, "보험과 고용에 있어서 유전자 차별", 영남대학교 산경연구소, 「산업연구」(제10집, 2002)
장 대익, "유전자에 관한 진실을 찾아서 : 이기적 유전자 이론에서 발생계 이론까지" Journal of ELSI Studies(Vol 1. No.1. 2003)

제임스 왓슨 외, 「인간복제, 무엇이 문제인가 : 인간복제의 윤리학」(서울: 울력, 2002) 원제는 *Flesh of My Flesh : The Ethics of Cloning Humans*(Maryland : Rowman & Littlefield Books, 1998)
진 교훈, "생명이란 무엇인가?", 한국생명윤리학회, 「생명윤리」(제2권 제2호, 2001)
경향신문 2002. 10. 7.
연합뉴스 2002. 4. 15.
Snow Charles Percy, *The Two Cultures*(Cambridge University Press: 1950)
Fox Keller Evelyn, *The Century of the Gene*(Harvard University Press, 2000)
Fukuyama Francis, *Our Post-Human Future*(New York : Eric Yang Agency, 2002)
Corea Gena, *The Mother Machine: Reproductive Technologies from Artificial Insemination to Artificial Wombs*(New York: Harper & Row 1985)
Bertalanffy Ludwig von., *General Systems Theory: Foundation, Development, Application*(New York:George Braziller, 1968)
Beurton P. J. and R. Falk, H. J. Rheinberger, *The Concept of the Gene in Development and Evolution: Historical and Epistemology Perspective*(Cambridge: Cambridge University Press, 2000)
http://www.clonaid.com

Ⅳ. 한국인의 사회적 성격과 차별

Ⅳ. 결론 및 정책적 함의

한국인의 문화적 가치지향성에 내재된 차별

한 세희

•

ITAP International 아시아-태평양 본부장 경영학

I. 머리글

문화는 공기와 같아서 그 속에 있는 사람은 그것을 거의 느끼지 못하고 산다. 그래서 외부인의 참신한 눈이 도움이 되는 경우가 많다. 그러나, 그 외부인의 관점이 절대적이 될 수는 없다. 그 또한 자신의 문화에 속박되어 있으므로 그의 특정한 위치에서 보는 상대적 관점일 뿐이다. 허지만 이러한 다양한 상대적 관점들을 종합할 때 우리 문화의 실제 모습에 좀더 근접해 볼 수 있을 것이다. 그런 면에서 나의 오랜 외국생활 후 귀국하며 얻은 체험은 여러 외부인의 관점들 중 하나로서 참고가 될 수 있으리라 믿는다.

15년간의 유럽 생활 후 귀국하면서 심각한 문화충격을 겪었다. 한 마디로 만나는 사람마다 커다란 쇠고랑을 덜그럭거리며 끌고 다니는 것 같았다. 마치 자신의 행복을 위해 사는 게 아니라 남의 눈에 행복해 보이기 위해 사는 듯 자신의 눈을 의심하고 오직 타인들의 고정관념을 맹

목적으로 따라가고 있는 것 같았다. 그리고, 이렇게 사회가 은연중에 강요하는 삶의 방식에는 대단히 차별적 요소들이 내재되어 있었다.

좁은 땅덩어리에 넘쳐나는 인구로 인해 환경파괴와 교통지옥이 극에 달했음에도 남의 눈을 의식하여 큰 차만을 선호하는 사람들이 많았다. 사업에 실패한 후 경제적인 어려움으로 자녀들의 학업까지 중단시킨 이웃사람이 검은 색 다이너스티 세단을 타고 다니는 것은 먹고 살기 위한 몸부림이었다. 작은 차를 탄 사람들에 대한 거래선들의 차별 때문에 멋지고 큰 차를 타지 않고는 그나마 남은 일거리라도 붙들어 볼 엄두를 낼 수 없다는 것이었다.

몇 평짜리 아파트에 사는지, 어느 이름의 아파트인지, 그리고 어느 동네에 사는지에 따라 신분이 달라지는 듯, 많은 사람들이 무리를 해가며 불필요하게 큰 아파트에 살고, 특별한 지역들의 부자 동네로만 몰려들어 터무니없는 부동산가격이 형성되고 있었다.

어느 학교와 학원을 다니느냐에 따라 장래의 신분이 좌우되는 듯, 좋은 학교와 학원은 특권층으로 진입하는 관문이 된 것 같았고, 자녀들을 엄마까지 딸려서 해외로 조기유학을 보낸 후 혼자서 외롭게 사는 기러기아빠들이 즐비했다.

아들을 골라 낳기 위해 태중의 딸을 낙태하는 일이 빈번하고, 여성에게 불리한 혼인과 결혼생활, 직장생활 등 사회 전반에 걸쳐 여성에 대한 광범위한 차별 현상이 눈에 띄었다. 한국에서는 여자로 태어난다는 것 자체가 이미 형벌이 아닌가 생각되었다.

언뜻 보면 직접적인 관련이 없는 것 같아 보이는 일들도 그 이면을 좀더 분석해 보면 이러한 차별적 원인이 숨어 있는 것 같았다. 명품 구입 등의 과시적 소비행태와 카드 빚 양산, 그리고 매춘, 유괴, 강도, 살인 등의 범죄 등도 이와 긴밀하게 연결되어 있는 것 같았다.

아직도 많은 기업인들과 정치인들에게 지극히 당연한 생활방식으로 인식되고 있는 불투명한 거래와 부정부패, 돈을 받고 직분을 임명하는 것이 제도화된 유명 종교집단 등 국제적인 기준으로 보면 대단히 미개한 것으로 판단되는 일들의 이면에는 이러한 차별의 정당화라는 공리가 작용하고 있는 게 아닌가 생각되었다.

그러나, 이러한 일련의 문제에 관해, 주변의 친지들에게 진지하게 의논했더니, 나의 색다른 관점에 대해 상당히 의아스러워하는 것 같았다. 점차 시간이 흐르며 주변의 사람들이, 내 눈에는 불합리하게 느껴지는 삶의 방식들을 그렇게 의식하지 않고 오히려 당연시하거나 강화시키며 살고 있다는 것을 알게 되었다. 그들 중에는 반드시 기득권층만 있는 것은 아니었다. 대부분의 피해자와 소외계층의 사람들도 이를 정당화하는 데 한 몫을 하고 있는 것 같았다.

이는 우리 문화의 심층에 자리잡고 있는 가치지향성에 차별적 요소들이 내재되어 있기 때문이라고 본다. 차별은 이미 우리 렌즈의 일부를 이루고 있어서 의식할 수가 없게 된 것이다. 폰스 트롬퍼나르스[1](Fons Trompenaars)는 이런 현상을 이렇게 설명하고 있다. 선생님에게 허리를 굽혀 인사하는 아이에게 왜 그렇게 하느냐고 물으면 십중팔구 선생님을 존경하기 때문이라고 대답할 것이다. 다시, 왜 선생님을 존경하느냐고 물으면 더 이상 대답할 말이 궁해질 것이다. 선생님을 존경하는 것은 중력의 법칙처럼 원초적이고 자명한 것이 아니던가! 너무나 당연하여 질문할 필요가 없는 것을 묻는 사람이 오히려 이상한 사람으로 보일 것이다. 그러나, 이 세상에는 선생님에게 허리를 굽혀 절하지 않는 나

---

[1] Fons Trompenaars는 네덜란드에서 태어나, University of Pennsylvania에서 박사를 받았으며, 현재 Trompenaars Hampden-Turner Intercultural Management Group 대표이다. 18개국에서 1,000개 이상의 다문화경영 프로그램 수행했으며, 『Riding the waves of culture』이외에 많은 저서가 있다.

라들이 훨씬 더 많다. 그리고, 선생님을 대등한 인격체로 느낄 뿐 특별히 존경해야 할 대상으로 여기지 않는 나라들이 많고 그들의 시각으로 볼 때에는 한국의 사제관계는 분명히 차별적이라 할 것이다.2)

이렇게 차별이라는 개념은 우리 문화의 가치지향성 내에 뿌리깊게 내재된 것으로 보인다. 그래서 같은 문화의 내부에서는 잘 보이지 않고, 다른 문화들과 복합적으로 혹은 나란히 놓고 바라보는 다문화적/비교문화적 (Cross-cultural/Intercultural) 관점으로 볼 때 비로소 발견될 것이다.

II. 에드워드 홀(Edward T. Hall)의 관점

에드워드 홀3)(Edward T. Hall)은 문화를 고배경문화(High-Context Culture)와 저배경문화(Low-Context Culture)로 나누었다. 전자는 삶의 배경 속에 대부분의 정보가 이미 내재되어 있다고 가정하므로 이를 구체적으로 드러내 표현할 필요가 없다고 생각한다. 그래서 대화 중에 침묵이 흐르기도 하고 계약서 양식들도 간소한 편이다. 이에 반해 후자는 매사에 구체적인 표현이 필요하다고 생각하고 작은 일에도 서면 확인을 하며 계약서들도 복잡해진다.

고배경문화에서는 이미 주변의 정황이 많은 것을 말해 주고 있으므로 상황의 추이에 결정적 역할을 하게 된다. 그 사람이 실제로 어떤 의견을 갖고 있느냐는 것보다도 그의 행색과 신분 등 배경이 더 중요한

---

2) Fons Trompenaars / Charles Hampden-Turner, 『Riding the waves of culture』(New York: McGraw-Hill, 1998) 23쪽 중하단 부연 설명
3) 미국인류학자인 Edward T. Hall은 『The Silent Language』, 『Beyond Culture』, 『The Dance of Life』, 『Hidden Differences』 등을 저술했다.

영향을 주는 경우가 많은 것이다. 따라서, 이러한 환경적 이점을 보유한 사람들에 대한 우월적인 차별적 변수가 이미 내재되어 있다고 볼 수 있다.

실제로 어떤 사람인가? 하는 구체적 내용보다 어떻게 보이는가? 하는 총체적 정황에 주목하게 되어 신분과 배경에 불리한 조건을 갖고 있는 사람들에 대해 불리한 선입견을 강하게 심어 주는 한 편 이를 해명하고 만회할 기회가 주어지지 않는 차별적 대우를 받게 된다. 우리 사회가 보이고 있는 허례허식과 과시적 관습의 만연, 신분의 유지와 상승을 위한 과도한 교육 투자 등은 이러한 데서 연유한다고 할 수 있을 것이다.

그 정도의 차이는 있지만 유럽과 미국 등 서구 제국들을 제외하고는 대부분의 나라들이 고배경문화권에 속한다. 그 중에서도 우리나라는 상당히 강한 고배경문화를 갖고 있다. 고배경문화가, 정보의 변화가 적고 구성원 간에 지속적이고 깊은 교류가 가능했던 농경시대와 대가족제도에 근원을 두고 있음을 감안할 때 오늘날의 급변하는 핵가족사회에 과연 적합한 문화인지 의문을 갖지 않을 수 없으나, 문화가 단시일 내에 변화하는 것이 아님을 인정한다면 이를 기정사실화하고 어떻게 긍정적 변화를 촉구할 것인지 생각하여야 할 것이다.

앞의 에드워드 홀(Edward T. Hall)의 이론을 계승, 발전시킨 다른 이론들을 살펴보면 문화 속에 내재해 있는 이러한 차별적 요소들을 더욱 세분화하여 볼 수 있다.

III. 폰스 트롬퍼나르스(Fons Trompenaars)의 관점

폰스 트롬퍼나르스(Fons Trompenaars)의 문화분석이론에서 한국문화의 가치지향성 가운데 차별적 요소가 두드러지게 내재되어 있는 것들은 아래와 같다.

(1) 특수주의 (Particularism)

특수주의(Particularism)는 보편주의(Universalism)의 반대개념이다. 대인관계에서의 보편주의는 모든 사람에게 적용되는 규칙이 같다는 추상적인 믿음이다. 즉, 친소관계를 떠나서 누구에게나 같이 대해 주는 것이 옳다는 원칙에 기초하고 있어서 누구에게나 공정하게 적용될 수 있는 규칙에 초점을 맞추게 된다. 일단 그 규칙에 예외가 생기기 시작하면 전체 시스템이 무너질 수 있기 때문에 규칙을 지키고 준수하려는 힘이 강하게 작용한다.

이에 반해 특수주의는 현실에 초점을 맞추고 있다. 누구에게 나라는 보이지 않는 대상이 아니라 당장 내가 관여하는 특정한 사람을 겨냥한다. 그는 나의 가족이거나 친구이거나 내게 어떤 특별한 의미를 주는 사람이다. 나는 그를 보호하고 도와야 할 특별한 의무를 갖고 있고, 추상적 규칙보다는 현실적 필요가 더 부각된다.

우리나라는 특수주의적 성향이 강한 나라이다. 이 성향에 따르면 만나는 사람마다 다르게 대하는 데 아무런 부담을 느끼지 않는다. 그래서, 나와의 친소관계와 상황적 필요에 따라 매번 다른 잣대를 적용하는 것이 당연하고, 이는 곧 잘 모르는 사람들과 이해관계에 도움이 되지 않는 사람들에 대한 차별로 나타난다. 모든 이웃을 원칙에 따라 동등하게 대해야 한다고 생각하는 사회에 비해 사회정의가 낙후되어 있고 후진국형 부정부패가 끊이지 않는 것은 이러한 현상을 잘 반영하고 있는 것이라 본다. 학연과 지연 등 인맥을 앞세우는 게 대세가 되어 무엇을 아는가가 아니라 누구를 아는가가 성패를 좌우하는 사회라는 국제적 비판은 모두 이 차별적 현상을 잘 보여주고 있다고 생각한다.

(2) 귀속 지향 (Ascription Orientation)

귀속지향(Ascription Orientation)은 성취지향(Achievement Orientation)의 반대로서, 사회가 그 구성원에게 더 높은 신분을 부여하는 근거를 말하고 있다. 성취지향의 사회는 그 사람이 자신의 노력으로 성취한 것에 기초하여 신분을 부여한다. 이에 반해 귀속지향의 사회는 그 사람의 나이, 계급, 성별, 교육수준 등에 따라 신분을 부여한다. 전자가 무엇을 하였느냐(doing)를 본다면 후자는 누구이냐(being)를 보는 것이다.

성취지향의 사회에서는 상대적으로 기회의 균등한 배분이 쉽다. 불리한 여건에 있는 사람이라도 열심히 노력하여 무언가를 성취하였을 때 이것을 액면 그대로 인정해 주므로 누구나 희망을 갖고 열심히 노력하게 하는 사회적 동기부여 효과가 생긴다. 그래서, 막스 베버(Max Weber)는 이것을 프로테스탄티즘(Protestantism)의 핵심적 가치로 주장하였다.[4]

이에 반해 귀속지향의 사회에서는 자신의 노력으로 성취한 실제 내용에 주목하는 대신 그가 배경적으로 갖고 있는 유리한 고지에 더 관심을 가짐으로써 불리한 여건에 처한 사람들에게 절망감을 주게 되고 이

---

4) Max Weber, "The Protestant Ethic and the Spirit of Capitalism" chap. 4,
http://cepa.newschool.edu/het/profiles/weber.htm

에 따른 공공연한 차별이 가해지게 된다. 전공과 성적은 무시한 채 어느 대학 출신인가에 더 관심을 두는 것과 여성과 지방대학 출신들의 취업과정에서 보이는 차별은 그 대표적인 것이라 할 수 있다. 어느 대학에 입학하느냐가 평생의 성패를 좌우하는 가장 핵심적 기준이 되어버린 것, 그리고 과도한 사법고시 열풍과 의대 선호 풍조는 모두 이러한 차별에 대한 방증이라 할 수 있다.

IV. 헤르트 홉스테드(Geert Hofstede)의 관점

헤르트 홉스테드[5](Geert Hofstede)의 문화분석이론이 갖는 특별한 이점은 국가들의 문화지수를 백분율로 나타내어 서로 비교할 수 있게 만든 점이다. 홉스테드 모델로 알려진 VSM[6](Values Survey Module)에 의하면 문화적 가치지향성을 아래와 같이 5가지 차원으로 나눌 수 있다.

1. 개인주의/집단주의(Individualism/Collectivism)
2. 권력거리(High/Low Power Distance)
3. 남성성/여성성(Masculinity/Femininity)
4. 불확실성회피성향(Uncertainty Avoidance)
5. 시간지향성(Long/Short-Term Orientation)

이들 다섯 차원들에 대한 우리나라의 문화적 좌표를 점검해 보고 그

---

[5] Geert Hofstede는 네덜란드에서 태어났으며, 국가문화지수를 활용한 비교경영학(Comparative Management)을 창시자했다. 『Cultures and organizations』, 『Culture's consequences』 등의 저서가 있다.
[6] VSM(Values Survey Module)은 Geert Hofstede가 1980년에 그의 저서 『Culture's consequences』에 발표한 문화분석도구로서, IBM의 다국적 조직을 표본으로 삼아 국가간 문화의 차이를 5개 차원으로 분석하여 백분율로 정리했다.

가치지향성 속에 내재된 차별적 요소들을 분석해 보고자 한다.

(1) 집단주의(Collectivism)

아래 [도표1]의 수직축은 개인주의지수를 나타내고 수평축은 국민소득을 보여 준다. 일반적으로 소득이 높을수록 개인주의 지수가 높은 것을 알 수 있다. 우리나라의 경우 (SOK로 표기) 개인주의 지수가 100점 만점에 18점으로 미국(91점), 호주(90점), 영국(89점) 등 서구 제국에 비해 대단히 집단주의적임을 알 수 있다.

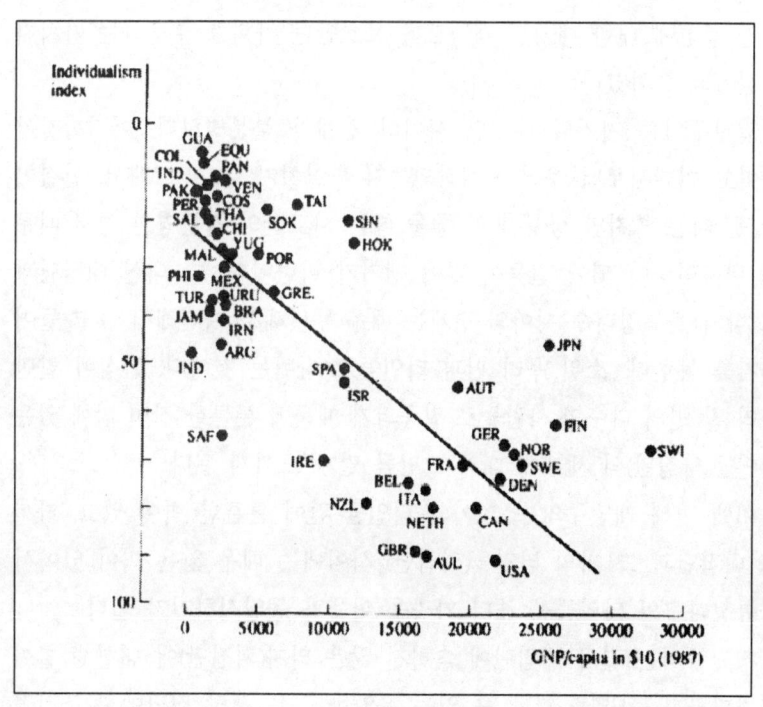

서구의 모든 선진국들은 예외 없이 개인주의적이고, 대부분의 개발도상국들은 집단주의적이다. 특히 역사적으로 우리나라의 문화적 영향을 많이 받아 온 일본이 46점으로 다른 아시아 제국에 비해 상당히 개인주의적 성향이 강한 것을 보면 근대화와 더불어 개인주의적 성향이 증대한 것으로 유추해 볼 수 있다.

　홉스테드에 의하면 개인주의의 정의는 이렇다. 개인과 개인의 관계가 다소 느슨하여, 자기자신과 가족(핵가족의 좁은 범위)을 스스로 돌보도록 기대되는 사회를 추구하는 가치지향성. 이에 반해 집단주의는, 출생 이후 강한 결속력의 배타적 내집단들에 속하여, 그들에 대한 무조건적인 충성에 대한 대가로 평생토록 보호받는 사회를 추구하는 가치지향성이라고 하였다.

　집단주의는 자기와 내집단 사이의 경계가 불분명하다. 어디까지가 나이고 어디서부터 우리가 시작되는지 확실치가 않다. 그래서, 단결이 잘 될 때는 좋지만 상황이 안 좋을 때는 서로간의 불분명한 경계 때문에 뒤죽박죽이 되어 갈등이 많이 생기기 마련이다. 그 대신 내집단과 그 밖의 불특정다수 사이의 경계는 매우 뚜렷해서 여간해서 뚫고 들어가지를 못한다. 소위 우리 편과 타인들로 나뉘는 것이다. 관심이 일단 우리 편 안의 다수의 사람들로 집중되기 때문에 튼튼한 장벽 밖에 있는 타인들(외집단)의 세계에 대해 그만큼 멀게 느끼게 된다.

　이에 반해 개인주의는, 자아와 타인들 간에 튼튼한 벽이 있고, 가까운 내집단과 그 밖의 타인들(외집단) 사이에는 매우 얇은 벽이 있어서 불특정다수의 타인들을 좀더 가까운 이웃과 동일시하기가 쉽다.

　집단주의는 결국 내집단에 속하지 않은 타자(외집단)에 대한 차별이 불가피하다. 차별을 피할 수 있는 유일한 길은 해당 집단에 무조건적 충성을 선언하고 그 내집단의 구성원이 되는 것 밖에 없다. 세계에서 유례없는 차이나타운이 없는 나라라는 점과 외국인 근로자에 대한 엄청난 차별대우, 그리고 병역을 피하기 위해 미국 국적을 선택했다는 이유로 국민여론에 의해 하루아침에 톱스타에서 중죄인이 되어 추방당한 가수 유승준에 대한 차별 등은 시사하는 바가 크다.

(2) 큰 권력거리(High Power Distance)

권력거리(Power Distance)란 사람들 사이의 의존관계(dependence)의 척도이다. 이것이 높다는 것은 계층간에 감정적 거리감이 크다는 것이다. 그래서, 선뜻 다가가서 쉽게 마음을 털어 놓고 대화하기가 어렵다. 반대의견 같은 것은 내놓고 말한다는 게 거의 불가능한 경우가 많다. 일반적으로 아랫사람들이 윗사람에 대한 의존관계(dependence)를 선호하지만, 아예 관계 자체를 부정하는 항거적 의존관계(counter-dependence)도 많다. 대체로 중립적 형태의 균형을 잡지 못하고 긍정적 혹은 부정적 양극단으로 흐르는 것이다.

이에 반해 낮은 권력거리의 문화에서는, 계층간의 감정적 거리감이 적어서 쉽게 마음을 털어 놓고 대화하며 반론도 제기할 수 있는 분위기이다. 상호간에 서로를 인정하고 존중하는 가운데 상담하는, 상호의존관계(inter-dependence)가 주종을 이룬다.

[도표2]를 보면 프랑스 등 일부 가톨릭 국가들을 제외하고는 집단주의적인 나라들이 권력거리가 크고 개인주의적인 국가들이 권력거리가 낮은 경향이 보인다.

권력거리가 높은 나라들은, 말레이시아를 필두로 동남아와 중남미, 아랍 국가들이 70점 이상의 최상부를 차지하고 있다. 그 다음이 유럽의 가톨릭 국가들과 우리나라(60점), 타이완, 일본(54점) 등의 중상위권 국가들이다.

가장 낮은 나라들은, 오스트리아, 이스라엘, 뉴질랜드, 아이슬란드, 스웨덴, 노르웨이, 핀란드, 스위스 영국, 독일, 코스타리카, 호주, 네덜란드, 캐나다, 미국 등의 순서이고, 미국(40점)도 서구 제국들 중에서는 상

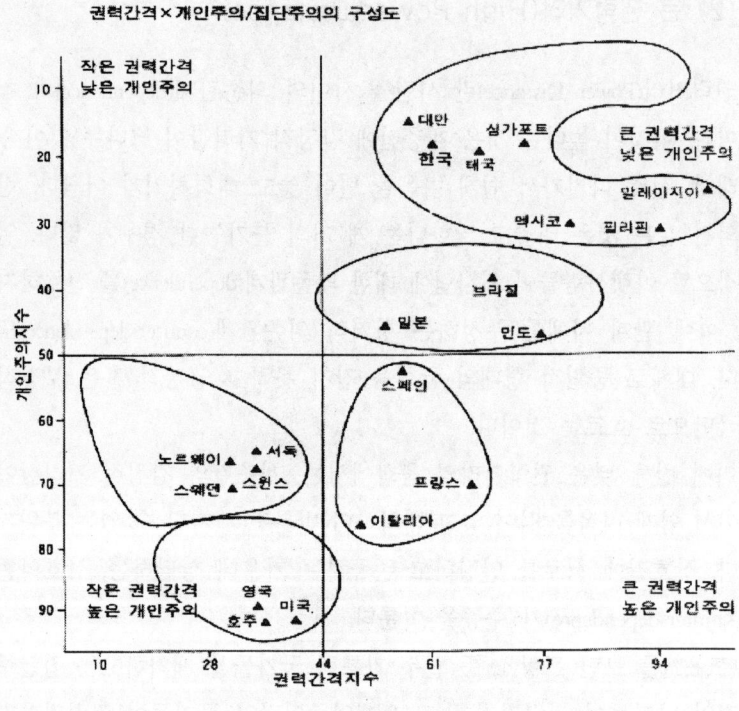

자료: Goert Hofstede, *Culture's Consequences*, London: Sage Publications, 1984에서 발췌.

대적으로 높은 편이다.

높은 권력거리는 곧 힘 없는 자에 대한 차별로 귀결된다. 우리나라처럼 권력거리가 큰 사회에서는, 힘을 가진 자가 특권을 갖는 것이 정당화되는 경향이 있으므로 강한 힘을 암시하거나 드러내어 기선을 제압

하는 것이 유리한 처세술이 될 수 있다. 과시적 목적으로 큰 차와 큰 아파트, 명품으로 치장하기를 고집하는 것들은 모두 이러한 연유라 할 것이다.

사회는 불평등한 것이 당연하고 오히려 그렇지 않으면 불안하다. 사람들이 만나면 먼저 신분을 저울질하여 우열을 가리고 나이가 동갑일 경우는 생일까지 따져 형, 동생을 가려야 속이 시원한 사회이다. 일반적으로 우열이 가려지고 선후가 정해져야 하나의 사회로서 기능하기 시작하는 것이다. 그만큼 힘 없는 자에 대한 차별은 불가피한 것이다. 반면에 일단 힘있는 자가 되면 수많은 특권들이 따라온다. 마음대로 쓸 수 있는 판공비도 있고 때에 따라서는 규칙을 무시할 수도 있는, 보이지 않는 양해가 이루어져 있다. 즉, 힘의 크기에 따라 서로 다른 잣대가 적용되는 것이다.

(3) 강한 불확실성 회피성향(Strong Uncertainty Avoidance)

불확실성회피성향이란 불확실하거나 잘 모르는 상황에 대해 갖는 불안감의 정도를 말한다. 이것은 같은 상황 속에서도 문화에 따라 다르게 반응하는 주관적 감정인데, 이 성향이 큰 사회에서는 그만큼 신경증적 스트레스도 커서 미래의 일에 대한 사전예측을 강하게 희구하게 된다. 따라서, 공식적 비공식적인 각종 규칙들을 만들어 이를 사전에 관리하려는 경향이 크다.

불확실성회피지수와 개인주의지수를 함께 보여 주는 아래 [도표3]에서, 우리나라는 불확실성회피지수가 85점으로 매우 높고 집단주의가 강한 그룹에 속함을 알 수 있다. 우리나라처럼 집단주의가 강한 나라들 중에서도 싱가포르(8점), 자메이카(13점), 홍콩(29점), 말레이시아(36점) 등과 같이 불확실성회피성향이 매우 낮은 나라들도 있다.

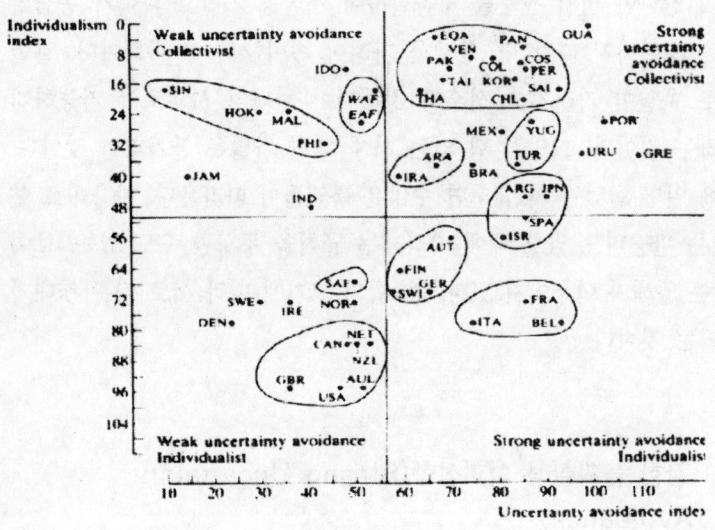

[도표3] Geert Hofstede, Cultures and organizations 129쪽

 그리고, 좌표로 볼 때 우리나라와 정확하게 반대방향에 위치한 나라들은 미국(46점), 영국(35점), 캐나다(48점) 등 앵글로 색슨 계열의 해양이민국들이다. 불확실성회피지수가 높은 나라에서 무언가 색다른 것을 접할 때 다른 것은 위험하다(What is different is dangerous)는 반응이 우세한 데 반해, 이것이 낮은 나라에서는 다른 것은 흥미롭다 (What is different is interesting)는 반응이 우세하다. 그만큼 변화의 수용이 쉽다. 이들 해양이민국가들이 역사적으로 신대륙과 미지의 세계를 개척하는

데 앞장선 것도 이러한 문화적 배경과 무관하지 않다고 본다.

불확실성회피성향(Uncertainty Avoidance)은 다른 것에 대한 강한 차별성을 내재하고 있다. 나 또는 우리가 늘 익숙하게 알고 대해 왔던 것들이 아닌 것들에 대한 거부감이 강하므로, 당연한 것으로 인식되지 않는 일과 그와 관련된 사람들은 차별 대상이 될 수 밖에 없다.

어떤 사람들의 그룹이 새로이 형성되면 그 그룹의 운영방식과 관련한 다양한 모습들이 등장하게 된다. 우리나라와 같이 불확실성회피성향이 강한 사회에서는 오늘은 이렇고 내일은 저런 상태가 지속되는 것은 바람직하지 않다. 가급적 빨리 그 안에서 당연한 것으로 인식되는 특정한 흐름이 자리를 잡지 않으면 불안해진다. 즉, 무언가 대세를 지배하는 한 가지 흐름을 따르려는 경향이 크므로 소위 주류(主流)가 힘을 얻게 되고 이는 곧 이에 동참하지 않는 비주류(非主流) 혹은 튀는 소수가 차별 받을 수 밖에 없음을 암시하고 있다. 옳고 그름을 떠나 단지 나(우리)와 다르다는 이유로 차별하여 왕따를 시키는 문화적 현상들을 우리 사회 곳곳에서 쉽게 발견할 수 있다. 왕따의 원조라고 할 수 있는 이지메의 나라인 일본은 우리보다 더 강한 불확실성회피지수(92점)를 보이고 있다.

(4) 강한 여성성(Strong Femininity)

어느 사회에서나 남성으로 태어나는가 여성으로 태어나는가에 따라 그 기대되는 역할은 어느 정도 다르게 마련이다. 그러나, 그 정도는 문화에 따라 현저한 차이가 있다.

남성성(Masculinity)이 강한 사회에서는 남성과 여성의 성별 역할이 훨씬 더 뚜렷이 구별되어 있다. 남자는 거칠고 자기 주장이 강하며 물질적 성공에 초점을 맞추는 데 반해 여자는 보다 겸손하고 부드러우며 삶의 질에 관심을 둔다.

그러나, 여성성(Femininity)이 강한 사회에서는 남녀간의 성별 역할 차이가 다소 덜하다. 그들은 남자나 여자나 모두 겸손하고 부드러우며 삶의 질에 관심을 기울이도록 기대된다.

아래 [도표4]는 남성성/여성성과 불확실성회피성향을 함께 보여 주는 것으로, 우리나라는 남성성지수 39점으로 현저히 여성성이 강한 문화임을 알 수 있다. 이는 세계에서 가장 남성성이 강한 일본의 95점과 대조적으로, 한국과 일본 간의 문화 비교에서 가장 극적으로 다른 점이다. 서구 제국들도 광범위한 편차를 보이는데, 영국(66점), 이태리(70점), 호주(61점), 미국(62점) 등은 남성성이 강하고 스웨덴(5점), 노르웨이(8점),

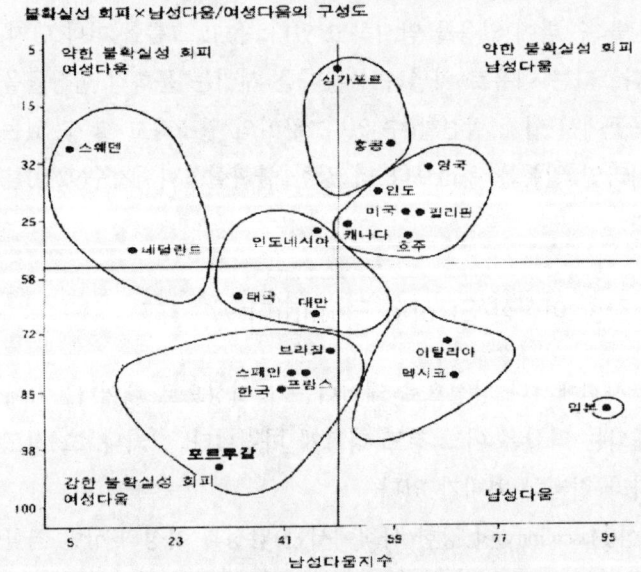

네덜란드(14점), 덴마크(16점) 등은 여성성이 강하다. 한 때 무지막지한 용맹을 떨친 바 있는 바이킹의 후예들이 세계에서 여성성이 가장 강한 문화를 갖고 있다는 것이 흥미롭다.

남성성이 강한 사회는 이와 같이 성에 따른 역할의 차이를 강조함으로써, 이 차원 자체로만 본다면 성차별을 강화하는 효과를 갖게 된다. 여성의 사회진출이 억제되고, 직업도 남성과 여성의 전문 분야가 구분되는 경향이 크다.

여성성이 강한 우리나라는, 일반적으로 차별을 강화하는 경향을 띤 다른 문화 차원들과 달리 여기서는 오히려 차별을 약화시키고 있다. 사회적 약자를 편들고 경쟁보다 하향평준화를 해서라도 평등을 이루려는 성향이 강하다. 소득수준이 비슷한 나라들과 비교해 볼 때 빈부격차가 적은 편에 속하고 강성 노조가 세계적으로 이름을 떨치고 있는 것도 이러한 가치지향성의 일단을 반영하고 있다.

(5) 장기지향(Long-term Orientation)

이 차원은 유교문화권과 여타문화권의 미묘한 문화차이를 규명하기 위해 사후에 추가된 것으로, 한국, 중국, 일본 등 유교의 영향을 받은 나라들의 독특한 가치지향성을 보여 준다.

서구문화와 유교문화의 핵심적 차이는 전자가 진리를 추구하는 데 반해 후자는 미덕을 추구하는 데 있다. 오늘날 대부분의 학문이 서양인의 관점에서 세워진 것으로 앞에서 말한 홉스테드 모델의 4가지 차원 역시 예외가 아니다. 이 5번째 차원은 순수한 동양인의 관점을 최대한 반영한 것으로 아래와 같이 8가지의 세부적인 가치들이 들어있다.

장기지향성 (미래지향, 동적)

- 역경에 맞서는 적극적이고 끈질긴 인내 (perseverance)
- 관계를 신분에 따라 서열화하고 이 질서를 준수
- 근검절약
- 수치심에 대한 지각

단기지향성 (과거/현재 지향, 정적)
- 끈기와 성실
- 체면의 유지
- 전통의 존중
- 안부인사, 호의, 선물의 교환

　이 8가지 가치는 모두 유교적 핵심가치이지만 이 중에서 보다 미래지향적이고 동적인 4가지를 묶어 장기지향성으로, 그리고 보다 과거와 현재에 초점을 둔, 보다 정적인 나머지 가치들을 모아 단기지향성으로 구분하였다. 그리고, 이를 기초로 장기지향성(Long-Term Orientation) 지수를 측정한 결과, 중국(118점), 홍콩(96점), 타이완(87점), 일본(80점), 한국(75점) 등으로 상위 5개국이 정확하게 유교문화권이었다. 이에 반해 파키스탄(0점), 나이제리아(16점), 필리핀(19점), 영국(25점), 미국(29점) 등 다른 문화권의 나라들은 대체로 낮은 지수를 보였다.
　장기지향성의 중요한 특성 중 하나가 대인관계에서 상대의 신분에 따른 서열을 정하고 이를 준수하는 것이다. 즉, 상대의 신분에 따라 엄격한 차별이 가해질 수밖에 없는 것이다. 이것은 수직적 계층구조를 기초로 하는 유교적 가르침의 특성 상 지극히 당연한 일이 아닐 수 없다.

V. 맺는 글

이와 같이 우리나라의 문화에는 다양한 형태의 차별적 요소가 그 근원적 가치지향성 전반에 걸쳐 내재되어 있음을, 비교문화학에서 광범위하게 활용되고 있는 에드워드 홀(Edward T. Hall), 폰스 트롬퍼나르스(Fons Trompenaars), 헤르트 홉스테드(Geert Hofstede)의 이론들을 기초로 확인해 보았다.

홀(Hall)의 이론에 의하면, 한국이 속한 고배경문화(High-Context Culture)는 저배경문화(Low-Context Culture)에 비해 환경적 이점을 소유한 사람들에게 더 유리한 차별적 요소를 갖고 있다.

트롬퍼나르스(Trompenaars)의 이론에 의하면, 특수주의(Particularism)문화는 보편주의(Universalism)문화에 비해 외집단에 대한 차별이 강하다. 그리고, 귀속지향(Ascription Orientation) 문화는 성취지향(Achievement Orientation) 문화에 비해 신분상의 약자에 대한 차별이 강하다.

홉스테드(Hofstede)의 이론에 의하면, 집단주의(Collectivism)는 개인주의(Individualism)에 비해 집단의 개인에 대한, 그리고 내집단의 외집단에 대한 차별이 강하다. 큰 권력거리(High Power Distance) 문화는 작은 권력거리(Low Power Distance) 문화에 비해 지적, 경제적, 신분적 약자에 대한 차별이 강하다. 강한 불확실성회피성향(Srrong Uncertainty Avoidance) 문화는 약한 불확실성회피성향(Weak Uncertainty Avoidance) 문화에 비해 비주류 혹은 주변적 세력에 대한 차별이 강하다. 장기지향(Long-term Orientation) 문화는 단기지향(Short-term Orientation) 문화에 비해 신분상의 약자에 대한 차별이 강하다.

그러나, 한 편으로 차별을 없애거나 줄이는 방향으로 작용하는 힘도 없지 않은데, 강한 여성성(Strong Femininity)이 바로 그것이다. 여성성은 경쟁보다 평등을, 약자에 대한 차별보다 보호를 지향한다.

또한, 이러한 일련의 차별들도 상황에 따라 제각기 다른 모습으로 나타나므로, 때때로 서로간에 상쇄효과를 일으키기도 한다. 예를 들어 집단주의와 강한 불확실성회피성향은 집단의 뜻에 순응하는 사람을 우대하고 이와 상이한 독자성을 강조하는 사람을 차별할 것이다. 그런데 그 독자성을 강조하는 사람이, 높은 권력거리에 의해, 신분상으로 우월한 사람이라면 이 두 가지 힘은 서로 상쇄되어 차별을 약화시키는 현상이 나타날 것이다. 즉, 힘있는 사람만이 자기 목소리를 낼 수 있는 문화 혹은 사회적 약자는 벙어리가 되어야 하는 문화라 할 수 있다. 그나마도 이러한 차별을 약화시키는 여성성이 높다는 것은 불행 중 다행이라고 생각한다.

이러한 차별적 문화가 농경사회와 대가족제도 하에서는 나름대로 의미있는 역할을 수행했는지도 모른다. 그러나, 오늘날과 같은 개방적 도시사회와 핵가족 제도하에서도 긍정적 역할을 하고 있는지는 심히 의문스럽다.

보다 평등하고 인권이 존중되는 사회를 만들기 위해서는 우리 문화의 가치지향성 속에 내재되어 있는 원천적인 차별적 요소들을 직시하고 우리 사회의 가치관과 사회적 습속의 변화를 위한 구체적인 논의와 노력이 있어야 할 것이다. 내집단과 외집단을 구별하지 않고 공평하게 대하는 보편주의와 개인주의를 강조하고, 신분상의 우열을 가리지 않고 대등하게 대하는 낮은 권력거리를 지향하며, 신분보다 실제적인 성취결과를 중시하는 성취지향과, 튀는 행동과 생각을 용인하고 격려하는 낮은 불확실성회피성향을 강조해야 할 것이다. 그리고 보다 구체적으로 기존 가치지향성에 따라 형성된 사회제도와 질서를 개혁하기 위해 노력해야 할 것이다.

또한 차별을 유지, 강화시키려는 힘과 이를 약화시키려는 힘이 서로 간에 적절한 균형을 이룰 수 있도록 문화적 가치지향성들을 지혜롭게 활용해야 할 것이다. 특히 우리나라의 강한 여성성은 그 유일한 탈출구로서, 삶의 질을 강조하고 여성들의 사회진출과 사회적 약자에 대한 보호장치를 강화하는 것은 그 자체로서 차별을 억제하는 것임과 동시에 보다 근본적인 면에서 다른 차별적 가치지향성들을 다소나마 중화시키는 효과를 거둘 수 있을 것이다.

*주제어: VSM, 차별, 한국, 문화, 가치지향성, 홉스테드

참고문헌

Max Weber, "The Protestant Ethic and the Spirit of Capitalism",
    http://cepa.newschool.edu/het/profiles/weber.htm
Edward T. Hall, *Beyond culture* (New York: Anchor, 1977)
Fons Trompenaars / Charles Hampden-Turner, *Riding the waves of culture*(New York: McGraw-Hill, 1998)
Geert Hofstede, *Cultures and organizations* (London: HarperCollins Publishers, 1994)
Geert Hofstede, *Culture's consequences* (Newbury Park/London/New Delhi: SAGE Publications, 1984)
John Bing, "Hofstede Dimensions", Article library, http://www.itapintl.com/

정 구현, 「국제경영학」 (서울: 법문사, 2001)
랄프 린튼, 「문화와 인성」 (전 경수 옮김), (서울: 현음사 1997)
전 경수, 「문화의 이해」 (서울: 일지사 2002)
루스 베네딕트, 「국화와 칼」 (김 윤식/오 인석 옮김), (서울: 을유문화사 2002)
피터 콜릿, 「습관을 알면 문화가 보인다」 (이 윤식 옮김), (서울: 청림출판 2001)
새뮤얼 헌팅턴 / 로렌스 E. 해리슨, 「문화가 중요하다」 (이 종인 옮김), (서울: 김영사 2001)
새뮤얼 헌팅턴, 「문명의 충돌」 (이 희재 옮김), (서울: 김영사 1997)

기고 논문

문화이데올로기와 소설읽기
― 김 인숙, 김 영하, 정 미경 소설을 대상으로

이 경
•
부산대학교 여성연구소 문학평론

I. 들어가기

　문화가 상품화되는 대중문화의 시대에 문학 또한 예외가 아니다. 다매체 문화와 문학의 관계는 대체로 대립구도 속에 배치된다. 그러나 우리는 종종 발은 관념에 묶여 있으나, 눈은 저 감각의 제국에 홀려 있는 모순을 경험한다. 감각이 관념을 배신하는 이 자기분열을 해결하기 위해서는 외부를 사유해야 할 필요가 있다. 감각과 관념이 서로를 배신하도록 몰고 간 상위구조를 찾아보아야 한다는 것이다. 그것은 바로 문화로 지배하는 우리 시대의 권력의 작동방식이다. 이는 문화산업으로 대변되는 이윤추구의 욕망이며, 자본주의적 소비주의로 구체화된다. 그러므로 상대를 주적으로 규정하는 경쟁의 배치에서 빠져 나와, 이들을 통제하는 '보이지 않는 손'의 본질과 그 작동방식에 대한 비판적 인식이 요청되며, 이에 대한 대안의 모색과정에서 양자간의 협상은 비로소 성립될 수 있을 것이다.

이 글은 그 협상의 가능성을 '문화론으로 소설읽기'를 통해 모색해 보고자 한다. 문화를 매개로 한 권력의 작동과 대중의 대응방식을 다루는 문화연구는, 문학이 현재의 문화에서 차지하는 위상과 기능을 효과적으로 탐색할 수 있는 기회를 제공한다. 문화론의 시각에서 소설을 읽는다는 것은 소설을 하나의 문화현상으로 다룸으로써 소설연구의 지평을 넓힐 뿐 아니라, 착종된 문화산업의 혼돈 속에서 소설의 올바른 정향을 간취할 수 있게 하기 때문이다. 이에 이 글은 먼저 문화론 혹은 문화연구의 의미와 목표를 간략히 정리하고 문화비평으로서의 글읽기를 설명한 후 이를 구체적으로 소설작품에 적용해 본다.

이 글은 김인숙의 「바다와 나비」, 정미경의 「호텔 유로, 1203」, 김영하의 「너의 의미」[1]를 대상으로 삼는다. 이 세 소설은 우리 시대의 문화양태를 잘 드러낸다. 우선 이 소설들은 호텔에서 시작하고 호텔에서 종결됨으로써 고착보다는 유목적 정서에 가까우며 따라서 영토화된 사유로부터 상대적으로 자유롭다. 또한, 여기서는 영상, 텔레비전, 쇼핑 등과 글쓰기가 거의 직접적으로 연결되어 잡종문화의 혼재를 잘 드러낸다. 영화와 방송, 그리고 이를 원격 조정하는 소비의 논리에 섞여 들어가면서 소설은 글쓰기의 정체성을 심문한다. 뿐만 아니라, 이들은 자본과 글쓰기의 교환을 직접 제시한다. 문화의 자율성보다 상품성이 더 부각되는 것이다.

이로써 글쓰기 역시 소비와 다매체에 물든 매체이며 바로 이 '오염'에 대한 인식이 타문화와의 접합지점이 된다는 전제하에, 이 글은 이데올로기가 문화를 매개로 침투하는 방식과 그에 대한 주체의 대응양식을 위 세 소설을 통해 찾아보고자 한다. 위의 소설은 영상문화, 문자문

---

1) 이 소설들은 김인숙 외, 「바다와 나비(제27회 이상문학상 수상작품집 2003)」, (서울: 문학사상사, 2003)에 게재된 것들이다.

화를 비롯한 생활양식이 어떻게 지배이데올로기에 침윤되며 또 자기 나름의 대응방식을 확보하는가를 잘 드러내고 있기 때문이다.

II. 문화연구와 문학비평

1) 문화연구란?

대중문화연구의 실마리를 제공하였던 아널디즘*Arnoldism*이래 문화는 단일한 구성체가 아니라, 복수적이고 이질적인 구성체로서 인식되어 왔다. R. Williams가 문화를 "제도나 일상적인 행동에서 어떤 의미들과 가치를 표현하는 특정한 삶의 방식들"로 규정하면서 문화의 복수성과 다성성을 강조한 것2)은 바로 이 때문이다. 이 때의 문화는 정지되고 고정된 것이 아니라, 역동적으로 살아 움직이는 사회적 실천으로서 의미가 생산되고 의미화가 이루어지는 과정을 의미한다. 문화는 그 구성원인 인간들의 삶의 경험이자 동시에 그들로 하여금 삶의 시간과 가치와 의미를 끊임없이 조정할 수 있게 하는 것 혹은 그 과정인 것이다.

문화연구는 이 의미의 생산 혹은 의미화의 과정이 대중의 일상생활에서 어떻게 수행되며 그 효과는 어떠한가를 다룬다. 여기서 대중은 상대적으로 능동적인 주체로 상정된다. 실제 대중문화의 퇴폐성에 대한 계몽 혹은 자본주의 이데올로기의 총체성규명 등의 관점에서 수행되었던 초기의 문화연구에서는 대중은 자본 특히 문화자본의 수동적인 소비자로서만 규정되었을 뿐이었다. 하지만, 문화연구가 독자적인 학문영

---
2) 고 길섶, 「소수문화들의 정치학」 (서울: 문화과학사, 2000), 32~3쪽.

역으로 구축되기 시작한 1960년대 이후, 대중은 전복적이고 저항적 효과를 생산할 수 있는 잠재력을 가지고 있는 존재로서 개념화된다. M. de Certeau의 말처럼 대중들은 문화를 생산수준에서 통제할 수 있는 힘은 갖고 있지 않지만, 문화상품을 소비하고 향유하는 방식을 스스로의 욕망과 이해에 맞추어 통제함으로써 대중문화를 상당히 창조적으로 수용한다고 보는 것이다.3)

여기서 주된 관심의 대상이 되는 것은 이러한 복수적이고 다성적인 문화과정이 가지는 정치적 성격이다. 문화연구가 그 발생사적으로 사회주의 및 비판이론과 맥이 닿아 있다는 점을 감안한다면, 문화연구의 주된 관심사는 문화자본으로 대표되는 자본주의의 시민사회/대중 통제전략에 대한 대중들의 반응양식이다.4) '끝없는 결핍'과 '허위욕구'를 조성하는 소비주의를 바탕으로 문화를 상품화하거나 이윤추구를 위한 이데올로기적 장치로 전유하고자 하는 자본권력의 전략에 대응하여, 문화연구는 대중들이 어떻게 자기 나름의 삶과 의미를 구성해 나가는가를 살펴보고자 하는 것이다. 그래서 그것은 문화의 상대적 자율성이라는 관점에서 문화상품에 독자적인 의미와 가치를 부여하면서 자본의 의도에 균열을 내는 대중들의 회피와 저항의 경험들을 분석의 대상으로 한다. "모든 대중문화는 투쟁과정"이라는 박 명진의 말처럼, 문화연구가 문화의 어떤 본질보다 문화적 실천의 효과들에 관심을 갖는 것은 바로 이 때문이다.

문화연구는 다양한 삶의 경험들을 영위하는 주체집단들, 그것이 발

---

3) 박명진, 「문화·일상·대중: 문화에 관한 8개의 탐구」(서울: 한나래, 1996), 23~4쪽.
4) 세르토는 사람들은 문화상품을 단순히 소비하는 것에 머물지 않고 이를 변경이나 대용하는 방법을 통해 전복적이고 저항적 효과를 생산할 수 있는 잠재력을 가지고 있다고 한다. 일종의 생비자(prosumer)로서의 체험을 강조하는 것이다. 박 명진, 윗글, 23~4쪽.

생하는 사회공간들, 그것을 소통하는 다양한 매체들, 그리고 그것이 교류되는 다양한 경로들 등에 주목한다.5) 그리고 이 문화요소들을 단위로 텍스트와 의미, 실천과 효과, 의미와 실재와, 경험과 정치가 현실적으로 어떻게 접합*articulation*하는지를 주시하고, 그 속에서 대중 특히 피지배계급의 구성원들이 자신의 일상적 삶의 경험을 형성하고 조정하는 과정, 지배계급의 이데올로기적 전략이 구현되는 양상과 그 효과, 혹은 가부장적 질서가 일상생활에 침투하는 과정 등을 분석, 비판하고 대안을 모색하게 된다.

2) 문화연구와 문학비평

문화연구는 영화, 비디오, 텔레비전, 음악, 의상, 광고, 팝송, 쇼핑몰 등 다양한 문화텍스트를 분석대상으로 한다. 문학도 그 예외는 아니다. 문학텍스트를 통하여 혹은 문학텍스트를 매개로 당대의 문화양상들을 천착해 내는 것이다. 그러면 문학연구와 문화연구는 어떻게 다른가? L. Grossberg는 문화연구란 (문학)텍스트를 해독함으로써 "일상생활과 문화와 권력구조가 특정 현실맥락에서 어떻게 접합되어 있고 어떻게 변화하는가를 연구"하는 것이라고 정의하고 있다.6) 즉, 문학비평에서와 같이 문학텍스트를 정전화 하면서 그에 내재하는 의미와 가치를 발견하기나 그 텍스트와 수용자의 관계를 연구하는 것이 아니라, 일상생활에 작동하는 권력관계를 중심으로 그것이 어떻게 문학텍스트를 통하여 대중의 일상에 작동하는지 그리고 그에 대한 대중의 대응은 어떻게 나타나며 그 효과는 무엇인지를 규명하고자 한다.7)

---

5) 고 길섶, 윗글, 35~6쪽.
6) Lawrence Grossberg(1998. 10. 서울대 강연): 김 성곤, 「문화연구와 인문학의 미래」 (서울: 서울대학교출판부, 2003), 46쪽에서 전재함.

여기서 문화연구자들은 당시 문학비평의 강력한 패러다임으로 제기되었던 모더니즘적 책읽기 특히 '상징과 아이러니의 고찰을 통한 통일된 주제의 발견'이라는 신비평적 관점을 해석적 오류로 비판하면서 거부한다.[8] 오히려 L. Althusser의 징후적 읽기기술을 차용하는 P. Macherey처럼 문학텍스트는 불완전하고 탈중심적이며 다양한 의미로 이루어진 복합적인 구조일 따름이라고 규정하면서, 독자와 시공간에 따라 무한하게 다양화되는 해석의 복합성을 강조한다. 따라서 '인간과, 인간이 세상과 갖는 관계에서 어떤 통일된 패턴이나 규칙'을 추구하는 태도도 비판의 대상이 된다. 모든 문화텍스트는 인간과 세상의 관계를 표현하고 있으며, 그 관계 역시 다양하고 다층적이기 때문이다. 그래서 여기서는 텍스트의 내부/외부에 걸쳐 존재하거나 부재하는 여러 담론들간의 대립을 중심으로 그 텍스트의 불균형과 의미의 갈등을 설명하는 것이 비평의 과제로 설정한다. "[텍스트가] 말하려고 하는 것을 말하기 위해 억지로 말한 것이 무엇인가"라는 문제설정하에, 텍스트의 침묵이나 부재, 불완전한 구조를 야기하는 이데올로기적 필연성을 설명함으로써 텍스트가 말해 줄 수 없는 것을 펼쳐 보이고 이를 통하여 텍스트에 대한 '새로운 지식'를 창출하는 것이 문화연구의 관심방향인 것이다.[9]

문학텍스트로부터 감추어진 또 다른 기의, 즉 "신화"를 읽어냄으로써 대중문화에 내재된 이데올로기를 고발하고 해체하는 작업을 시도하는 R. Barthes의 방법론도 마찬가지다.[10] 이는 모든 문학은 상호텍스트적

---

7) 그는 텍스트는 모름지기 특정한 독자가 지닌 그 상황과 경험의 맥락 속에서만 의미 있는 것일 수 가 있다고 하면서, 독자와 대중적인 텍스트 사이의 관계가 능동적이고 생산적인 관계라는 점을 강조한다. 스토리, 박 모 옮김, 「문화연구와 문화이론」 (서울: 현실문화연구, 1994), 11쪽에서 재인용.
8) 김성곤, 윗글, 14~28쪽.
9) 스토리, 윗글, 42~44쪽. "작품에서 중요한 것은 그것이 말하지 않는 것이다"
10) 원승룡·김종현, 「문화이론과 문화읽기」(서울: 서광사, 2001), 194~5쪽.

*inter-textual*이라는 것을 전제로, 문학텍스트는 다른 텍스트들과 상호연결됨으로써 구조화될 수 있을 뿐이라고 한다. 따라서 독자는 자신이 가지는 선이해 혹은 자신의 생활경험에서 엮어지는 상호텍스트를 가지고 다양한 방식으로 문학텍스트에 접근하며 이러한 문학텍스트 내부적인 상호텍스트성과 독자에 의하여 구축되는 외부적 상호텍스트성이 형성하는 네트워크 속에서 문학텍스트와 독자는 상호 생산된다고 본다. 요컨대, "비평이란 집단 동학의 과정에 능동적으로 참여하는 것"이라는 언급11)처럼, 문학텍스트의 의미는 그때 그때 특유하게 조직되는 독서구성체*reading formation*에 의하여 생산되며 따라서 언제나 특수하고 다양한 형태로 드러난다고 보는 것이다.

하지만, 두 연구방법은 상당부분 공유되어 온 것도 사실이다. 즉 문화론과 대척점에 서 있는 문학비평은 신비평 등에 한정되며, 그외 권력관계를 중심으로 한 최근의 소설읽기의 방식은 대체로 문화론의 방향과 일치한다고 할 것이다. 특히 1970년대 이후 포스트모더니즘, 탈구조주의, 페미니즘 등의 발전은 양자의 중첩을 강화하였다. 이에 양자의 관계는 그 상이성이 아니라 그 연구목적과 지향성의 차이에 근거한 상호보충성으로 규정하는 것이 바람직할 것이다. 문화연구는 문학텍스트 그 자체의 의미를 미학적 관점에서 드러내고 이를 평가하기보다는 문학텍스트가 매개하는 사회적 의미생산체계 혹은 그 행태를 예의 주시한다. 문학텍스트에 내포된 권력성 혹은 이데올로기성에 주목하며, 그를 통하여 구현되는 주체들의 전술을 드러내고 이로부터 미시권력에 대항하여 문화변형을 이루어내는 정치적 가능성을 모색하는 것이다.

---

11) 정 준영, 「텔레비전 보기: 시청에서 비평으로」(서울: 책세상, 2002), 159쪽.

Ⅲ. 김 인숙, 「바다와 나비」

「바다와 나비」는, 남편과 이혼한 화자가 딸과 함께 중국으로 건너가 그곳에 머물면서 성찰한 삶의 기록이다. 모녀의 상황은 표면상 "중국유학이고 세계화"일 수도 있겠으나, 사실은 상처를 감추기 위한 도피의 의미가 더 크다. '나'의 중국행의 원인은 남편과의 결별이며, 그 이별의 원인은 아내도 못 알아볼 정도로 심각해진 남편의 무기력이고 그 무기력의 원인은 "지랄같은 나라에서 밥 벌어 먹는 지랄같은 일"이다. 이는 모든 작중인물들의 공통점이기도 하다는 점에서 생산성의 이데올로기는 소설의 배후를 형성한다고 하겠다. .

모든 인물의 밥 벌어먹는 일을 "지랄 같은 일"로 바꾸어놓은 것은 자본권력이며, 여기서 '티브이'와 '맥도날드'는 자본주의의 이데올로기를 설명하는 중요한 아이콘이다. 이들의 중국행이 담보하는 외관(세계화, 외국유학)과 실재(별거로 인한 상처 감추기)의 거리만큼, '방송용' 나비와 '만져본' 나비의 거리는 멀다.

> 제주왕나비가 바다를 건너가는 순간이 카메라 포착된 것은 사상 처음 있는 일입니다. 보십시오, 저 작은 나비가 쉬지도 않고 수백킬로미터의 바다 횡단을 하고 있습니다.
> 나는 그 때 나비의 날개 아래로 뚝뚝 듣고 있는 물방울을 보았던 것이다. 그건 바닷물이었다. 바닷물을 뚝뚝 흘리고 잇는 나비는 날개가 젖고 젖다 못해 갈기갈기 찢겨져 있었다. 나비의 지친 숨소리와 한 목숨 쯤은 족히 다 절어버릴 만큼 짠 소금 냄새가 내 가슴속으로 쏟아져 들어 왔다.

<한국의 나비>라는 비디오는 나비의 횡단을 '보여'주고 '들려'준다.

연약한 나비가 광대한 바다를 횡단하는 '위대한 거짓말'은 시각과 청각을 통과함으로써 움직일 수 없는 보편적 사실로 등재된다. 텔레비전으로 대표되는 대중매체가 발전하면서 현대사회의 구성원들은 직접 경험하는 환경이 아니라 대중매체가 제공하는 정보로 구성된 가환경(pseudo environment)[12]에 둘러싸이게 된다. 현실에 바탕을 두어야 할 뉴스에서조차 텔레비전은 현실을 적당하게 재단하여 그 가환경을 실재로 확신하게 하는 것이다.[13] "연약한 나비가 쉬지도 않고 수백킬로미터의 바다 횡단을 하고" 있다는 다큐멘터리 비디오의 보도는 구성된 현실이다. 그 현실의 뒤에는 찢어진 날개, 잘린 팔다리의 현실 또한 엄연히 존재한다. 소금에 절어 찢어진 날개가 드러나지 않는 방송의 화법은 도살의 과정이 드러나지 않는 맥도날드의 공법과 유사하다. 그것은 사육, 비육, 도살, 포장의 기계화된 공정과정으로 소의 생명성, 그 성장과 도살의 과정을 깨끗이 소거한다.[14] 맥도날드는 "빠른 것, 간단한 것, 포장된 환상, 결국 자본주의적인 것"이기 때문이다. 양자는 모두 결과중심주의, 시각중심주의의 산물이다.

그러나 이러한 시각의 독재는 촉각과 후각에 의해 보완된다. 나비는 또한 '한 목숨쯤 족히 다 절어버릴 만큼 짠 소금 냄새와 갈기갈기 찢어진 날개'로 남는다. 이렇게 찢긴 나비는 '나'의 남편으로 대표되는 삶의 알레고리로 읽힐 수 있다. 여기에는 밥벌이 혹은 살아남기의 고달픔이 잘 드러나 있다. 일단 나비문신을 하면 평생을 바다 위에 살게 되고 바다 위에 살게 되면 소금에 절어 날개는 다 찢기는 아픔을 감수해야 한다. 중국과 한국에서의 삶 역시 이와 크게 다르지 않다. 일단 세파를 타

---

12) 정 준영, 윗글, 31쪽.
13) 윗글, 36쪽.
14) 제레미 리프킨, 신 현승 옮김, 『육식의 종말』 (서울: 시공사, 2002), 142~9쪽.

기 시작한 남편은 아침도 먹지 않고 출근하여 새벽에 귀가하고, 깨어 있는 시간 내내 밖에 있고, 마주치는 매순간 술에 취해 있고 부부 사이에 대화는 없다.

소설속의 편지쓰기를 통해 '나'는 피해자의 모습을 뚜렷이 감촉하고 죽음에 이르는 남편의 피로를 이해한다. 제주왕나비의 방송효과는 횡단의 신비가 아니라 횡단의 고통으로 수용되는 것이다.

그런데 '보이는' 현상과 '만져지는' 실재의 거리는 확인되었으나, 그 실재에 처단된 고통을 통해 그 원인을 천착하지는 않는다. 소설은 보이지 않는 손에 장악 당한 남편의 질린 얼굴과 그에 질린 나의 얼굴만을 되풀이 반복할 뿐, 그 손의 주인은 끝끝내 소환되지 않는다. 그의 얼굴은 다름 아닌 자본이다. 결국 나와 남편을 사로잡은 손의 주인은 돈이고 돈의 운용원리이다. "여자 따위가 아닌 다른 무언가에 완전히 장악되어 있"는 남편이 알고자 하는 것은 오직 "통장의 잔고와 노후에 받을 연금의 액수"뿐이며, 그런 남편과의 소통불능과 그 절망의 끝에 헤어져 중국으로 건너 온 내가 그에게 보낸 편지도 역시 "정확한 날짜의 송금요구"일 뿐이기 때문이다.

돈으로만 남은 이들 부부의 관계처럼 다른 관계에도 역시 돈의 매개만이 뚜렷이 부각된다. "조국이니 국적이니 하는 것을 믿지 않고 오직 돈만 믿는다"는 조선족 여인들의 신앙은 악착스럽고 그악스러운 채금 어머니, 늙은이와 결혼을 하기 위해 한국으로 건너가는 채금이, 자식에게도 통장을 보여주지 않는 내 어머니, 한국으로 시집 와 낳은 아이까지 내팽겨치고 주민등록증만 챙겨서 도망가는 조선족 여인과도 동일하다. 그들이 모두 다 믿는 유일한 기둥은 돈이다. 바로 그 자본의 작동이 아내도 못 알아보게 만들며, 남편을 몰이해하게 만든다. 돈 때문에 한국을 떠나고 또 중국을 떠나고 돈 때문에 처녀가 늙은이와 결혼하고,

돈 때문에 자식을 버리는 등 모든 파탄의 배후에는 자본이 있다.

그런데 화자인 '나'는 가부장적 자본주의의 행동대원인 남편과는 결별로 대응하나, 그 원인인 자본의 지배에는 순응일변도로 대응할 뿐이다. 중국에서 마주친 맥도날드야말로, 작중인물들이 매여있는, 국경을 넘나드는 권력의 얼굴임에도 불구하고 '나'는 한국 맥도날드와 동일한 그 곳의 익숙한 냄새에 안도할 뿐이다. 혹사하면 혹사당하고, 죽이면 죽고, 보이면 보는 이 순응적 인물들의 유일한 대안은 견디는 것, 팔다리가 달아나고 날개가 찢겨 없어질 때까지 바다를 건너는 것이다. 한쪽 눈이 멀면 남은 눈으로 더 흉하고 더 흉칙하며 더 지독한 것을 보아낼 뿐이다. 채금아버지의 개고기 요리, 내 어머니의 국밥집의 음식들처럼 오래오래 고아지는 인내심으로 대응할 뿐인 것이다.

L. Althusser에 의하면 이데올로기란 현재의 상황이 아니라, 개인이 현재 상황과 맺어야 하는 가상적 관계를 재현한다.15) 이데올로기는 인간과 현실사이의 관계를 투영한다. 하지만, 희생자 논리만 제시하는 소설은 독자로 하여금 이 가상적 관계에 가려진 실체를 간과하게 한다. 소설은 "이 지랄 같은 나라"라는 말로써 독자들이 노동수탈에 기반한 한국자본주의의 천민성을 끌어들일 수 있는 여지를 부여한다. 그러나 세 가지의 기호를 삽입함으로써 그 연계성을 차단하는 효과를 야기한다. 첫째, 소설은 작중인물들의 욕망대상을 세속가치인 "돈"에 국한시킴으로써 "이 지랄"의 근원이 개인적 탐욕에 있음을 암시하며, 둘째, 전혀 이질적인 한국자본주의와 중국자본주의를 병립시키고 탈출의 대상으로 삼음으로써 "이 지랄같은 나라"의 경우를 양자 모두 혹은 세계 전체에 해당되게 만든다. 또한 외눈박이 노인의 삽화는 "이 지랄" 자체가 삶의 실존적 양식일 수 있다는 유예적 판단을 할 여지를 부여한다. 그리고

---

15) 원 승룡·김 종현, 윗글, 165~7쪽.

이러한 장치들이 구체적인 억압의 주체와 방식, 과정을 추상화하고 익명화하게 한다.

여기서 소설의 또다른 의미-R. Barthes식의 신화myth-가 도출된다. 소설은 억압의 주체와 과정을 숨기고 작중인물의 고통과 좌절을 결과로서만 제시하는 한편 죽음과 등치될 정도의 고통만 부과함으로써, 작중인물의 고통이 '삶은 본질적으로 고통'이라는 존재론적 소여 혹은 실존적 부조리로 인식되게 할 위험을 안고 있는 것이다. 그리고 이렇게 고통을 '자연적인 것' 혹은 '운명' 내지는 '어쩔 수 없는 것'으로 추상화함으로써 일상생활과정에서 나타나는 미시적 억압기제와 그에 대한 저항의 가능성을 무마해 버린다.

권력은 얼굴을 드러내지 않은 채 작중인물들을 장악하며, 장악된 인물들은 무력하게 장악당한다. 권력에 일방적으로 희생당하는 주체는 주체의 논리로 주체를 희생시키는 희생자의 논리에 처단되는 셈이다. 그 결과 희생자끼리의 수평적 관계는 형성되지 않으며 단절만이 부각된다. 죽음에 이른 피로, 한 덩어리의 죽은 살점같은 모습으로 남기까지의 남편을 끌어왔던 주체에 대한 언급이 없다. 남편과 어머니와 채금어머니 그리고 채금을 조종하는 그 동일자주체의 얼굴을 응시하지 않는 만큼, 그 대리자인 사람들에 대한 공감도 뚜렷하지 않다. 가부장적 자본주의의 객체에 지나지 않는 남편에 대한 이해와 포용이 드러나지 않는다. 채금의 아버지인 외눈박이처럼 한쪽 눈은 자본에 맡기고, 남은 눈으로는 연민만을 외치는 것이다.

하지만 보다 큰 문제는 소설이 표출하는 비판적 시각에도 불구하고 그 심층에 있어서는 자본주의의 이데올로기를 재강화하는 신화를 내포하고 있다는 점이다. 생의 고통에 대한 아픈 응시에도 불구하고 바로 이 점에서 소설은 그 심층에 있어서는 자본주의의 이데올로기를 재강화 한다. 권영민의 말처럼 "삶의 진정성"16)이라는 의미가 도출되기는 하나, 그것은 동일자적으로 규정되는 진정성일 따름이다. 착취의 구조 앞에서 죽음 같은 생활을 하는 타자들의 삶을 물질적 일상으로 치환하고 그에 부정적 가치만을 부여한다. 삶의 진정성/물질적 일상의 허구성이라는 이항대립적인 구획을 만들어내며, 자본의 작동방식보다는 '피폐된 인간성'—어머니의 악다구니, 남편의 무기력, 조선족의 냉혹성이라는 결과만을 부각시킬 뿐이다. 소설은 이들을 물질적·세속적 삶에서 허덕이고 착취당하는 객체 혹은 신성한 것-진정성-의 결여체로 간주함으로써 이들이 생산적·창의적 삶을 전유할 여지를 무화시켜 버리는 것이다.

IV. 김 영하, 「너의 의미」

이 소설은 색다른 아이템이 있는 시나리오를 위하여 영화감독이 소설가를 채용해 작업에 들어갔으나, 엉뚱하게 소설가가 감독을 사랑함으로써 감독의 작업능률에 이상이 생겼다는 아주 단순한 줄거리로 구성된다. 그러나 이 이야기에는 기획과 실재, 영화와 소설, 남자와 여자, 설명할 수 있음과 설명할 수 없음, 주체중심주의와 상호주체성 등 여러 층위에서의 해석가능성이 내재한다. 이러한 대쌍들을 통해 권력이 어떻게 스며들며, 인물은 어떻게 그 권력에 대응하는가를 살펴보자.

영화감독인 '나'에게 도서관의 책들은 신화*mythos*와 무한을 떨치고 지중해의 밝은 기후로 인도하는 명징한 합리의 도구로 인식된다. 그가 속해 있는 계산과 합리의 세계는 만사를 보이도록 하는 영화와 태생적으

---

16) 권 영민, '심사평', 김 인숙외, 윗글, 298쪽.

로 가깝다. 이는 질료적인 어둠에서 벗어나 형상적인 밝음으로 나아가려는 정신이다. 신화와 무한의 세계에서 탈출하여 명징한 합리의 세계를 지향하는 그리스식 사고에 기반한 로고스의 정신은 설명하려는 의지와 책략이다. 꿈을 현실로 만드는 연기라는 영화적 활동의 논리야말로 이러한 서구 사상사의 구조를 그대로 이어받고 있다. 꿈을 현실로 만들어 가는 영화적 상상력이란 결국 신화의 영역을 축소시키고 이성 *logos*의 영역을 확대시키는 서구 지성사의 정향과 닮은 꼴을 유지한다.

영화감독이 소설가를 장악하는 과정은 가시성의 영역을 확대해 가는 서구 정신사의 방향과 일치한다. 합리는 설명할 수 있음이고 이는 탐구와 개척의 근거로 작용하며 이로써 주변(결핍)을 채우고 계몽해야 할 당위를 얻고 이는 결국 주변을 지배하는 이데올로기가 된다. 설명할 수 없는 영역을 설명해내는 합리성의 확대란 영화적 상상력과 연기, 기술적인 기법을 통해 가능케 하는 가시성의 확대에 비견될 수 있다. 영화적 상상력의 추이는 결국, 가시성의 확대라는 성격을 띠고 뮈토스와 무한성을 파헤치고 로고스와 유한성을 다져가며 설명의 영역을 확장시키는 것이다.

영화 감독은 색다른 아이템이 있는 시나리오를 위해 신인작가 조윤숙을 유혹한다. 영화감독은 어리숙한 소설가를 영화기획에 참여시킨다. 그녀를 통해 참신한 아이템과 섹스를 한꺼번에 해결한다.

> 상상력이라면 내 일과도 무관하지 않지. 나는 언제나 세상을 기절초풍시키고 싶어하니까. 우리 판에서는 그것을 아이템이라고 부른다.

영화감독인 화자가 능동성, 합리, 계산에 속한다면, 소설가인 그녀는 수동성, 무한, 신비에 속한다.[17] 기획, 합리, 능동성은 주체중심주의의 계통발생들이다. 화자인 '나'는 그녀를 기용하여 참신한 아이템에의 욕구와 성욕을 한꺼번에 충족시킴으로써 위의 목록에 주체/도구의 항목 또한 추가시킨다. 자본의 계산은 모든 상상력을 아이템화한다. 여기서 아이템은 환산가능한 즉 사물화된 상상력을 의미한다. 영화산업은 시장이며 계산의 세계다. 돈을 위하여 대중을 유도하며 그 행동대원이 바로 소설의 화자인 영화감독이다. 이 체계 안에서는 사랑과 섹스, 비즈니스, 거래가 이음동의어로 사용된다.

만사를 돈으로 수렴시키는 이 거침없는 문화권력의 회로에 작동 이상을 일으키는 것은 사랑이다.

> 사랑은 홀몬의 이상 분비에서 빚어지는 일종의 병리현상이라는 것을 잘 알고 있는 삼십대 중반의 남자다. 유일하게 내가 모르는 것은 바로 내 앞에서 콧노래를 흥얼거리는 저 여자다.

사랑은 교환가치의 세계에 균열을 내고 계산의 합리주의로 해결되지 않는 어둠을 남긴다. 이 어둠을 이해하기 위해 다시 도서관을 방문하는 감독의 행보는 '설명할 수 있음'의 세계에 균열이 생겼음을 드러낸다. 그녀의 책을 읽고 그 책에 대한 비평을 읽고 다시 그 책을 읽고, 결국 그 책을 훔치기까지 한 후에야 마침내 해독된 그의 운명은 다름 아니라 설명할 수 없는 고통을 '내 고통'으로 수락하는 것이다. 이 설명될 수 없음의 수락은 아이템화 되지 않는 상상력의 소환이기도 하며, 무한과 신화의 영역에 대한 수긍이기도 하다. 이로써 그는 반복이나 성찰 없이

---

17) 이 점에서 이 소설은 J. Radway(Reading the Romance, 1987)가 말하는 연애소설(romance)과 유사한 구조를 가진다. 그에 의하면 연애소설은 다른 사람과의 '관계 속의 자아'로 형성되는 여성적 자아와 스스로 자율적이고 독립적인 남성적 자아로 이루어진다고 한다. 스토리, 윗글, 67쪽 참조.

직진하는 시각의 세계에서 빠져 나와 성찰의 스톱모션에 붙박힌 것이다. 사랑의 고백에 의해 촉발된 무한과 신화의 영역은 합리와 계산의 세계에 날카로운 틈을 벌려놓는 것이다.

그런데 이러한 틈내기는 영화/소설, 남/녀의 이분법과 성녀/악녀의 이분법 위에 축조됨으로써 한계를 지닌다. 이항대립성의 맹점은 어느 한편을 절대화함으로써 다른 한편을 도구화한다는 데에 있다. 이 소설의 가능성이라 할 무지의 영토는 바로 그 사랑에 함의된 로망스의 이데올로기[18]때문에 상당히 약화된다. 감독의 대상이 되는 여/여 관계는 섹스/사랑, 일회용/가정용, 호텔/콘도, 배우/소설가, 요플레/밥, 외식/가정식의 이분법위에서 성립되며, 이는 남성중심주의의 부산물이자, 성녀/마녀의 뿌리깊은 이원론에 근거한다. 이 성녀/마녀는 주변적이고 억압받는 여성문화의 근본적 표본을 말한다. 이분법으로 위생처리된 사랑의 수위는 얕을 수밖에 없다. 감독과 소설가의 결합을 암시하는 소설의 결말이 미온적인 접합지점으로 되는 것도 바로 이 때문이다.

V. 정미경,「호텔 유로, 1203」

H. Marcuse에 따르면, 소비주의적 이데올로기는 거짓수요나 욕구를 창출하며, 또 그것들이 사회적 통제의 형식으로 작용한다. "사람들은 자신이 소유하고 있는 상품 속에서 자기자신을 확인"하게 되는 것이다. 이는 소비에 함몰된 의식상태를 잘 드러내고 있으나, 소비에 대한 대중

---

[18] 라깡이 말하는 '로맨스의 이데올로기ideology of romance'는 다음과 같은 문제를 둘러싸고 구성되는 이야기이다. 즉, '사랑'이란 모든 문제를 해결하는 열쇠이다. '사랑'은 우리를 완성시켜 준다. '사랑'은 우리를 풍요롭게 만든다. '사랑'은 우리를 온전하게 만든다.

의 대응 내지는 저항의 능동성을 현저하게 소거해버린다. 이에 J. Fiske는 소비이데올로기에 무조건 순응하는 것이 아니라 나름대로 대응, 저항, 전복하는 대항문화로서의 소비개념을 만들어낸다. 쇼핑몰 게릴라, 프롤레타리아적 쇼핑, 새로운 스타일의 창조, 들치기 등 소비이데올로기에 틈을 내는 대중들의 경험을 주목하는 것이다.

자본권력은 도시, 쇼핑몰, 작업장 등 그 권력이 행사될 수 있는 장소 place를 만들어낸다. 하지만, 약자인 대중들은 이 장소를 활용하여 자신들만의 공간space을 구축한다. 가난한 대중들은 진열장을 에워싸고 출입을 방해하거나, 술을 음료수 깡통에 넣어 쇼핑몰의 휴식공간에서 마시는 등 쇼핑몰이 제공하는 장소와 이미지를 소비한다. 그리고는 집에 가서 해묵은 옷을 최신 스타일로 재생산한다. 이것이 M. Pressdee가 말하는 프롤레타리아적 쇼핑이다.[19]

J. Fiske는 이들이 쇼핑몰을 이리저리 다니면서 필요한 만큼의 공간을 점유하고 그것을 자신의 것으로 만들어내는 양태들을 "쇼핑몰 게릴라"로 규정하였다. 이들은 쇼핑몰의 '장소'를 자신들의 대립적 문화를 연출하기 위한 '공간'으로 바꾸는가 하면, 또 자신들의 사회적 차별성과 사회적 신분을 유지하고 주장하기 위한 '공간'으로 바꾼다. 여기서 빼놓을 수 없는 것이 들치기와 같은 '일탈적' 행동이다. 그들은 일상생활의 단조로운 규율을 벗어나 "은밀한 전율sneaky thrill"[20]을 경험하는 쾌감을 누린다. J. Fiske는 이들의 절취행위를 가게주인을 상대로 한 게릴라적 기습이 아니라, 권력권 전반에 대한 저항으로 읽어낸다. 가게 주인들은 단지 권력을 통해 동맹을 맺고 있는 그 동아리-부모들, 교사들,

---

19) 피스크, 박 만준 역, 「대중문화의 이해」(서울: 경문사, 2002), 50~51, 53쪽에서 재인용.
20) 윗글, 52쪽.

경찰들, 법의 시스템, 그리고 사회적 규율 및 억압의 모든 매체들-에 대한 환유일 따름이라는 것이다.[21]

「호텔 유로, 1203」은 소비이데올로기와 그에 대한 순응과 대응의 전략이 복잡하게 얽힌 소설이다. 소설은 익명의 자본가가 기다리는 호텔을 향해 출발해서 호텔에 도착하기까지 시인이자 방송작가인 '나'의 쇼핑 오디세이를 다룬다.

화자의 정체성을 구성하는 방송원고 쓰기와 시 쓰기는 대립된다. 방송원고/시는 복제/원본, 짝퉁/진품, 표절/참조, 허위/진실로 뚜렷이 분할된다.

> 제 속의 진실 한 조각조차 나누어주지 않아도 되는 이 방송용 원고의 스타일이 나는 마음에 든다. 내 주위 사람들은 시를 쓰는 일이나 방송용 원고를 쓰는 일이나 그게 그저 아니냐며 여전히 나를 시인으로 보아주지만 이건 시를 쓰는 것과는 본질적으로 다른 일이다. 지금 내 손목에 있는 시계와 호텔 유로의 지하 아케이드 쇼윈도에 진열되어 있는 시계가 똑같아 보이지만 사실은 완전히 다른 것처럼.

원본이고 진품이며 창조이고 진실인 시에 비해, 방송원고는 복제이고 짝퉁이며 표절이자 거짓이다. 상품과 유혹의 시대에 시는 그녀가 자신을 확인하는 유일한 방식이다. 시인은 시인인 애인을 떠나지만 시를 떠나지 않는다. "자기 속의 샘에서 물을 퍼내는" 작업을 계속한다. 그러나 시를 우위에 둔 이러한 대립구도는 방송원고료에 의해 시가 유지된다는 사실에 의해 그 위력을 상실한다. 그녀가 생계를 유지하는 것은 방송원고료 덕분이며, 그녀가 시집을 낼 수 있는 것 또한 마찬가지다.

---

21) 윗글, 43쪽.

뿐만 아니라 더 큰 문제는 대립되는 이항 모두가 소비이데올로기 앞에서 무력해진다는 데에 있다. 작중화자는 자신의 능력을 훨씬 웃도는 소비에 홀려 있다. 시인이고 방송작가인 작중화자는 자신의 능력을 훨씬 웃도는 소비에 홀려 있다. 그녀가 생계를 유지하는 것은 방송원고료 덕분이다. 남의 말을 짜집기해서 돈을 벌고, 상류계층을 표절하기 위해 돈을 쓴다. 그녀는 나눔으로써 더 풍요해진다는 내용의 방송원고를 쓰지만, 정작 그녀 자신은 소유에 홀려 있다. 상품에 홀린 그녀 앞에 절실한 것은 시인인 애인이 아니라 특별에 대한 욕망과 사물에 대한 욕정일 뿐이다.

> 황실의 여인, 저걸 가질 수 있다면 나도 항성처럼 스스로의 존재를 증명할 수 있을 것 같다.
> 스스로 빛나는 항성같은 이걸 줄 수 있다면 낯선 손길의 쓰린 불쾌함은 참을 수 있다.

결국, 명품을 훔치는 것으로까지 진행되는 그녀의 욕망은 명품에 대한 병적 집착으로 해석되겠으나 문화의 소비라는 관점에서 바라보게 될 때 소비체계에 균열을 가하는 능동적 의미를 획득한다.22) 여기서 들치기는 두 가지 방향에서 소비이데올로기에 치명상을 입히기 때문이다. 소비이데올로기를 비판한 P. Bourdieu에 의하면 문화의 소비는 "사회적 차별을 정당화하는" 기능을 수행한다.23) 궁극적으로 경제적 불평등에 뿌리를 둔 권력과 지배의 형식들을 문화적 차별화가 보장하고 정당화

---

22) 소비주의는 소비자측에서의 '끝없는 결핍'을 요구하지만, Campbell의 말처럼 소비자는 "생산물로부터 그들이 생산물들의 연관된 의미로부터 구성하는 자기 환상적 경험에서 오는 쾌락만큼의 만족만을 구하는 사람이다" 박명진, 윗글, 44~45쪽에서 전제.
23) 박 명진, 윗글, 18쪽.

한다고 본 것이다. 이는 도시생활의 익명성에 직면한 도시신흥부르주아들은 자신들의 존재와 의미를 드러내고 주장하기 위해 소비를 활용한다고 보는 G. Simmel의 분석과 일맥상통한다. 즉, 사람들은 문화의 소비를 통해 다른 사람들과 차별되는 자신들의 정체성을 확인하거나 재구성한다는 것이다.[24]

그녀의 일탈이 의미를 획득하는 것은 바로 이 지점이다. 그녀의 '들치기'는 상류사회의 차별화방식에 흠집을 내는 행위일 수 있기 때문이다. "여자 공부 잘해봤자 예쁜 년 못 당하고 예뻐 봤자 팔자 좋은 년 못 당한다"는 어머니의 잔소리가 요약하는 바, 공부 잘하는 것으로는 아무 것도 획득하지 못하게 하는 상류사회의 차별화방식에 대한 틈내기인 셈이다. 이는 개똥을 발로 처리하는 상류계급의 천민성에 대한 냉소적 태도에서도 확인된다.

그녀의 '들치기'는 또한 결핍과 욕망을 무한반복시키는 상품의 전략에 대한 기습으로도 해석될 수 있다. 소비의 약속은 끝임 없는 욕망의 환유metonymic movement라는 점에서 이루어질 수 없는 사랑의 약속과도 같다. 소비이데올로기는 소비가 우리에게 그지없이 행복한 '상상'의 세계로 되돌아가게 해줄 것이라는 약속을 무한 반복한다. 결핍에서 충족에 이르는 그 먼 길은 결코 도달할 수 없음에도 마치 닿을 수 있는 것처럼 상품은 계속해서 우리를 유혹한다. 작중화자의 일탈은 이 욕망의 환유를 무한히 순환시키는 소비이데올로기에 대한 일격의 효과를 지닌다. '나'는 물건을 훔침으로써 소비체계에 날카로운 균열을 가하기

---

24) 이는 베블렌이 말하는 과시용소비conspicuous consumption로서 짐멜에 의하면 도시생활의 익명성에 직면한 도시신흥부르주아들이 개인의 의미를 드러내고 주장하기 위해 "개인들은 신분의 표시나 패션, 혹은 특이한 개성을 표현하는 마크 등을 추구함으로써 겉치장의 개인주의를 키워나간다"고 한다. 스토리, 윗글, 159~65쪽 참조.

때문이다.

VI. 결론

 이 글은 문화권력이라는 상위구조를 통해 다매체문화와 문학의 관계를 천착해보고자 한 시도였다. "일상생활과 문화와 권력구조가 특정현실의 맥락에서 어떻게 접합되고 변화하는가를 연구하는" 문화연구의 방법론을 통해 김인숙, 김영하, 정미경의 최근작을 분석해 본 것이다.
 소설은 문화상품 혹은 그 저변을 이루는 자본주의적 권력관계에 대한 작중인물의 능동적 수용방식을 나름으로 드러낸다. 물론 근원적 전복에는 이르지 못하는 한계를 안고 있지만, 위의 소설들은 생산성 이데올로기, 영화산업의 수행성, 소비의 시대 등에 대응해 나가는 모습들을 나름으로 수용하면서 어느 정도의 비판적 거리를 확보하고 있다.
 이상의 논의를 요약하여 결론으로 삼으면 다음과 같다.
 김 인숙의 「바다와 나비」는 중국에서 한국으로 온 채금 모녀와 한국에서 중국으로 건너온 화자인 '나'의 모녀관계를 중심축으로 삼아 생산성의 이데올로기를 심문한다. "연약한 나비가 쉬지도 않고 수백킬로미터의 바다횡단을 하고" 있다는 다큐멘터리 비디오의 보도와 "한 목숨쯤 족히 다 절어버릴 만큼 짠 소금냄새와 갈기갈기 찢어진 날개"로 남은 우리 시대의 현실을 대비시키며 자본권력의 강제를 강하게 환기시키고 있는 것이다.
 그러나 그럼에도 불구하고 이들은 궁극적 억압의 근원에 대한 천착에는 이르지 못하고 있다. 소설은 단지 그 원인을 개인적 탐욕에서 추구하거나, 한국자본주의와 중국자본주의를 수평적으로 병치하면서 운명론적 분위기를 전경화시키는 등 생산성 이데올로기가 야기한 고통을 "자연화"함[25]으로써 오히려 그 이데올로기를 재생산하는 한계를 노정한다.

김 영하의 「너의 의미」는 능동성, 합리, 계산에 속하는 영화감독과 수동성, 신비, 무한에 속하는 소설가를 대비시키며, 영화산업과 문학의 의미를 탐구해 가는 소설이다. 꿈을 현실로 만들어 가는 영화적 상상력은 신화의 영역을 축소시키고 합리의 영역을 확대시켜 나가지만, 결국 "설명할 수 없는" 즉, 합리화, 시각화로 계산되지 않는 삶의 영역을 수락하는데서 서사는 종결된다. 즉, 영화산업이 함축하는 예측가능성, 명료성, 합리성의 틈을 비집고 나오는데서 우리 시대 소설의 의미를 발견하는 것이다.

정 미경의 「호텔 유로 1203」은 소비이데올로기를 문제삼는 소설이다. 자신이 소유하고 있는 상품 속에서 자신을 확인하는 데 이르는 소비에의 함몰은 저항의 능동성을 현저하게 소거시킨다. 소설은 약소한 수준으로나마 이에서 한 걸음 나아가 대항문화로서의 소비개념에 근접하고자 한다. 명품에 중독되어 결국 상품을 훔치고야 마는 작중인물의 행동에서 소비를 통한 사회적 차별화방식에 흠집을 내는 저항을 읽을 수 있다. 여기서 우리는 결핍과 욕망을 무한반복시키는 상품자본주의의 전략에 대한 기습을 간취해 낼 수 있다는 것이다.

주제어: 문화연구, 소설비평, 생산성이데올로기, 문화산업, 소비이데올로기

---

[25] 이것이 바르트가 말하는 신화의 기능이다. 즉, 신화는 사회적인 것, 문화적인 것, 이데올로기적인 것, 역사적인 것 등을 '자연적인 것'으로 뒤집어 놓고 대중으로 하여금 그 신화를 자연스럽게 받아들이게 한다. 원 승룡·김 종현, 윗글, 195, 202~203쪽 참조.

참고문헌

고 길섶, 「소수문화들의 정치학」(서울: 문화과학사, 2000)
김 성곤, 「문화연구와 인문학의 미래」(서울: 서울대학교 출판부, 2003)
김 인숙 들, 「바다와 나비(제27회 이상문학상 수상작품집 2003)」(서울: 문학사상사, 2003)
박 명진, 「문화·일상·대중: 문화에 관한 8개의 탐구」(서울: 한나래, 1996)
스토리, (박 모 옮김), 「문화연구와 문화이론」(서울: 현실문화연구, 1994)
원 승룡·김 종헌, 「문화이론과 문화읽기」(서울: 서광사, 2001)
정 준영, 「텔레비전 보기: 시청에서 비평으로」(서울: 책세상, 2002)
제레미 리프킨, (신 현승 옮김), 「육식의 종말」(서울: 시공사, 2002)
피스크, (박 만준 옮김), 「대중문화의 이해」(서울: 경문사, 2002)
Grossberg, Lawrence (1998. 10. 서울대 강연):

A Phenomenological Analysis of Nostalgia

Tae-Yong Kim

State Univ. of New York (Stony Brook), Philosophy

With the advent of existentialist thought in the 19th century, the nature of emotion appeared at the forefront of Western philosophy. While a subject of some philosophic interest since antiquity, it had been overshadowed by inquiries in metaphysics and epistemology. After all, the likes of Aristotle, Descartes, Hume, and Kant owe their place in the pantheon of Western thought to their excogitations on the ultimate reality facing mankind, not to their analysis of emotion. In fact, one can argue that the latter's pertinence in philosophy began to receive due recognition only after Kierkegaard placed anxiety and fear at the center of human existence. In the 20th century, this *emotive turn* would find prominent representatives in Sartre and Camus with their striking articulations on the absurdity of human condition. Sartre, it should be pointed out, would also offer a general description of emotion as a *phenomenon*.[1]

In the example of nostalgia, however, we encounter a complex emotion whose status in philosophic thought seems less than transparent.[2] Ironically enough, a relevant work apparently held in high esteem goes so far as to debunk the present-day notion of nostalgia. In "The Idea of Nostalgia," Jean Starobinski traces the transformation of the notion from its primarily medical origin to its current association with a supposedly organic, and even universal, longing for the lost innocence of childhood.[3] For the Swiss literary critic and medical practitioner, this curious development in the notion of nostalgia in public usage presents a case study in his psycho-semantic theory. Language, he argues, "helps to fix, to propagate, to generalize the emotion which it represents."[4]

Granted, the "history of emotions" may be reduced to that of emotive terminology in a sense.[5] However, one cannot help questioning whether the realm of emotion, no doubt shaped to a considerable extent by the normative character of language, nevertheless lies exclusively within that of conceptualization. Is it really impossible to envision a primordial gap

---

1) Jean-Paul Sartre, *The Emotion: Outline of a Theory*, trans. Bernard Frechtman (New York: Citadel Press, 1989).
2) Edward Casey, "The World of Nostalgia", *Man and World* 20 (1987): 361
3) Jean Starobinski, "The Idea of Nostalgia", *Diogenes* (1966).
4) Starobinski 81.
5) Starobinski 82.

between a word and its referent? If we acknowledge Freud's seminal insight into the world of the subconscious, can we not also consider the possibility that language normative as it may be fails to uncover the full emotive scope of a complex psychological *phenomenon* it seeks to conceptualize? If we answer in the affirmative to the preceding questions, then is it not possible that an as-yet-unexposed feature of such phenomenon may emerge over the course of its conceptual development-as figments of the subconscious reveal themselves in the conscious sphere?

In this paper, I shall not attempt to make broad generalizations about any possible relation between the *synthetic* meaning inculcated by language and the latent feature of a referent that may emerge later on. Rather, by examining the nature of the contemporary phenomenon of nostalgia and its seemingly distant relation to the ailment initially designated by the term, I shall argue that both the *neo-logism* and its *outgrowth* share a substantive referent in the form of a complex yet fundamental emotional state.

In the contemporary era, we witness the clash of two opposing views on the nature of emotion. On the one hand lies the scientistic understanding that treats emotion as the manifestation of neuro-chemical processes, on the other the Romanticist conception of emotion as defying rational, not to mention scientistic, description. Despite their glaring differences, however, the two positions present a common front in their overriding concern for the ontological status of emotion. With regard to the nature of emotion, both the scientist and the Romantic display a preoccupation with *what* it is rather than *how* it comes to be. We rarely bother to explain our anger or happiness as an internal *process* with various ramifications. What we do describe in referring to our emotional state is usually limited to the manifest final state and its perceived cause. Hence, we fail to understand emotion in its full scope as a phenomenon particularly a complex emotion such as nostalgia.

As an emotional phenomenon, contemporary nostalgia can be characterized by a deep sense of longing. However, it is one that draws a sharp contrast to the conventional form in two ways. Unlike the prototypical longing, nostalgia often has no clear object. In fact, its very nature as a special kind of longing eludes our present consciousness. When I am immersed in nostalgic recollection of my childhood, I do not immediately recognize it as such. Triggered by artifacts both physical and otherwise, I am drawn into the dream-like tunnel of the past in which I alternately delight to find myself and yet feel a certain pang of regret. The memory evoked may be of a particular event, place, or person. However, nostalgia is no simple act of recollection; rather, it is a form of re-creative act. It is in part recollection, in part reverie, in which we gradually come to sense our longing and identify its object as the *past*.

And it is precisely this past-oriented feature of nostalgia that produces the conflicting mixture of emotions. Delightful yet wistful, nostalgia produces a bittersweet longing that we know cannot be satisfied. We feel the pang of wistfulness while indulging ourselves in our re-created reverie because we understand, on a subconscious level, the impossibility inherent in realizing the object of our longing. Deep down within, we know only too well that we cannot go back to the world of nostalgia: our past. Consequently, these two conflicting elements inherent in nostalgia mutually reinforce each other and heighten the intensity of the nostalgic phenomenon. Hence, the *sweet* cannot be separated from the *bitter*. While we can easily perceive an object or situation in a pleasant light without feeling wistful, the sweet aura of nostalgia undeniably becomes pronounced because of its inseparability from the bitterness.

Ironically, however, the triggered memory of the object of nostalgia, which appears so desirable in our nostalgic recollection, is not necessarily experienced as such in its original context. We often recall with nostalgia an event or situation that seemed anything but desirable at the time. Although I feel nostalgic about my experience in bathroom cleaning at a public elementary school in Seoul, the actual experience was less than thrilling even for a typically stoic Korean child. Doled out as punishment for major offenses like habitual failure to complete assigned work and particularly disruptive behavior in class, bathroom cleaning implied two hours of demanding labor with fellow offenders. Fifteen years later, I cherish its memory as a colorful episode of that totality of experience we call childhood. Rather than dwelling on the unpleasant minutiae of the experience, I nostalgically recall how classmates became friends through the collective experience. I re-create the lighter moments that inevitably emerged even as we grumbled and toiled in the confines of the semi-modern facility. In my nostalgic world, the experience represents my Korean childhood in the late 1980's.

Hence, the past of our nostalgic longing is shown to differ from the actual past. In fact, the past of nostalgia to which we long to return never existed as the present; as noted by Edward Casey in The World of Nostalgia, it is an *absolute* past.[6] Insofar as my longing to relive my bathroom cleaning experience originates in its representative association with the totality of my childhood, the past of my longing never actually occurred. As shall be elaborated on shortly, the return to the past of nostalgia cannot be achieved. But then how does this curious notion of an absolute past come into existence?

To put it concisely, the answer literally lies within us. What enables the re-creation of a past that did not really exist cannot be anything other than the substantive change in my consciousness over time. The nostalgic longing cannot be felt unless the totality of my experience since the period now nostalgically longed for has changed my overall perspective to a significant degree. While temporal change plays an integral role, it does so only insofar as the passing of time has brought

---

6) Casey 365.

about the change in perspective that leads me to recall in favorable light what once seemed and felt utterly undesirable. Only after the consciousness I possessed as a ten-year-old has undergone a major transformation can I cast a nostalgic gaze at the totality of experience that now constitutes my childhood. Only then can I discern my childhood from the memory of a particular event or experience. Only then can I look back at my past as an interested observer and discover the innocence and beauty that I did not see about myself as a ten-year-old.

Accessible at the intuitive level, an analysis of the nostalgic phenomenon from the *conscious stance* nevertheless yields some interesting cognitive ramifications. Once again, the experience for which I feel a nostalgic longing takes place with a consciousness unique to *then*. In contrast, the nostalgic longing is itself experienced in my act of *re-creation* with a consciousness unique to now. In this light, Levinas' critical assessment of nostalgia "as expressing a retrograde return to sameness"[7] appears somewhat imprecise if not misleading. For nostalgia in essence represents a longing to re-experience the past, whether absolute or not, with a consciousness unique to the present. More likely than not, I am oblivious to the shift in consciousness that underlies any nostalgic longing we experience. Nevertheless, it becomes fairly obvious in analysis that I seek to re-visit the past with my present consciousness since it is

---

7) Casey 362.

the latter that gives birth to the nostalgic longing in the first place. Hence, nostalgia understood in proper context does not signify the return to the *sameness* posited by Levinas and assumed in our ordinary discourse. In fact, nothing turns out to be the same. The absolute past that is the object of nostalgic longing differs qualitatively from the experienced past, as does the present consciousness from that unique to the past. Strictly speaking, we do not seek to re-experience or re-visit the past when we are nostalgic. It is impossible in principle.

And so is the realization of the nostalgic longing. The impossibility has little to do with the linearity of time. Even if every imaginable scenario of time travel were possible, fulfilling my nostalgic heart's desire would still prove impossible. Once again, this paradox inherent in nostalgia is two-fold. On the one hand, the *absolute* past that is the object of nostalgic longing cannot be discovered in any segment of the past. The absolute past is characterized by the attribution of a totality absent in the experienced past, yet that very attribution plays an integral part in evoking the nostalgic longing. Secondly, the past-in any sense of the word - would be perceived differently if experienced with consciousness unique to *now*. My memory of childhood, however diluted and distorted over time, retains its authentic quality. That is, the memory of the past appears as it does because the past was experienced with consciousness unique to *then*. When we visit an actual place from our childhood for the first time as adults, we are often surprised by the glaring disparity between the appearance of the place in our memory and its actual appearance. The modest playground we see before us seems to have shrunk in comparison to that which once seemed so vast. Were it possible, it still wouldn't do to fulfill my nostalgic longing by experiencing the past anew exactly as I had then: I would inevitably be oblivious to the very longing. The nostalgic phenomenon, it seems, expresses an absolute regression, a psychological dead-end.

Superficially supporting this analysis is the origin of the conception of nostalgia in a collective and purportedly medical phenomenon of the late 17th century Europe. Coined by one Johannes Hofer of Switzerland in his 1688 medical dissertation on the "feeling" of extreme homesickness common to Swiss soldiers and exiles at the time, "nostalgia" was intended to describe the pathology of a phenomenon then thought to be purely medical in scope.[8] More specifically, Hofer characterized this apparently new phenomenon as a severe case of melancholy longing to return home.[9] This seminal conception was applied and reinforced in 1710 in a Latin dissertation by another Swiss, Theodor Zwinger, in which the author describes a severe form of "nostalgia" suffered by Swiss soldiers abroad whenever they hear a folk melody commonly known in the Swiss Alps.[10] Thus drawing attention to the seminal context of

---

[8] Starobinski 84.
[9] Starobinski 85.
[10] Starobinski 90.

"nostalgia," Starobinski argues how language-embodied in this case by "nostalgia," engendered a new psychosomatic phenomenon:

> This disease, of provincial origin, was about to attain universal recognition We know that there are diseases… which are transmitted because people talk about them. Conversation puts the mind to work and in this way serves as the contaminating agent… People even died of nostalgia after having read in books that nostalgia is a disease which is frequently mortal.[11]

Even at first sight, the argument seems rather suspicious. As Casey explains, "[n]o mass of associations, however forcefully induced or reproductively rich, can add up to the world-whole that is at stake in nostalgia."[12] To his credit, Starobinski does "recognize the relevance of the conditions under which the individual left his native land."[13] After all, the Swiss soldiers in question were conscripted so as to serve the political ends of continually warring princes of Europe. However, his description loses credibility in the next sentence when he characterizes the soldiers as "faced with prospects of a subordinate and monotonous life."[14] Of course, it is quite possible that the nostalgia-stricken Swiss soldiers described in Hofer's thesis may not have been put to use in

---

11) Starobinski 86.
12) Casey 369.
13) Starobinski 86.
14) Starobinski 86.

actual battles. But Starobinski in his sanguine outlook appears oblivious to one all-important fact. In his Pulitzer Prize-winning historical study of Peter the Great, Robert Massie makes it painstakingly clear how nature and inadequacy of supplies claimed more lives during the typical military campaign in Europe than did casualties from battle in the 17th and 18th centuries.[15] Indeed, one can make a strong argument that the most formidable enemy common to all of Europe (and its armies) toward the end of the 17th century was the combination of hunger, illness, and climate, not the Ottoman Turks.[16]

Consequently, we can safely assume that the prospects the Swiss soldiers faced were not those of a "monotonous life." What they faced instead was the imminent possibility of death, one that which might not prove mercifully swift. And it is in overlooking this crucial consideration that Starobinski first errs in his historical analysis of "nostalgia." Curiously enough, while he recognizes the apparent severity of the symptoms of "nostalgia" in these men, Starobinski fails to take into account the extreme and perhaps even desperate situation of their precarious existence as conscripted soldiers. Yet on the surface, the severity of the situation seems to lend more credence to Starobinski's analysis of "nostalgia" as abnormal and therefore pathological.

In response, we should note that psychological illness usually stems

---

15) Robert K. Massie, *Peter the Great: His Life and World* (New York: Ballantine, 1986).
16) In 1683, Vienna was under siege by the Turkish army for sixty days.

from the clash of primordial emotions located deep within the person if Freud's insights on such matters are to be trusted. Is it so inconceivable that beneath the surface of their pathology, these men were undergoing a more fundamental emotional experience than a mere longing to return to their Alpine valleys? Moreover, is it so inconceivable that an emotional state fundamental to the human existence became magnified in the predicament of these men in a pathological form? In all likelihood, these men did long to return to the valleys, and Starobinski is justified in pointing to the *place* as intrinsic to the seminal notion of nostalgia in contrast to the *past* of the contemporary "nostalgia." Then we must ask what the *place* implies in this context: Did these men yearn for their home in the mountains simply because they were discontent with the local terrain and climate?

Despite Jean-Jacques Scheuchzer's earnest attempt to link his countrymen's melancholy longing to the considerable disparity in atmospheric pressure they encountered,[17] such a proposition betrays its over-simplicity. "Home" signifies much more than its physical setting. It symbolizes safety, familiarity, and, dare we say it, *identity*. In the case of the Swiss soldiers, "home" also signifies peace and serenity both literally and figuratively. Not surprisingly, Starobinski has a more nuanced take on the various ramifications of the *place*:

In many respects, the transformation of concept and terminology is

---

17) Starobinski 88.

indicative of the change which has taken place as a result of the process of urbanization… The village environment, highly structured, constituted an important influence… It is evident that the decline of the theory of nostalgia coincided with the decline of particularism in the provinces Looking back toward the home is no longer a torment; returning no longer has any beneficial effect.[18]

Despite indications to the flaws in his stance, Starobinski once again chooses to focus on what has changed at the expense of marginalizing what has persisted. But even as regard the changes, his overall analysis seems puzzlingly short on answers we can reasonably expect of him. Why is it that the notion of nostalgia did not altogether disappear from public usage when the original "nostalgia" was "banished from the manuals of clinical medicine?"[19] If we are to follow his train of thought, that the term took on a distinctly psychiatric dimension in the early 20th century only deepens the mystery.[20] How did a word once used to describe a form of maladjustment gain the meaning generally associated with it today? And in the course of its recent development, how did it gain such popular acceptance to the extent that we are all but oblivious to its medical, and subsequently psychiatric, meaning?

These are highly relevant questions Starobinski does not address in his

---

18) Starobinski 102.
19) Starobinski 100.
20) Starobinski 100.

article. Though he briefly discusses social factors that altered the dynamic between the *place* and the sense of *belonging* in Western Europe during the last century, Starobinski remains silent on the social factors that may have contributed to the recent development in the notion of nostalgia. But we may be pursuing a peripheral issue here. Doesn't the consideration of social factors by itself sufficiently cast suspicion on the plausibility of his hypothesis on the relation between language and phenomenon? In light of Starobinski's puzzling inconsistencies, it serves us to re-examine the widespread contemporary notion of nostalgia and its relation to the original "nostalgia".

If we are to find the most widely accepted notion of nostalgia at present, we need look no further than the Internet. After all, we now live in the so-called "digital age". Internet is rapidly supplanting all other media as the most widely used source of information. According to a website that lists definitions provided by popular dictionaries, the meaning of "nostalgia" is 1. a bittersweet longing for things, persons, or situations of the *past*; 2. the condition of being homesick; homesickness.[21] In this particular rendering, we immediately see that the medical or psychiatric connotation is conspicuously absent. "Nostalgia" no longer refers to an *illness* in conventional public usage. The allusion to the

---

21) *The American Heritage Dictionary of the English Language*, (New York: Houghton Mifflin, 2000), excerpt retrieved from
http://dictionary.reference.com

"abnormal" has disappeared. In addition, we also witness the de-emphasis on *place*. While "the past" is specifically mentioned, the absence of "place" seems to indicate its secondary importance to the essential meaning. "Being homesick", the second meaning listed, carries a vague allusion to the place of home, yet the vagueness only accentuates the greater relevance of the "past". Most important among the points of contrast, however, lies in the ascription of universality as the notion of abnormality has vanished.[22] How can we account for this radical change given its origin? The transformation of overall social structure may explain away the shift in emphasis from the spatial to temporal, but it fails to provide a coherent account of the shift from the particular and abnormal to the general and universal.[23]

In analyzing any kind of development, we must give due attention to what persists through change if we hope to achieve a full understanding of the development in question. Better, we must uncover what lies beneath the phenomena designated by various conceptions of nostalgia. Setting aside the question regarding the ascription of universality for the moment, a re-examination of the apparent dynamic between the *place* and the past becomes particularly revealing. Contrary to Starobinski's stance, doesn't the contemporary phenomenon of nostalgia also manifest

---

22) Starobinski 102.
23) In an oral survey, all twenty-five students in my undergraduate seminar reported having experienced nostalgia.

a spatial element? When we become immersed in a nostalgic recollection of our childhood, do we not also think of places representative of that period? Do we not also re-create the classroom and the playground? Casey points to this coexistence of *place* and *past* in his formulation of a metaphysical world-under-nostalgement[24] that is at once definite and unattainable[25] as described by Starobinski.

Conversely, doesn't the *place* of home also indicate the presence of *past* in nostalgia ever so subtly? Doesn't their melancholy longing for return home also signify a past characterized by the vitality of the Alps in direct contrast to the imminent possibility of death? The past in nostalgia need not be distant; as discussed earlier, it is not any actual length of time but the quality of its impact that evokes the nostalgic longing. The Swiss soldiers may not have been abroad for long, but the quality of the duration was such that they desperately longed to return to their native land. Being abroad by itself does not materialize in an extreme melancholy longing. Rather, it seems more likely that the combination of the imminent possibility of death and foreign setting caused the severe and pathological longing to go back *home* - the embodiment of a desirable *past*, their metaphysical world-under-nostalgement. At last, the social change Starobinski holds responsible for the shift in emphasis from *place* to *past* gains credence as

---

24) Casey 377.
25) Starobinski 93.

an explanatory principle.

Then what should we make of the shift from the particular and abnormal to the general and universal? Once again, we find valuable hints in the realm of social change. The emergence of *past* naturally corresponds to the growing awareness of and concern with time. In fact, we are enslaved by time in the contemporary era. It is simply impossible for us to carry out our daily routine without a precise temporal awareness. And greater temporal awareness also results in a greater awareness of the transient nature of our existence. Cynical and secular as never before, we are painfully reminded of our finite essence everyday. In a sense, we are forced to confront our own finiteness as Zwinger's Swiss soldiers were continually faced with the imminent possibility of their *end*. Is it then any wonder that we experience a milder form of the ailment that afflicted those unfortunate souls in the 17th and 18th centuries, that we glance back at ourselves with sentimental longing?

From another perspective, we seem to be inherently *past-oriented*. Of past, present, and future, we can only perceive the past. Future has no reality as yet. Present is always elusive. Only by reflecting on the past can we obtain a sense of who we are. Wouldn't it be only natural that I should want to *identify* myself, that I should want to be myself again? Casey's reading of Freud apparently supports the stance, albeit in the latter's language of psychoanalysis:

> If Freud is right, the human psyche is inherently retrogressive; it is as intent upon returning to its traumatic origins in the primally repressed as the homesick traveler is intent upon returning home.[26]

Furthermore, the phenomenon of the homesick traveler is not relegated to the West. In the unlikely setting of 16th century Confucianist Korea, we discover a striking description of nostalgic longing from a remarkable woman. Perhaps the most renowned woman artist of the pre-modern era in Korea, Shin Sa Im Dang[27] thus laments in Thinking of Mother:

> Far beyond the mountains lies my home of old,
> Yet by day and night I long to return.
> Above Han-Song-Jung rises the solitary moon,
> Before Gyung-Po-Dae passes a lone breeze,
> And in flocks seagulls gather and disperse,
> While roam the fishing boats over the sea.
> When again will I walk back the Gang-Neung Road,
> Then dressed in colors sit and sew.[28]

Despite the liberty taken in translation, Shin's deep longing to be reunited with her mother is palpable in the nostalgic rendering of the scenery of *home*. Naturally, Shin's such longing cannot be separated from

---

26) Casey 374.
27) In Korean, the surname always appears first without a comma.
28) 28. Retrieved from http://www.seni.net/home/seni/webzine/september/sub/wz_knowledge/knowledge_mother6.htm The translation is mine.

her nostalgic *re-creation* of her home of old. As the Swiss soldiers longed for the Alpine valleys, Shin dreams of her home by the sea. And because her longing does not find a pathological form, we can appreciate it all the more as an expression of nostalgia.

In the opening paragraph, I referred to the *emotive turn* that took place in the 19th century. As I began with an account of existentialism, I shall now end with it. In general, the legacy of existentialism lies in recognizing the irrational elements, which in an uneasy communion with the rational constitute the human person. However, its contribution to the world is not limited to the all-important relevance of the irrational in human existence. Existentialism also bequeathed to us profound portraits of the irrational as exhibited emotionally. Such literary accomplishment of existentialism *par excellence* is arguably The Stranger. What distinguishes truly great works of literature from lesser works is the truth they speak to us. It is a truth we didn't know existed until we discovered it the works of genius. And so it is with *The Stranger*. As we follow the unfolding of Mersault's fate, we come to agree with Camus that our existence is in the end riddled with absurdity. When we witness Mersault's inexplicable behavior on the fateful day, we come to recognize ourselves in the inexplicability of his action. Indeed, we agree with Mersault that the heat was simply unbearable.

Mersault retrospectively deems himself as happy at three critical junctures in the novel: the moment after he has pulled the trigger, the night before his sentencing, and the very end. And on all three occasions, Mersault's happiness lies in an absolute past, for it is a happiness he did not experience. Like us he glances back at the past where happiness always waves at us. Like the Swiss soldiers, Mersault is afflicted with nostalgic longing for the totality of his past precisely on account of that which is to be deprived of him. Accordingly, the primordial longing to return to the blissful past represents the last hurdle in his self-liberation,[29] and perhaps in ours as well.

---

[29] Albert Camus, *The Stranger*, trans. Mathew Ward (New York: Vintage 1989).

Bibliography:

Camus, Albert, *The Stranger*, trans. Matthew Ward (New York: Vintage 1989)

Casey, Edward, "The World of Nostalgia", *Man and World* 20 (1987): 361

Massie, Robert K., *Peter the Great: His Life and World* (New York: Ballantine, 1986)

Sartre, Jean-Paul, *The Emotion: Outline of a Theory*, trans. Bernard Frechtman (New York: Citadel Press, 1989)

Starobinski, Jean, "The Idea of Nostalgia", *Diogenes* (1966)

영문초록

Collective Self and Other Based on Nationality and Ethnicity

Chul-woo Lee

Associate Professor, College of Law, Sungkyunkwan University

This essay outlines the distinction of collective self and other within South Korean society by two axes of coordinates - nationality and ethnicity. Until the 1990s South Koreans assumed that their ethnic identity, nationality, and membership in society coincided with one another. In the 1990s they found this assumption shaken amidst an influx of ethnic Koreans from China and the former Soviet Union, migrant labourers from Southeast Asia, and deserters from North Korea. This in turn stimulated Koreans to reflect upon their treatment of ethnically distinct groups in their society, namely ethnic Chinese residents and offspring of mixed marriages. These groups are 'otherised' by South Koreans based upon their foreign nationality, ethnic difference, or politico-social background. This study canvasses how each of these groups of outsiders has been treated in Korean law and practice. It shows the structures of the laws that give them the places they occupy in South Korean society, and demonstrates how the law has evolved in the 1990s towards accommodating them and the limitations thereof.

Localization as a Counter Movement to Discrimination - A Proposal

Kuyper Kuk-Woon Lee
·
Assistant Professor of Law, Handong University

This article aims to present the need of localization in Korean society as a counter movement to the discrimination based upon Seoul-oriented life style. As a participant of local community, I begin with my own narrative reflecting my personal life as an intellectual living in local city of Pohang. From this kind of starting, I want to identify myself one of the members of local community who are isolated, abandoned, left, and accurately discriminated. This is an amazing discovery for the legal scientist since there has been no consideration upon the importance of the relationship between liberty and location at all. In order to reverse the current discourse, I argue that we should rethink and re-interpretate our constitutional guidance, which is showing a threefold structuralization strategy of space. The main part of this paper is to suggest some ideas about the localization project. I propose new approach to the screen quarter policy, reorganization of income tax policy, localization of Korean bar examination as examples. The most urgent thing is to reform the political and legal relationship between the central and the local government and set up a new unit in which new local communities can be built. For this purpose, I propose a radical reform of the current provincial system.

The Sexual Discrimination and the Social Management for Integration

Chang-Sam Yang

Professor, Hanyang University

The sexual discrimination is one of the oldest, typical antisocial behaviors in the human history. Even though the social phenomenon of discriminatory behaviors is decreasing, the discriminating unconsciousness against the females is the rugged mountain we should get over with it. As long as we live in this earthly world, the discrimination would never be away from us. However this is a big hinderance to make a step toward a social integration. The sexual discrimination could be caused by many reasons such as man-oriented social norms, religious rules, and social prejudices. To establish a gender-integrated society, we should discard the black-and-white thought against women, pursue the win-win approach. According to the Christian doctrine, both man and woman bear the image of God and have a responsibility to help each other. Toegye Yi suggested a principle of win-win to establish an integrated society. We are responsible to stop the antisocial behaviors and to make a society to be respected each other. The social management of the gender should make a direction to the integration, not to the disintegration.

Discrimination & Negative Exclusion of 'Sexuality'
— The Old and New Discourses —

Sun-Young Chun

Senior Research, or Institute of Social Research,
Korea University

This paper is a sociological analysis of the dialectic nature and changing mechanism of discrimination and exclusion 'sexuality'. No doubt, discourses and theories on sexuality are constantly changing. What are these changes? How and why do they occur? What are the sociological implications and sociopolitical effects of all these transformations on social order? This thesis is not interested in the problem of what woman typically refer to as 'negativ'. This paper attempts to scrutinize the new dynamics and the principles of discrimination and exclusion sexuality, wherein woman refer to as 'positiv'.

This discourse is premised on the paradoxical coexistence of three social realities. For one, there are 'internal' political necessities that women, as women, should be required to call. In addition, there are also 'external' political necessities that summon women to relocate in order to maintain system stability. Finally, there are socio-structural situations wherein women are no more to refer just only women.

Women's quota system in diverse organizations is more or less a residual product of these internal and external political necessities. The quota system is, at any rate, more progressive than total exclusion. But this is the inevitable result and simultaneously conditioned response to the change in social structure. Moreover, this systemic change has a serious side effect: The discourse mechanism has a tendency to consolidate gender order. This situation results in the paradoxical configuration of 'political progressivism' and 'logical conservatism'. This social structure defines the new landscape of the concept of sexuality, particulary in relation to the old and new elements of discrimination and 'negative' exclusion in the (post)modern society.

Discourses on the Negative Image of Female Smokers in Korea.

In-Sook Nahm
Professor, Catholic University of Daegu

The purpose of this study is to examine the negative image of female smokers through the analysis of discourses on female smokers in Korean society today. This study attempts to disclose mistakes regarding the general belief that tabacco has been exclusively a man's possession. The smoking rate of women was equal with that of men, until the etiquette of smoking established the function of tabacco imported into Korea should turn from medicine into a fad. So it is not right to say that the problem of female smokers has become a serious social problem only in these days. Female smoking has been revealed recently because of the openess of Korean society politically and socially. So women are not supposed to be blamed or slighted for smoking.

Although smoking might bring an increased risk for heart disease, cancers, and respiratory diseases as well as a number of gender specific risks, still we ought not deter only women's smoking behavior but not that of men, since it is their individual matter of choice, as long as they smoke only in a designated smoking section. Instead, our society should put forth an effort to understand the female smoker's needs for smoking, psychologically and socially.

Previous research shows that 1) the modifiable variables associated with smoking in Korean adult women included drinking alcohol, high stress status, dissatisfaction of life and no exercise. 2) More of the second child of the parents in the family smoke than do first offspring. 3) The female college students whose parents are smokers and are on bad terms with each other, and ignore their childern, present a high smoking rate. 4) Compared with senior students in college, junior students are inclined to think smoking is bad for female students. Most female students started to smoke after they entered college, their motive for smoking is mostly to relieve their stress. Further, their usual smoking places are restaurants or cafeterias.

It is suggested that parents create a sound atmosphere in the home to build up a desirable personality in their children. It is also suggested that colleges should educate students about the negative effects of smoking via various kinds of deliverly systems to reduce the student smoking rate. Yet it is more important to open up and practice 'counseling for girl students only' in order to understand their problems in college and high school levels.

Is Digital Divide Information Discrimination, or Information Freedom?

Chang-Ho Park

Professor, Soongsil University.

This article aims to redefine digital divide and explore information gap in Korea. The rapid diffusion of Internet technology is based on at least two factors: steadily decreasing costs of use, and steadily increasing ease of use. The Internet is a medium of communication and information permeating every domain of economy and society. The diffusion of Internet is unequal on account of the inequality of economy and society. Thus, the notion of digital divide is considered as a dimension of inequality. Social debates on the Internet start with social exclusion as a consequence of differential access to the computer and Internet. Digital divide has to do with information discrepancy between those who access to the computer and Internet and those who do not. Because of this, it has been thought that the digital divide produces social inequality as a consequence of information differentiation.

The research on the digital divide of Korea exposed deep divide among social groups such as sex, age, education, occupation and income. The digital divide in Korea also was treated as social inequality on the basis of the frame of industrial society. However, the digital divide is not simply a problem of access. The digital divide is much more complex than the dimension of access. The access is one dimension of the issue. The digital divide concerns training for IT literacy and content. The former is the ability to use IT for a range of purpose, the latter is the needs and demands of disenfranchised groups. It is true that so many programs and policies have been provided for access and training in Korea, but those for content have been not enough. The content dimension is related to information freedom for the disenfranchised to have many choices in Internet. Therefore, we should approach digital divide not as information discrimination against the poor but as information freedom for the disenfranchised.

Discrimination and Ethical Issue in Biotechnology

Kyung-Hee Lee

•

Sungshin Women's University

Historically, no issue has been disputed about longer and bitterer than the issue on 'the essence and origin of life'. In fact, there has been controversies on ethical problems of life among people - citizen groups, the press, religious circles, ethics scientists, scientists and the masses - before a human genome project was finished, but any agreement has not been reached socially and ethically. A vague concept of life which has been lain in the mystery scope, appearing in concrete shape, entered into a new phase.

So, the purpose of this paper, in introducing the issue on bioethical discourses caused by the development of biotechnology, is to minimize opposition and prejudice among people with regard to discriminative point of view of and ethical issues on a bioethics and to let people comprehensively understand such a view and issue. It is expected that, in a BT(bio technology) age, the gap and inequality between states will be deeper than an IT(information technology) age and new society of 'gene - discrimination' will come. Also, this paper describes the reason that an ethical agreement on biotechnology can not be reached with five ethical issues - truth of a gene, essence of life, problems of deciding ethical value including two culture, and problems on control system. In conclusion, this paper points out that the existing discourses about a bioethics which lays emphasis on theory and principles is insufficient in diagnosing and treating the performer-centered concrete and individual problem on a bioethics, and stresses the need of a 'new ethics'.

Discrimination factors embedded in the values of Korean culture.

Se-Hee Han

President, ITAP International(Asia-Pacific)

Korean people live with diverse discrimination against weaker people in power, economy, knowledge and status. However, most of the people do not see it because the discrimination factors are firmly embedded in their cultural values that compose the basic assumptions of their perspectives.

This essay is a study to verify it based on the cross-cultural theories of Edward T. Hall, Fons Trompenaars and Geert Hofstede.

According to Halls theory, High-Context Culture of Korea has a stronger discrimination factor against those who have disadvantage in environment including status and appearance, compared to Low-Context Culture.

Trompenaars theory shows a stronger discrimination factor of Particularism against outgroup members compared to Universalism, along with a stronger discrimination factor of Ascription Orientation against the weak in status, compared to Achievement Orientation.

According to Hofstedes theory, 4 of his 5 cultural dimensions show discrimination factors: Collectivism has a stronger discrimination factor against individuals (from groups) and out-group members (from in-group members), compared to Individualism. High Power Distance has a stronger discrimination factor against the weak in power, knowledge, economy and status, compared to Low Power Distance. Strong Uncertainty Avoidance has a stronger discrimination factor against the non-mainstreamers or the peripheral, compared to Weak Uncertainty Avoidance. Long-term Orientation has a stronger discrimination factor against the weak in status, compared to Short-term Orientation. However, Strong Femininity (or Weak Masculinity) has a factor suppressing discrimination; it prefers equality to competition and inclines to protection against discrimination for the weak.

Thus, it is proven that discrimination is dominant in Korean culture, and the factors are firmly embedded in the values of the culture, inter-acting one another depending on the situation.

Cultural Ideology and Literary Critics
- Toward New Methodology of Critics Focusing on 3 Korean Novels

Kyung Lee

Research Professor, Pusan National University

Cultural studies try to analyse how people respond to the operation of social and/or cultural powers in a society, which can provide some significant frameworks of reference to critics of literary for reconsidering and re-analysing the current status and functions of literary in present cultural system. When we read novels from new perspectives posed by cultural studies, we are to treat novels not as literary texts but as one of cultural texts, by which we can extract and criticize some relevant implications that are imbedded in the novels by various social powers. Moreover, with this methodological turnover, we can find right orientations of literary in this era of post-industrialized society when so large parts of literary are colonized by cultural industries.

This essay is a kind of experimental one that tries to test applicability of methodology and findings of cultural studies to literary critics. Three short novels published in 2003 -「Sea and Butterfly」(Kim, Insuk), 「Hotel Euro, 1203」(Chung, Meekyung) and 「What you means to me」(Kim, Yeongha)- are chosen for this analytical purpose, all of which reveal current situations of Korean culture in three aspects: firstly, beginnings and endings of their stories are all describing the episodes in hotels, which shows some nomadic implications with relative freedom from territorialized thinking. Secondly, as they directly describe relationships of writings with multi-media such as movies and TV, or shopping, we can read significant symptoms that hybrid culture of today has caused to our everyday lives. Lastly, they dare to propose their own solutions to these intricacies which take place in the forms of exchange of writing with capital.

They have tried positively to describe and evaluate the characters' attitudes against commercialized culture or capitalistic power relations which have transformed cultural achievements to commodities. Even though their efforts have their own limitation, and they can not go so far to transformational imagination, it should be meaningfully evaluated that these novels do not loose its own critical distance from productivity ideology, rationality discourses posed by film industries, and ideology of consumption, with which we can construe our new perspectives on these cultural aspects to reconstruct our everyday lives.

필자 소개

- **이 철우** : 영국 런던정치경제대(LSE) 법학박사. 현재 성균관대학교 법과대학 부교수로서 법사회학과 법제사를 가르치고 있다. 최근 주요 논문으로는 "Modernity, Legality and Power in Korea Under Japanese Rule," "법에 있어서 '근대' 개념 - 무엇이 문제인가," "인류학과 사회사의 접점에서 본 법" 등이 있음.

- **이 국운** : 서울대 법학박사. 현재 한동대학교 법학부 교수. 최근 주요 논문으로는 "정치적 근대화와 법", "정원제 사법시험의 위헌성", "사법서비스공급구조의 지방분권화", "법치와 분권", "현대 헌법이론에서 타자의 복권" 등이 있음.

- **양 창삼** : 미국 서일리노이 주립대를 거쳐 연세대에서 경영학박사를 받음. 현재 한양대 경영학과 교수. 주요저서로는 「조직 사회론」, 「산업사회론」, 「조직이론」, 「사회학적 인간 조명」, 「기독교와 인간 사회」, 「한국의 경영 사상」, 「현대 조직 철학」, 「인간관계론」 등이 있음.

- **천 선영** : 독일 뮌헨대 사회학박사. 현재 고려대 한국사회연구소 선임연구원. 최근 주요 논문으로는 "세계화인가 세계사회인가", "합리성의 합리성을 다시 묻는다", "컨설팅 쏘사이어티", "노망과 치매사이", "근대적 죽음이해와 소통방식에 대한 연구", "어머니 되기의 새로움" 등이 있음.

- **남 인숙** : 미국 인디아나 볼주립대 교육학 박사. 아리조나 주립대 여성학 교수를 거쳐, 현재 대구 카톨릭대 대학원 여성학과 교수. 최근 주요 저서로는 「남북한 여성 그들은 누구인가」, 「한국 남성의 숙제」, 「여성과 한 민족」, 「왜 여성학인가」 등이 있음.

- **박 창호** : 영국 헐대학교 사회학 박사. 현재 숭실대 정보사회학과 교수. 주요 저서로는 「사이버공간의 사회학」과 역서로 「사회학 방법의 규칙」, 「지식 논쟁」 등이 있고, 최근 주요 논문으로는 "근대성의 극복과 문명 공존", "공공 영역으로서의 인터넷과 통치구조 변화", "포스트모더니티의 사회이론을 위하여", "정보사회의 사회운동과 한국의 NGOs" 등이 있음.

- **이 경희** : 성신여대 사회학 박사. 현재 성신여대에서 가르침. 박사학위 논문으로 「한국언론윤리에 관한 체계론적 연구」를 썼으며, 저서로는 「전환기의 직업윤리」와 최근 주요논문으로는 "지식정보사회에서의 직업윤리의 모색", "페미니즘으로 본 生醫(Bio-medical)윤리" 등이 있다.

- **한 세희** : 벨기에 브뤼셀대학교 MBA. 한국해양대 박사(경영학)수료. 현재 미국계 다문화경영 컨설팅회사 ITAP International의 아시아-태평양 본부장이며, 삼성경제연구소(SERI.org) Forum - "세계인과 다문화경영 포럼"(Cosmopolitan & Cross-Cultural Management) - 을 운영하고 있음.

- **이 경(李琼)** : 부산대 문학박사(국어국문학 현대소설), 문학평론가, 현재 부산대 여성연구소 연구교수. 주요 저서로는 「소설읽기의 복화술」, 「한국근대소설의 근대성수용양식」, 「문학속의 의학(공저)」 등이 있으며, 최근 주요 논문으로는 "적막한 식욕의 윤리학", "무능력의 천민 집단, 여성", "지역상실증의 행간읽기" 등이 있음.

- **Tae-Yong Kim** : 미국 State University of New York (Stony Brook) 철학과. The Peace Times Weekly, Inc(New York), Editor for English Section 역임. 최근의 주요 논문으로는 "Identity Crisis: Second Generation Korean-American" (Journal of the Society for Korean Studies at Stony Brook, Vol.8) 등이 있음.

차별과 우리 사회

인쇄 2003년 11월 30일   발행 2003년 12월 10일
엮음이 김 철 외
만든이 한 봉 숙
펴낸곳 푸른사상사

출판등록 제2-2876호
100-193 서울시 중구 을지로3가 296-10 장양빌딩 202호
전화 02) 2268-8706-8707 팩스 02) 2268-8708
이메일 prun21c@yahoo.co.kr / prun21c@hanmail.net

값 17,000원

ⓒ 2003, 김 철 외
ISBN 89-5640-173-X-03330

*이 책에 실린 글은 한국사회이론학회의 허락 없이 사용할 수 없습니다.
*저자와의 합의하에 인지는 생략함